매우 예민한 사람들을 위한 책

매우 예민한 사람들을 위한 책

뇌과학과 정신의학이 들려주는
당신 마음에 대한 이야기

전홍진 지음

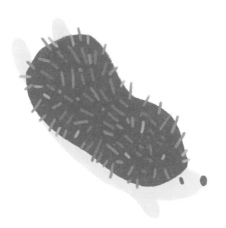

글항아리

우리가 사는 세상은 하나지만 사람들은 저마다 다른 삶을 살아갑니다. 삶이 다른 만큼 각자 지니고 있는 사연도 다양합니다. 저는 대학병원의 정신건강의학과 의사로 있으면서 진료실에서 수만 명의 사람을 만나고 그들의 이야기를 들었습니다. 영화보다 더 영화 같고 드라마보다 다음 회가 더 기대되는 사연들이 현실에서도 일어난다는 것을 알게 되었습니다. 그리고 그런 사연의 중심에는 '매우 예민한 마음'이 있다는 것을 깨달았습니다. 작은 일에도 보통 사람들보다 더 쉽게 예민해지고 별것 아닌 일로 넘기지 못하는 분들입니다.

환자는 아니지만, 사회에서 성공하거나 자기 분야에서 뛰어난 성과를 이룬 이들도 많이 만났는데, 놀랍게도 이들 중 다수가 '매우 예민한 사람들'이었습니다. 차이라고 한다면, 예민함 때문에 고생하는 것은 같지만 후자는 스스로 예민함을 다루는 좋은 방법을 터득하고 있었다는 것이죠.

'매우 예민한 사람들'은 성공했든, 평범하게 살든, 환자로 치료를 받든, 대인관계에 매우 민감하고 다른 사람보다는 자신을 피곤하게 하며 보통 사람보다 좀더 힘들게 삽니다.

많은 분이 '매우 예민한 사람들'에게 도움이 되는 책이 없겠냐고 물어오셨습니다. 자신이나 가족들을 위해서 책을 추천해달라고 하셨습니다. 여러 책을 살펴봤지만 실제로 도움이 되기보다는 감성을 자극하는 내용이 다수였습니다. 미국, 유럽, 일본에서 쓰여 번역된 책들은 우리나라 사람들의 정서와는 맞지 않는 경우가 대부분이었습니다.

그래서 옆에 앉아 재미있는 이야기를 들려주듯이 예민한 마음을 약간 평평하게 해주는 책을 한 권 내놓게 되었습니다. 심각한 증상을 보이는 환자들은 여기에 포함시키지 않았습니다. 대상은 우리 주변에서 흔히 볼 수 있는 예민한 분들로 한정합니다. 또한 40가지 사례 중 여성들의 상담 비중이 높은데, 이는 타인과의 관계에서 좀더 예민하게 반응하고 신경 쓰는 이들이 남성보다 여성이 더 많기 때문입니다.

이 글을 읽고 나서 자신과는 전혀 다른 이야기라고 생각할 독자도 있을 것입니다. 하지만 주위에 이렇게 예민한 사람이 많다는 걸 상기하면서 읽는다면 다른 사람들을 이해하는 데 도움이 될 것입니다.

개인별로 자세한 것은 반드시 정신건강의학과 전문의와 진료·상담을 하면서 파악해야 합니다. 책만 읽고 자신을 진단하거나 의학적 판단을 하지 않도록 부탁드립니다. 자신이나 배우자, 친구, 가족의 예민성에 대해서 보는 시각을 넓히면 좋겠다는 것이 이 책을 쓰게 된 이유입니다.

책에 나오는 사례들은 특정인을 지칭하지 않으며 이해를 돕기 위해 여러 경우를 통합해서 서술했습니다. 사례들은 모두 가명을 쓴 것임을 밝힙니다.

제가 일하는 삼성서울병원과 성균관대학교의 모든 분과 중앙심리부검센터의 직원들, 제 랩의 연구원들께 이 자리를 빌려 감사하다는 말을 전하고 싶습니다. 책이 나오기 전 미리 원고를 읽어보고 추천의 말을 써주신 하지현, 서천석 선생님 고맙습니다. 그리고 책을 출판하는 데 도움을 준 글항아리 이은혜 편집장께 감사합니다. 그의 도움이 없었다면 이 책은 세상에 나오지 못했을 겁니다.

제가 진료하는 모든 분과 그 가족들이 항상 건강하고 행복하게 지내길 바랍니다. 그리고 예민해서 힘든 분들이 잘 지내는 데 이 책이 작게나마 도움이 되기를 기원합니다.

아내와 두 딸에게도 마음을 담아 고마움의 인사를 전합니다.

2020년 7월
전홍진

차 례

1부

매우 예민한 사람들에게
관심을 갖게 된 이유

1. 내가 하는 연구에 대하여

나는 우울증을 주로 진료하는 의사다. 하루 종일 우울한 사람만 만나면 기분이 어떤지 묻는 사람도 있지만 사실 나는 진료 중에 우울한 기분을 느낀 적이 많지 않다. 멘털이 강해서 그런 것은 아니다. 다만 그들의 사연을 듣다보면 증상은 우울한 기분, 불면증, 불안, 초조, 죽음에 대한 반복적인 생각 등으로 비슷하지만 한 사람도 같은 사연을 가지고 있지 않다는 걸 알게 된다. 그들의 이야기는 나를 그의 과거로 데려가 같은 경험을 하게 만드는 듯한 착각에 빠뜨린다. 그렇게 '동기化synchronization'가 되면 드디어 공감과 치유의 실마리가 생긴다.

환자들을 도울 만한 방법을 찾다보면 그와 그의 가족을 설득해야 할 때가 많다. 이때 부딪히는 어려운 점은 정신건강의학과에 온 이들 대부분이 자신은 환자가 아니라고 생각한다는 것이다. 우울증이 있다는 진단 결과가 나와도 나는 우울증이 아니라 하고, 치매 증상을 보이는 할머니도 나는 치매가 아니라고 한다. 죽으려 시도해서 의뢰받은 환자는 자신은 죽고 싶다는 생각을 하지 않는다며 부인한다. 그래서 검사를 하지만, 그들은 대체로 검사 결과를 신뢰하지 못한다.

놀라운 점은 이들에게 "예민한 것 같다"고 하면 대부분 동의한다는 것이다. '예민하다'는 영어로 'sensitive'인데, 외부 자극에 민감하다는 뜻이다. 'Highly sensitive persons(HSP)'는 직역하면 매우 예민한 사람들인데 의학적인 용어나 질병명은 아니다. 2006년 에런 박사[1]가 제시한 개념으로 '외부 자극의 미묘한 차이를 인식하고 자극적인 환경에 쉽게 압도당하는 민감한 신경 시스템을 가지고 있는 사람'을 의미한다.

매우 예민한 사람들은 보통 사람 중에도 많다. 매우 예민한 성격을 갖고 있지 않느냐고 물으면 많은 사람이 자신이 거기에 해당된다고 대답한다. 에런 박사의 연구에 의하면 인구의 15~20퍼센트는 이런 기질을 가지고 있다고 한다. 남성보다 여성이 많고 우울증이나 불안장애를 가진 이가 많은 것으로 보이지만 아직 대대적인 연구가 이뤄지지는 않았다.

내가 매우 예민한 사람들에 대해 관심을 갖게 된 것은 보스턴으로 연수를 가면서였다. 당시 미국에는 중국, 한국을 비롯한 아시아계 이민자가 크게 늘어나고 있었다. 또, 보스턴에 유학 온 동양계 학생의 다수는 대학이나 다국적 기업에서 실제 연구의 실무를 진행하고 있었다. 하지만 이들이 미국 사회에 잘 적응하지 못하는 사례가 종종 발생하자 학교에서 관심을 갖기 시작했으며, 특히 문화적인 차이에 의한 우울증 연구에 관심을 기울였다.

나는 2012년부터 2014년까지 하버드대학 부속 매사추세츠 종합병원Massachusetts General Hospital, MGH의 우울증임상연구센터Depression and Clinical Research Program, DCRP에서 연수를 했다. 2012년 여름 MGH에 연수 갔을 무렵, 싸이가 말춤으로 대단한 인기를 끌고 있었다. 초등학교 교실에서 쉬는 시간마다 아이들이 그 춤 연습을 할 정도였으니 말이다. 새로운 갤럭시 스마트폰도 나와서 버스마다 광고를 하고 있었다. 또한 북한 핵개발 문제가 연일 CNN에서 보도되고 있었기 때문에 하버드에서도 한국에 대한 관심이 무척 많은 시기였다. 처음 만나는 미국인들과도 이 세 가지 주제로 이야기하면 쉽게 친해질 수 있었다. 역시 처음 보는 사람과 가까워지려면 공감대가 필요했다.

나는 학회나 여행 목적으로 다녀온 것을 제외하고는 이때 처음으로 장기간 외국생활을 하게 되었다. 그동안 의학 용어를 영어로 사용해왔지만 일상 대화를 한 경험은 많지 않았고, 영어로 발표한 경험도 손에 꼽을 정도였다. MGH에서는 일을 진행할 때 연구 내용을 파워포인트로 만들어 발표하고 토론을 해야 했다.

과거에 배운 독해 중심의 영어 능력을 되살려 외국인이 보는 앞에서 연구 내용을 강의해야 하니 어려움이 많았다. 처음에는 머릿속이 하얘지고 매달 발표 시간이 다가오면 도망치고 싶었다. 연구 결과를 통해 다시 생각해보면, 그 당시 나의 당황한 표정을 미국인들은 잘 읽지 못했을 듯싶다. 어쨌든 발표를 되풀이하다보니 시간이 흐를수록 훨씬 편하고 자연스러워졌다. 심지어 발표 중에 웃을 수 있는 여유도 생겼다.

데이비드 미셜런 교수를 포함해 평소 나와 친하게 지내던 이들은 천천히 알기 쉽게 질문해주었던 반면, 잘 모르는 한 분은 인도인 특유의 억양으로 너무 빨리 질문해 나를 엄청 예민하게 했다. 강의 뒤에 미셜런 교수님이 자신도 그분의 질문을 알아듣지 못할 때가 많다며 위로를 해주었다. 그 후에는 마음이 편해져서 그런지, 그의 인도 억양을 필터링하느라 여전히 머리는 아팠지만, 그의 영어가 아주 조금씩 들리기 시작했다.

처음 맡은 프로젝트는 한국과 미국의 우울증 환자들의 증상을 비교하는 것이었다. 한국의 우울증 환자들은 건강염려증, 체중 감소, 불안, 불면증이 미국인보다 월등히 높게 나타났다(그림 1).[2] 이에 비해 자신이 죄를 지었다는 생각, 우울한 기분을 느끼는 비율은 낮았다. 우리나라 사람들은 우울증이 발생했을 때 미국인보다 신체 증상을 예민하게 느끼고 실제로도 신체 변화를 경험한다는 것이다. 이에 비해 자신의 기분을 구분하는 능력은 떨어진다.

실제 치료를 해보면 우울증으로 예민해져 기력은 떨어지는데 이것을 자신의 기분으로 인식하지 못하고, 병원의 모든 과에서 엄청난 검사를 마치고 신체 건강에는 이상이 없다는 판정을 받은 후에야 정신건강의학과 진료를 시작하는 이들이 많다. 우리나라 사람들은 자신이 예민해서 불안해지고, 불안해서 심장이 빨리 뛰면 심장 검사를 하고, 폐 검사를 하고, 뇌 MRI 검사를 한 뒤 이상이 없다고 하면 그제야 자신의 예민성 때문이 아닌지 생각한다. 반면 미국인들은 스스로 우울하고 예민한지 구별을 잘하는 것 같고, 우울증을 먼저 떠올린다.

어떤 이들은 우리나라 사람들이 항상 우울하기 때문에 그것을 감지하지 못하는 것 아닌가라고 생각한다. 하지만 그건 아닌 것 같다. Jack 등(2012)[3]의 연구에 의하면 문화에 따라서 얼굴의 감정 표현에 차이가 나타난다고 한다. 동양인들은 서양인에 비해 여섯 가지 기본적인 내적 감정 상태인 happy, surprise, fear, disgust, anger, sad가 얼굴 표정에서 잘 구별되지 않으며 겹친다고 한다. 우리나라 사람들만이 아니라 동양인들은 자기 기분을 뚜렷이 구분하지 않으며, 감정 표현이 적은 편이다.

우리나라 사람들은 우울증이 올 때 희로애락의 감정 상태를 얼굴에 구분해서 표현하지 않고 자신의 기분에 대한 인식도가 낮으며, 반대로 신체 감각에 예민하고 건강에 대해 걱정을 많이 한다는 점이 특징이었다. 건강에 대한 걱정으로 신체 감각에 예민해지고, 이로 인해 심박동 증가, 호흡 곤란, 손 떨림 등이 생기면 신체 증상에 대해서 더더욱 예민해진다.

MGH의 우울증센터에서 환자 진료 과정을 참관하며 흥미로웠던 점은, 미국의 우울증 환자들은 대개 뚱뚱하고 식욕이 증가하며 우울한 기분을 호소하는 편이라는 것이다. 반면 한국의 우울증 환자들은

그림 1. 한미 간 우울증 증상 비교[4]

마르고 신체 감각에 매우 예민한 사람이 많았다. 왜 그런지 궁금했는데 국가 간 연구를 하고 나서 그 의문이 풀렸다.

다른 동양이나 서양 국가들에 비해서 우리나라 사람들은 멜랑콜리아형 우울증melancholic depression이 많았는데,[5] 이 형태의 우울증은 자신의 감정을 못 느끼고 무척 예민한 특징을 가지고 있다(표 1).

표 1. 멜랑콜리아형 우울증과 일반 우울증의 비교

멜랑콜리아형 우울증	일반 우울증
• 즐거운 감정을 못 느낀다. "도무지 즐거운 일이 없다. 이전에 즐거웠던 것도 이제는 아무 의미가 없다." • 심한 식욕 감퇴와 체중 감소가 있다. "3개월간 5~10킬로그램이 감소한다. 암이나 다른 병으로 오인하는 경우가 있다." • 심하게 불안, 초조하고, 안절부절못하거나 행동이 느려진다. • 새벽에 잠자리에서 일찍 깬다. • 아침이나 새벽에 모든 증상이 더 심해지곤 한다.	• 우울한 기분이나 의욕 저하를 주로 호소한다. "슬픈 기분이다. 눈물이 자주 난다. 의욕이 없다." • 체중이 빠지거나 늘어나기도 한다. 식욕 부진이나 증가로 인한 이차적인 경우가 많다. • 안절부절못하거나 행동이 느려질 수 있다. • 잠이 잘 오지 않고 자주 깨며 일찍 일어난다. 자도 잔 것 같지 않다. • 하루 종일 우울하고 아침이라고 특별히 더 심하지는 않다.

우울증을 통해 보는 것처럼, 우리나라 사람들은 특별히 "매우 예민한 특성"을 가지고 있으며, 이로 인해 신체 증상이 많이 나타난다. 예민한 특성은 정치, 경제, 사회, 문화적으로 좋은 점과 나쁜 점을 동시

에 보인다. 내가 생각하기에 우리나라 사람들의 예민한 특성이 장점을 발휘하는 것은 여자 골프에서 우승을 독식하는 것, 영화나 드라마·노래 등을 잘 만드는 것, 반도체·자동차 등 예민한 기계를 잘 만드는 것이 아닐까 한다. 반면에 너무 예민하다보니 갈등이 많고, 자살률이 높으며, 불면증도 많은 것이 아닌가 한다.

다른 나라에 비해 왜 우리나라 사람들이 더 예민한지에 대해서는 아직 정확한 답을 내놓기 어렵다. 먼저 극동아시아 국가인 일본, 중국, 한국의 공통적으로 예민한 부분이 있고, 거기에 일제강점기와 한국전쟁 등을 겪으면서 내재된 국민적 트라우마도 영향을 미치지 않았을까 추정한다.[6]

2. 트라우마의 기원

'트라우마trauma'는 실제적이거나 위협적인 죽음, 심각한 질병 혹은 자신이나 타인의 신체적·물리적 통합에 위협이 되는 사건을 경험하거나 목격한 후 겪는 심리적 외상을 말한다. 쉽게 말해 '트라우마'란 큰 정신적 충격을 준 사건으로 인해 겪는 심리적 외상이다.

누구나 살다보면 자신이 원하지 않은 트라우마를 경험할 수 있다. 어린 시절의 환경이나 부모와의 관계에서 생기기도 하고, 사고를 당했을 때나 대인관계에 의해서 경험할 수도 있다. 트라우마의 심각도를 느끼는 정도는 객관적이기보다는 주관적이다. 사람마다 자신의 주관적인 감정에 따라서 크게 느끼기도 하고 아무것도 아닌 일로 넘어갈 수도 있다. 예민한 사람은 작은 트라우마도 더 크게 느끼곤 한다.

기억하려 해도 잘 기억나지 않는 어린 시절의 트라우마도 그 사람의 행동이나 중요한 선택의 기로에서 영향을 주게 된다. 예를 들어 어린 시절 물에 빠져 죽을 뻔한 사람은 성인이 되어 그 당시를 잘 기억하진 못해도 수영을 하거나 바닷가에 가기 꺼리는 모습을 보이기도 한다. 개에게 물린 경험을 본인은 기억 못 하고 가족들만 아는데도 성인이 되어서 개를 못 만지는 사람도 있다.

어떤 트라우마는 경험을 하지 않았는데도 생긴다. 예를 들어 쥐, 뱀, 거미를 보면 깜짝 놀라고 무서워하는 것은 대부분의 사람이 공통되게 나타내는 반응이다. 물론 전혀 무서워하지 않는 사람도 있겠지만 이는 일반적이진 않다. 쥐나 뱀에 물리거나 거미에게 독이 옮은 사람은 드물 텐데 왜 많은 이가 이것들에 대한 두려움을 가지고 있을까?

프랑스에서 3~11세 남녀 아이 1357명에게 '뱀' '반려동물' '동그란 모양의 웃는 이모티콘'을 무작위로 보여주고 어떤 것에 대해 더 두려움을 느끼는지 연구를 진행한 적이 있다.[7] 그 결과 아이들은 대개 삼각형 모양인 날카로운 치아, 발톱 등이 있는 뱀이나 반려동물, 이모티콘을 보면 두려워하는 것으로 나타났다. 뱀 등의 동물만 무서워한 게 아니라 날이 선 바위에도 두려움을 느꼈다. 동그란 모양의 웃는 이모티콘도 치아를 삼각형으로 날카롭게 바꾸면 두려움을 드러냈다.

모양이 삼각형이고 날카로운 것은 어릴 때부터 자신에게 해가 된다는 것을 선천적으로 알고 있다는 뜻이다. 놀랍게도 뱀의 머리가 삼각형인 경우 대개 독사였다. 그림에서 뱀의 머리를 동그랗게 하고 치아도 둥글게 하면 아이들은 두려워하지 않았다. 아이들이 동물에 대한 무서운 경험이 없는데도 불구하고 동물 그림이나 삼각형의 이모티콘을 두려워하는 것은 인류의 오랜 진화 경험을 통해서 유전자에 내재된 것이 아닌가 한다. 그러고 보면 어린이 만화나 캐릭터의 주인공인 뽀로로, 곰돌이 푸는 모두 동글동글한 모양을 하고 있다.

우리가 가진 트라우마는 결국 경험하지 않았지만 선천적으로 가지고 있는 것, 경험했지만 기억하지 못하는 것, 경험했고 기억하는 것으로 나눌 수 있을 것이다. 나는 어떤 게 가장 심한 불안을 자아내는지에 대해 연구를 진행했다. 특히 매우 예민한 사람들이 흔히 경험하는 '불안발작anxiety attack'과 트라우마의 관계가 궁금했다. '불안발작'이란 갑자기 도저히 견디기 힘든 심한 불안이 몰려오는 것을 말한다. 연구 결과 우리나라 인구의 5.88퍼센트나 불안발작을 경험한 것으로 나타났다.[8] 여기서 놀라운 것은 심각한 트라우마를 겪고 나서 불안발작을 경험하는 것보다 기억하는 트라우마 없이 불안발작을 경험한 이들에게서 자살 시도 위험이 더 높게 나타난다는 점이다.

트라우마 없이 불안발작을 경험한 사람들은 트라우마를 기억하지 못하는 무의식 아래로 억압한 것으로 보인다. 자신이 왜 불안한지 아무리 생각해도 잘 모르겠고 오히려 생각해내려 할수록 더 불안하다고 한다. 가족들은 그가 큰 사고를 겪었다고 하는데 정작 본인은 기억을 못 할 때가 많다. 이처럼 무의식적으로 억압된 기억들이 불안을 유발하는 신경증을 만들어낸다는 것은 프로이트의 이론과도 일치한다.

신경증은 영어로 뉴로시스neurosis, 독일어로는 노이로제Neurose라고 한다. 노이로제는 내적인 심리 갈등이 있거나 외부에서 오는 스트레스를 다루는 과정에서 무리가 생겨 심리적 긴장이나 증상이 나타나는 상태를 말한다. 결국 억압된 트라우마가 노이로제를 만드는 것이다. 물론 모두 트라우마에 의한 것은 아니고 자신의 소인素因이나 가족력에 의해 발생하기도 한다. 하지만 그런 사람들도 트라우마에 취약하고 스트레스에 잘 견디지 못하는 특징을 지닌다.

나는 기억과 트라우마, 어린 시절의 경험이 성인기 우울증, 불안, 예민성에 주는 영향에 대해 관심이 생겨 이 상관관계를 연구해보고 싶었다. 하지만 트라우마 대상자는 설문조사로 확인할 수 있다는 장점과 설문은 자신의 생각을 답할 뿐 객관적이지 못하다는 단점을 동시에 지니고 있다. 또한 스스로 트라우마에 대해 잘 기억하지 못할 수 있기 때문에 더더욱 부정확하다. 따라서 어린 시절에 경험했고 객관적으로 확인할 수 있는 트라우마로 좁히면 좀더 정확한 연구 결과를 도출할 수 있을 것 같았다. 그 연구 결과와 유명한 이들의 사례를 보면서 트라우마가 어떻게 예민성과 그들의 인생에 영향을 주는지 살펴보자.

3. 안면기형과 어린 시절의 트라우마 연구

어린 시절에 경험한 트라우마는 성인기에 어떤 영향을 미칠까? 현재까지의 연구에 의하면 어린 시절의 트라우마는 일반적인 트라우마general trauma, 신체적 학대physical abuse, 성적 학대sexual abuse, 방임과 정서적 학대neglect and emotional abuse로 나눌 수 있다. 어린 시절의 트라우마는 성인이 되면서 우울증이나 불안증, 공황장애 등으로 이어질 수 있다.9

나는 어린 시절의 트라우마에 대한 연구를 진행하던 중 성형외과 교수들과 선천성 안면기형congenital facial anomaly 환자들을 같이 연구해보고 싶었다. 선천성 안면기형은 태생적인 것으로, 성인이 되어 수술할 때까지 계속 가지고 있는 기형을 말하는데, 이들 환자를 위해 무료 수술을 제공하는 의료진과 함께 연구를 진행할 수 있었다.

내가 만난 선천성 안면기형 환자들 중에는 소이증microtia, 대형 흑

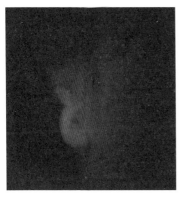

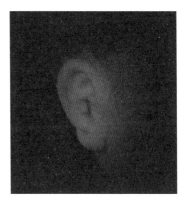

그림 2. 일반적인 선천성 소이증의 사례   그림 3. 선천성 소이증 수술 후

색점lentigo, 혈관종hemangioma, 섬유종fibroma, 구순열cleft lip, 부정교합 malocclusion, 안검하수blepharoptosis를 가진 이들이 있었다. 직접 만나서 대화해보니 아주 어린 시절부터 외모 차이로 인해 스트레스를 받고 친구를 사귀는 데도 어려움을 겪었다고 털어놓았다. 아직 어려서 수술을 안 받은 이도 있었고 경제적인 어려움 탓에 성인기가 되어서까지 수술을 받지 못한 이들도 있었다.

내가 보기에도 경제적인 문제가 아니었더라면 진작 수술을 받았으면 더 좋았을 환자들이 있었다. 그런데 대화를 해보니 어떤 사람들은 자기 이야기를 잘하고 눈 맞추는 것도 쉽게 하는 반면, 어떤 이들은 우울해 보이고 혼자 외톨이로 지내는 생활을 하고 있었다. 전자는 학교나 직장을 다니면서 일반인과 다를 바 없는 생활을 하는 반면, 후

자는 사회적 활동을 거의 안 하고 있었다.

나는 선천성 안면기형 환자들과 비교할 대조군을 대상으로 연구를 진행했다.[10] 즉 선천성 안면기형은 없으면서 다른 이유로 성형외과에서 수술을 받는 환자들을 대조군으로 설정한 것이다. 먼저 수술 전에 병원을 방문했을 때 정신의학적 평가를 시행하고 수술 후 다시 평가해 전후 비교를 했다.

흥미로운 사실은 선천성 안면기형 환자 중에서 절반은 자신의 안면기형을 평생 가리고 살아왔으며, 나머지 절반은 가리지 않고 살아왔다는 것이다. 가리는 방법은 머리카락, 마스크, 모자를 이용하는 것으로, 절묘하게 기형이 드러나지 않도록 하고 있었다. 아주 어릴 때부터 이렇게 가리고 학교에 가거나 외출하는 데 익숙해져 있었다. 가리지 않는 이들은 부모의 방침이 그 이유였다. 어려서부터 자연스럽게 노출되게 했고 부모나 형제도 안면에 드러나는 문제에 개의치 않았다. 머리카락을 길러서 가리려 해도 어떤 부모들은 머리카락을 잘라 가리지 못하게 했다. 친구들에게 놀림을 당하는 일을 겪었음에도, 자연스럽게 설명하면 친구들은 받아들이는 쪽으로 바뀌었다.

안면기형을 가리고 살아가는 그룹은 자신의 기형이 드러나지 않을까 하는 걱정을 오랫동안 해온 탓에 예민하고 날카로운 성격을 가지고 있었다. 만성적이고 반복적인 트라우마로 인해 부정적인 자아상 negative self-image이 형성된 것이다. 이 때문에 우울증을 앓는 비율이 대조군에 비해서 7.1배나 높았다. 만성 불안, 자책감, 불만족, 건강염려증, 체중 감소가 많았고, 자신을 비난하는 성격상의 특징이 있었다. 이로 인해 대인관계가 잘 이뤄지지 않고 혼자 지내는 데 익숙했다.

이 연구를 하는 중에 권하늘군을 만났는데 그는 선천적으로 우측 귀 위쪽의 연골이 잘 형성되지 않았다. 어릴 때부터 머리카락을 길게 길러서 우측 귀를 덮고 지내온 그는, 머리카락이 날리면서 귀가 드러날까봐 항상 걱정했지만 다행히 그런 일은 별로 없었다고 했다. 그럼에도 불구하고 그의 마음 한편에는 늘 조마조마함이 있었고, 친구들을 만날 때도 눈을 제대로 맞추고 대화하기 어렵다고 했다.

권하늘군에 대한 수술은 성형외과에서 다음과 같이 진행되었다. 먼저 정상적인 모양의 왼쪽 귀를 컴퓨터로 측정해 모양을 파악하고는, 오른쪽 귀에 공기를 넣어 크게 부풀려서 연골이 들어갈 공간을 만들었다. 그 후 그의 갈비뼈를 일부 잘라 왼쪽 귀 모양대로 만드는 작업을 진행했다. 마지막으로 오른쪽 귀 속에 연골을 넣고 뒤 모양을 동일하게 맞추었다.

결과는 대성공이었다. 양쪽 귀의 모양은 똑같았으며 의료진이나 환자나 부모가 보기에도 구별할 수 없을 정도로 수술은 잘 이뤄졌다. 귀의 기능에도 이상이 없어 수술 결과에 대해 권하늘군도 크게 만족했다. 권하늘군은 부모님과 함께 미용실에 가서 평생 오른쪽 귀를 가리던 머리를 짧게 자르고 세상에 드러나도록 했다. 그는 다시 등교하면서 더 이상 귀를 가리지 않기로 했고, 그의 귀에 대해 이러쿵저러쿵하는 친구는 한 명도 없었다. 그렇지만 친구들을 만나 이야기할 때 권하늘군은 여전히 불편함을 느꼈고, 그의 수줍어하는 태도는 곧바로 바뀌지 않았다. 거울을 자주 들여다보던 그는 오른쪽 귀 아래쪽의 조금 들어간 부위가 왼쪽 귀와 다르다고 생각하게 됐다. 부모는 아이에게 아무리 봐도 큰 차이가 없다고 말해줬지만, 아이의 생각은 달랐고 다시 머리카락으로 귀를 가리기 시작했다. 그 편이 편했기 때문이다.

그 후 꾸준히 상담과 치료를 받고 나서 결국 권하늘군은 귀에 대한 집착을 줄일 수 있었고, 친구들과도 잘 어울렸다. 귀를 가리는 행위는 하지 못하도록 강제적인 조치를 취했다. 이런 상황에 적응하면서 권하늘군은 점점 자신의 귀를 드러내는 데 자신감을 갖게 되었다. 하지만 밝은 모습을 찾기까지는 몇 년의 시간이 걸렸다.

권하늘군처럼 오래전부터 가지고 있는 자기만의 트라우마를 대입해 생각해보자. 트라우마는 오랜 시간 동안 내 마음속에 남아 스스로를 예민하게 변화시키고 세상으로 나가는 것을 두렵게 만든다. 하지만 자신을 드러내고 도움을 받는 일은 새로운 세상으로 나아가게 하고, 건강한 정신을 가질 수 있도록 도와줄 것이다.

4. 예민함과 뇌의 작용

우리 뇌는 마음을 담고 있는 기관이다. 인간이 느끼는 수많은 감정과 생각은 뇌의 신경 회로망에 담겨 있고 수억, 수조 개의 회로가 모여 그 사람의 마음의 구조를 만든다. 시간이 지나면서 필요 없어지거나 오래된 신경 회로는 망각 과정을 통해 사라지는 반면, 자주 경험되거나 강렬한 트라우마와 연결된 신경망은 더 강화되어 단단해진다. 반복 과정을 통해 만들어진 '매우 예민한 뇌'는 '매우 예민한 사람'을 만들게 된다.

우리 뇌 안에서는 서로 다른 역할을 하는 부분들이 협력해 예민성을 조절한다. 뇌의 한가운데에 위치한 변연계limbic system는 감정과 기억의 뇌라고 불린다(그림 4). 인간의 기억, 감정, 학습, 꿈, 집중, 각성, 희로애락의 표현에 관여해 내부적인 항상성homeostasis을 유지하며, 인간의 본능적인 욕구와 배고픔, 목마름, 약물에 대한 갈망 등의 기본적인

욕구를 관장하고 조절한다.[11]

단기 기억을 담당하는 해마hippocampus가 변연계에 속해 있고, 수면, 식욕, 성욕을 조절하는 시상하부hypothalamus가 여기에 속해 있다. 변연계는 전두엽frontal lobe과 연결되어 있으며, 변연계에서 만들어지는 인간의 본능적인 충동과 기억들은 전두엽에서 대부분 억압된다. 인간이 동물과 다르게 충동을 억압하는 데 능한 이유는 전두엽의 발달 때문이다.

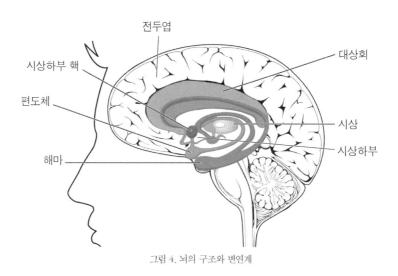

그림 4. 뇌의 구조와 변연계

어린 시절의 기억은 전두엽과 변연계의 발달에 영향을 미친다. 어린 시절에 학대, 방임을 당한 사람은 전두엽과 변연계 발달에 문제가 생길 수 있다. 특히 초등학교 저학년은 감정을 만드는 변연계와 전두엽

의 발달이 성숙하는 시기로 이때의 가정 환경은 안정된 감정을 유지할 수 있는 밑바탕이 된다.[12]

전두엽은 언어 기능, 감정과 논리적 사고 등의 판단을 내리는 곳이다. 우리 사회에 빗댄다면 법원과 같은 곳이다. 변연계가 정제되지 않은 감정을 발산시키려 하면 전두엽이 이를 강력하게 눌러서 억제해버린다. 전두엽의 기능을 저하시키는 대표적인 물질이 '술'이다. 술을 많이 마시면 알코올로 인해 전두엽의 기능이 일시적으로 마비되고 이로인해 이성이 억제되며 변연계의 충동이 의식으로 떠올라 본능에 따른 행동을 하게 된다. 술을 마실 때 유난히 전두엽 기능이 저하되는 사람이 있는데 이들은 술을 마시면 큰 실수를 저지를 가능성이 높다.

운전 중 전방 충돌 사고를 당했는데 안전벨트를 하지 않아 이마를 유리창에 부딪힌다면, 전두엽을 다치게 된다. 이때 눈 근처의 안와전두엽orbitofrontal cortex을 다치면 감정 기복이 심해지고 공격성과 충동성이 강해진다. 이에 비해 내측전두엽medial frontal cortex이 손상되면 아무것도 하지 않으려 하거나 씻지도 않고 마치 우울증 같은 증상이 나타난다.

편도체는 공포에 대한 학습 및 기억에 중요한 역할을 한다. 예를 들어 큰 사고를 당하면 그 기억이 오래 유지된다. 이것은 편도체가 해마를 자극해서 단기 기억을 장기로 넘겨 생기는 현상이다. 편도체가 계속 자극되면 예민해지고 안 좋은 기억은 더 생생해진다. 예를 들어 야단을 맞거나 혼이 나면서 공부를 하면 편도체의 작용에 의해 기억은 강화되는 반면 트라우마에 의해 우울과 불안이 생긴다. 자신이 좋아서 공부를 하는 경우라면 편도체가 활성화되지 않고도 집중력 증가를 통해 기억력이 효과를 발휘한다.

뇌 혈류를 보는 기능성자기공명영상fMRI 연구에 의하면 매우 예민한 사람들은 뇌의 감정과 공감을 느끼는 변연계가 활성화되어 있다고 한다.[13] 물론 매우 예민한 사람의 뇌를 하나로 단정 지을 수는 없지만, 다른 사람보다 감정이 풍부하고 민감하게 감각을 느끼는 특징은 공통되게 나타난다.

우리 뇌의 신경은 서로 연결되어 있는데 신경의 말단에는 세로토닌, 도파민, 노르에피네프린이라는 신경전달물질neurotransmitter이 들어 있다. 신경전달물질이 충분하면서도 안정되게 유지되어야 예민성이 잘 조절된다. 세 가지 신경전달물질은 기분, 의욕, 집중력을 유지하도록 하며, 이 물질들이 균형을 이루면 기분이 안정되고 기억력, 집중력과 같은 인지 기능을 잘 유지할 수 있다(그림 5).

기분과 관련해서 가장 중요한 신경전달물질은 세로토닌이다. 세로토닌이 충분하면 기분이 좋고 기억력, 집중력 등 인지 기능이 향상되면서 긴장이 이완되고 편안함을 느낀다. 이것이 부족하면 우울증과 불안증이 생기고 예민해진다. 그렇다고 많은 게 꼭 좋은 것은 아니다. 세로토닌 균형이 깨지면 집요해지고 반복적인 생각이 들 수도 있다. 게다가 불안이나 초조 증상이 더 심해질 수도 있다.

도파민은 '파킨슨병'과 관련된 신경전달물질이다. 파킨슨병은 손이

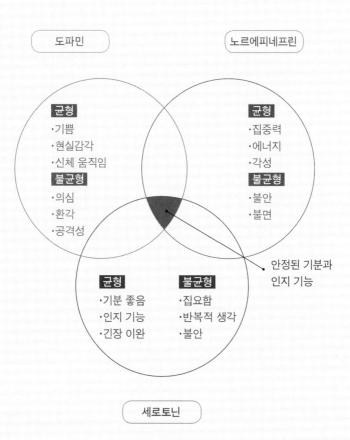

그림 5. 뇌의 신경전달물질과 기능

떨리고 표정이 적어지면서 앞으로 넘어질 듯 종종걸음을 걷는 질환인데 뇌의 도파민을 만드는 양이 부족해서 발병한다. 보통 사람들도 뇌 도파민을 차단하는 약을 복용하면 일시적으로 이런 증상을 겪을 수 있다. 도파민을 증가시키면 기쁨을 느끼고 움직임이 민첩해지기 때문에 운동선수들이 경기력을 향상시키려는 목적으로 도파민을 증가시키는 금지 약물을 사용하기도 했다. 하지만 도파민이 많은 채로 너무 오래 유지되면 의심이 늘어난다. 가령 배우자를 의심하거나 도둑이 들어 자기 물건을 훔쳐갔다고 의심하게 된다. 또한 눈빛이 날카로워질 뿐 아니라, 길을 걸어다닐 때 사람들이 떠들면 자신을 향한 욕이라고 느끼기도 하는데, 이를 일러 관계사고ideas of reference라고 한다.

노르에피네프린은 집중력과 에너지를 증가시킨다. 심장이 두근거리고 심장에서 나가는 혈액의 방출량이 늘어난다. 마치 명치에서 뜨거운 기운이 나오는 듯한 느낌이며, 각성되고 긴장이 높아진다. 이 물질이 너무 많으면 지나친 긴장으로 늘 심장이 두근거리는 느낌을 받는다. 불안이 증가하면서 잠이 오지 않고 목에 음식물이 걸려 잘 넘어가지 않는 느낌도 드는데 이를 인두 이물감globus이라고 한다. 이는 정신적인 원인으로, 목을 검사해도 정상 소견으로 나온다.

신경전달물질은 균형을 이루는 것이 중요하다. 너무 적으면 기분, 인지 기능, 움직임, 수면, 식사가 제대로 이뤄지지 않고 의욕이 심하게 떨어진다. 특히 예민한 이들이 이런 변화를 더 크게 느낀다.

'매우 예민한 사람들'은 예민함이 심해지면 긴장, 걱정, 불면에 이어

우울증으로 진행될 수 있지만, 스스로의 노력을 통해서 뇌의 균형을 찾고 항상성을 잘 유지하면 보통 사람에게는 없는 통찰을 얻게 되고 창의적인 아이디어를 낼 수 있다. 또한 다른 이들에게 잘 공감하고 도움을 주는 사람이 될 수도 있다.

결국 타고난 예민성을 잘 조절해 '선을 넘지 않도록' 하는 것이 중요하다. 고무줄도 당기기만 하면 끊어지듯이 너무 팽팽해지기 전에 느슨하게 놓아주기도 해야 한다. 우울증이나 공황장애 등이 발생하면 더 예민해지는데, 우울증은 흔히 전두엽 기능을 떨어뜨리고, 공황장애는 변연계를 예측 불가능하게 활성화시키곤 한다. 예민성이 병적인 상태로 넘어가지 않도록 다른 사람들의 사례를 참조 삼아 도움을 받고 스스로 조절해보자.

5. 예민한 뇌의 탄생

사진 속 아기(그림 6)는 무엇을 보고 무슨 생각을 하고 있을까? 큰 수저를 들고 있는 것으로 미루어 뭔가 먹고 싶은 게 아닐까? 어린 시절을 떠올려보라고 하면 가장 오래된 기억이 유치원이나 초등학교 시절인 사람이 많다. 그 이전을 기억한다고 말하는 이들도 있지만, 이는 대개 자신의 어릴 때 사진을 보고 상상 속에서 만들어낸 것이다. 어린 시절의 기억은 성인이 되어서는 회상되지 않지만, 그 당시 부모와의 관계, 사고 경험 등 '잃어버린 기억'은 성인기의 행동과 예민성에 무의식적으로 큰 영향을 미친다.[14]

아기의 뇌는 시각, 청각, 미각, 후각, 촉각의 오감의 경험을 통해 평생 사용할 새로운 신경의 연결망을 형성하고 있다. 신경 연결망의 형성은 아동이 말을 하게 하고, 걷게 하며, 살아가는 데 중요한 기본적인 기능을 형성하게 한다. 신경망을 통해 어린 시절의 기억이 강화되

그림 6. 생각하는 아기

는데, 이는 성인기에 자신도 모르는 영향을 미치게 마련이다. 신경망의 형성은 초등학교 때까지 활발하지만 성인기나 노년기에도 지속적으로 일어난다.[15]

인간의 뇌 발달은 태어나서 돌 때까지가 가장 활발해 감각신경이 먼저 발달되고, 그다음 언어신경이 발달하며, 고위 인지 기능은 초등학교나 중학교 때까지도 계속 발달한다. 그림 7을 보면 유아가 태어나서 돌이 될 때까지 감각, 언어, 고위 인지 기능이 차례로 발달한다는 사실을 알 수 있다. 특히 돌까지가 매우 중요한 발달이 이뤄지는 시기다.

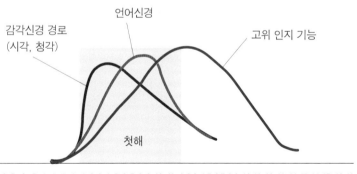

그림 7. 뇌의 초기 발달[16]

인간의 뇌는 완전히 만들어진 상태로 태어나는 게 아니며 평생에 걸쳐 수정·변형된다. 노인이 되어서도 건강한 뇌의 해마는 수많은 새로운 신경을 만들어낼 뿐 아니라 새로운 신경의 연결망을 만든다.[17] 예를 들어 항암을 하면서 뇌에 방사선 치료를 하면 해마의 신경을 만드는 기능이 떨어지면서 방금 들은 것을 기억하는 능력이 쇠퇴한다.

매우 예민한 사람을 만날 기회가 많은 나는 이들의 뇌 구조가 궁금했다. 보통 사람들과 어떻게 다르기에 예민함이 극도로 나타나는 걸까? 어릴 때 신경망을 형성하는 데 문제가 있었던 걸까? 하지만 일반 MRI로 살펴본 이들의 뇌는 모두 정상으로 나왔다. MRI는 뇌 모양에 문제가 있는지 정밀하게 볼 수 있는데 결국 모양은 정상이라는 얘기다.

자살 충동을 느끼는 심한 우울증 환자와 충동이 없는 우울증 환자, 나이, 성별을 맞춘 정상대조군을 대상으로 해서 뇌의 차이를 연구해봤다.[18] 연구를 하는 중에 김미숙씨를 만나게 되었다. 미숙씨는 52세 여성으로 겉으로만 봐도 무척 예민했다. 가만히 앉아 있지 못하고 계속 눈치를 살피는 데다 눈을 똑바로 맞추면 고개를 바로 옆으로 돌렸다. 잠은 새벽 2~3시나 되어야 들었는데, 잠을 자다 죽을 것 같다거나 이대로 아침에 깨어나지 않을 것 같다는 두려움이 끊이지 않았다.

미숙씨는 회사 CEO인 남편과 법대생 아들, 대학생 딸을 둔 주부로 경제적 여유는 충분했던 반면, 아들이 법대에 잘 적응하지 못하면서 그녀 자신도 큰 스트레스를 겪고 있었다. 수시로 아들의 표정을 살폈고, 조금이라도 어두운 기색이 비치면 밤잠을 이루지 못했다. 그에 반해 딸에게는 관심을 보이지 않았고, 딸 역시 무관심하기는 마찬가지였다. 딸은 남편의 성격을 닮아 쾌활하고 친구 관계도 좋은 편이었다.

남편이 취해 늦게 집에 들어온 날 문제가 일어났다. 남편은 평소와는 달리 흐트러진 모습을 보이면서 "이제 그만 자리에서 물러나야 할 것 같다. 회사에서 일이 잘못돼 책임져야 한다"고 했다. 이때 미숙씨는 갑자기 남편에 대한 믿음이 무너지면서 숨이 쉬어지지 않았고 머리가 빙 도는 느낌이 들면서 어지럼증이 일어 그 자리에서 쓰러질 뻔했다. 결국 이대로는 하루도 더 살 수 없을 것 같다는 생각이 들었다. 그 후로 아무것도 못 하고 집에만 있었으며, 하루 종일 남편과 아들 걱정에 우울해하면서 죽고 싶다는 생각까지 하게 되었다.

뇌 모양을 관찰하는 일반 MRI로는 김미숙씨를 비롯한 우울증 환자와 대조군 사이에서 차이를 발견할 수 없었다. 이에 뇌의 신경망의 연결을 확인할 수 있는 확산텐서영상DTI을 활용해 어떤 차이가 있는지 확인해보기로 했다. 확산텐서영상은 뇌 안의 물분자의 움직임이 신경을 따라 한쪽 방향으로 움직이는지를 측정해 신경망이 잘 이어져 있는지 확인하는 것이다.[19]

이 영상을 활용해 자살 충동이 있는 우울증 환자에게서 뇌의 전두엽과 변연계에 속한 창백핵pallidum 사이의 신경망의 연결성이 떨어지는 것을 확인했던 반면, 우울증만 있는 군에서는 정상인과 별다른 차이가 발견되지 않았다(그림 8).[20] 변연계에서 생기는 자살 충동과 예민

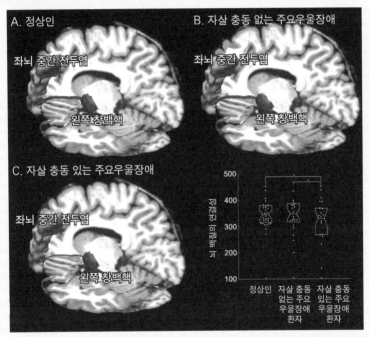

그림 8. 우울증 환자의 확산텐서영상 연구

성을 전두엽에서 효과적으로 조절하기 어려운 상황이라는 것을 가정할 수 있다. 우울증에서는 전두엽 기능이 떨어지므로 예민성 조절이 더 안 될 수 있다.

김미숙씨는 1남1녀의 장녀로 예민한 어머니 밑에서 자랐다고 한다. 어머니는 겉으로는 교양 있는 분이었지만, 어린 시절 미숙씨를 자주 혼냈고 어머니로서의 정은 거의 주지 않았다고 한다. 미숙씨는 작은 일에도 항상 야단을 맞았지만 남동생이 공부를 못하거나 실수를 하면 오히려 미숙씨가 매질을 당하고 크게 혼났다. 그런 탓에 언제나 조마조마한 채 살아왔다고 했다. 결혼하면서 어머니와 떨어졌지만 남편이나 아들의 표정이 좋지 않으면 이유 없이 어린 시절 그 기억처럼 불안하고 예민해지는 반응은 계속됐다.

우리 뇌에서 신경 연결망의 형성을 촉진하는 것은 뇌유래신경영양인자Brain-derived neurotrophic factor, BDNF라는 신경물질이 담당한다. 이 물질은 신경의 생존을 돕고 손상을 회복하는 역할도 한다. 어린 시절에 반복적인 트라우마를 경험하면, 위협을 인식하는 뇌의 편도체가 민감해지고 위협에 반응하는 교감신경계를 활성화시켜 만성적으로 긴장 상태에 있게 만든다. 이것을 '위협 반응threat response'이라 하는데 이때 생기는 부신피질 호르몬 증가가 만성화되면 뇌 신경의 연결망 형성을 방해하게 된다.[21]

여기서 중요한 것은 '공포의 일반화fear generalization'다. 과거에 경험한 트라우마 때문에 현재의 일상적인 경험, 사건, 대인관계까지 더 위험하게 받아들이고 위협 반응은 더 쉽게 일어난다.[22] 미숙씨는 매사에 걱정이 많고 늘 최악의 경우를 가정하고 살아왔다. 가령 운전할 때도 뒤에서 추돌하지 않을까, 옆 차가 중앙선을 넘어서 정면충돌을 하지 않을까, 보행자가 도로로 갑자기 뛰어들지 않을까, 심지어는 차가 갑자기 서지 않을까 하는 걱정이 꼬리에 꼬리를 물어 운전하는 것 자체를 부담으로 느꼈다.

결국 미숙씨는 스트레스를 견딜 에너지가 바닥나 우울증이 오고 말았다. 우울증이 오고 나서는 잠도 제대로 못 이뤘는데 "아무 하는 일 없이 잠을 자면 잘못을 저지르는 듯한 불안이 들어서 새벽 2~3시가 되어야 눈을 감을 수 있었다"고 했다. 미숙씨의 만성적인 긴장과 불안은 아들에게 전해져 아들도 시험을 보기 전 극심한 긴장 탓에 책 내용이 눈에 잘 안 들어오는 현상에 시달리고 있었다.

미숙씨는 자신이 가장 편안해하며 예민함을 느끼지 않는 일이 뭔지 생각하려 애썼다. 그때 떠오른 것이 딸과 지내면 편안하다는 것이었다. 그 집에서 걱정 없이 가장 정상적인 생활을 하는 사람은 바로 딸이었다. 딸은 기꺼이 주말마다 엄마와 함께 영화를 보고 마트에서 쇼핑을 하기로 했다. 주말만큼은 남편과 아들에 관한 일을 잊고 오직 딸과 시간을 공유하는 데만 집중했다. 이후로 자신한테 편안한 일이 뭔지 찾아보고 이를 늘려갔다. 어느새 미숙씨는 전공을 살려 피아노를 치기도 했고, 딸과 함께 필라테스도 시작했다.

남편과 아들도 미숙씨가 자신들에게 신경을 덜 쓰자 오히려 더 편안함을 느꼈다. 미숙씨에게 남편과 아들을 대할 때 승진이나 성적 이야기 말고 다른 주제로 대화를 하도록 권했다. 그랬더니 남편은 직장을 그만두고 나서 오히려 더 편안해져 미숙씨와는 종종 여행을 즐긴다. 결국 자신이 가장 신경 쓰지 않았던 딸이 엄마를 보살필 능력이 됐으며, 딸로 인해 미숙씨는 스스로를 돌아볼 시간도 갖게 되었다.

미숙씨는 자기 어머니와 만나 태어나서 처음으로 어린 시절의 이야기까지 나누게 되었다. 사실 어머니는 미숙씨가 그렇게 힘들어했다는 것을 전혀 인식하지 못하고 있었다. 그런데 가만 생각해보면 자신이 남편이나 아들을 힘들게 하고 있다는 것을 인식하지 못했듯이, 어머니도 그저 어린 미숙씨를 엄격하게 훈육한다고만 여겼던 것이다.

어린 시절의 경험과 부모와의 관계는 평생에 걸쳐 예민성을 줄이는 데 중요하다. 물론 어릴 때 그런 관계를 형성하지 못했다고 해서 좌절할 까닭은 없다. 우리 뇌는 현재의 좋은 기억을 통해 과거를 극복하는 새로운 신경망을 형성할 수 있다. 다만 내가 편안하게 느끼는 사람과 일을 찾는 충분한 시간 및 노력이 요구된다. 만일 자신이 찾은 직업이나 배우자, 이성 친구, 좋아하는 책, 혹은 치료하는 의사가 이런 편안함을 줄 수 있다면 큰 도움이 된다. 미숙씨는 딸을 통해서 자신의 예민성을 줄이고 다른 가족들에게도 도움을 줄 수 있었다.

2부

예민성을 잘 극복한 유명인들

1. 스티브 잡스와 환공포증

애플의 CEO였던 스티브 잡스에 대한 『월스트리스 저널』의 기사를 보면 그가 버튼button에 대한 공포증koumpounophobia을 가지고 있었다는 내용이 나온다.[1,2] 이것은 환공포증trypophobia의 일종으로 동그란 형태의 물건이나 구멍을 보면 극심한 두려움이 몰려오는 것이다. 둥근 표면 가운데 아래로 움푹 패어 있는 구멍이 여러 개 있는 것을 보면 불편하게 느낀다. 그 구멍 속에 다시 둥근 물체가 들어 있다면 더 심하게 불편하고 오싹한 느낌이 밀려온다. 이를테면 구멍이 있는 단추나 가운데 씨가 많은 해바라기나 수세미류의 식물, 피부가 심하게 파여 있는 사람을 봐도 온몸이 오싹하면서 환공포증이 몰려온다.

스티브 잡스가 아이폰을 개발하기 전에 휴대전화는 블랙베리처럼 아래에 수많은 버튼이 있는 형태가 대부분이었다. 버튼을 없애고 터치식으로 바꿔 스마트폰의 혁명을 가져온 이가 잡스였다. 아이폰에

그림 9. 스티브 잡스

대한 그의 유명한 소개 영상을 보면 자신이 어떻게 버튼을 없애고 기존 기기를 단순화해서 스마트폰에 통합했는지 자세히 설명하고 있다. 영상 속 잡스를 보면 그는 라운드 티셔츠와 버튼 없는 옷을 입고 있다. 중요한 자리일수록 자신의 성격이나 성향이 더 잘 드러나는데, 여기서 그의 성격의 일단을 엿볼 수 있다.

나는 잡스 같은 천재가 왜 환공포증을 갖게 되었을까 궁금했다. 추정은 해볼 수 있다. 잡스의 2005년 졸업식 축사를 한번 들어보고 다시 생각해보자.[3] 그의 명연설을 육성으로 들으면 깊은 감동이 밀려온다. 유튜브 조회 수는 무려 3400만 회가 넘는데, 그는 어린 시절 겪은 트라우마에 대해 담담하게 말하고 있다(그림 9).

2005년 스티브 잡스의 스탠퍼드대학 졸업식 축사(일부)

첫 번째는 인생의 점들의 연결에 관한 이야기입니다. 저는 리드대학에 입학한 지 6개월 만에 중퇴했습니다. 그 후 청강을 하며 대학 주변에 머물다가 1년 반 후에는 정말로 그만뒀습니다. 제가 왜 중퇴를 했을까요? 이야기를 하자면 제가 태어나기 전으로 거슬러 올라갑니다. 제 생모는 젊은 미혼모 대학원생이었습니다. 그녀는 제 장래를 위해 대학을 나온 양부모를 원했습니다. 그래서 저는 태어나자마자 어느 변호사 가정에 입양되기로 정해져 있었죠. 변호사 부부는 저를 입양하기로 결정했습니다. 하지만 제가 태어난 순간 그들은 여자아이를 입양하는 것으로 마음을 바꿨습니다. 대기자 명단에 있었던 저의 양부모님은 한밤중에 이런 전화를 받았습니다. "예정에 없던 사내아이가 태어났는데 입양하시겠습니까?" 양부모님은 대답했습니다. "물론이죠." 그런데 양어머니는 대졸도 아니고 양아버지는 고등학교도 안 나와서 생모는 입양동의서에 서명하기를 거부했습니다. 몇 달 후 양부모님이 저를 대학까지 보내겠다고 약속한 후에야 생모는 고집을 꺾었습니다.

이것이 제 인생의 시작이었습니다. 그리고 17년 후 저는 확실히 대학에 입학했습니다. 그러나 저는 순진하게도 스탠퍼드만큼이나 학비가 비싼 학교를 택했습니다. 노동자 계층이었던 부모님이 애써 모아둔 돈이 모두 제 학비로 들어갔습니다. 6개월 후 대학생활이 저에게는 그만한 가치가 없어 보였습니다. 인생에서 내가 무엇을 하고 싶은지 또 대학이 그것을 찾아내는 데 얼마나 도움이 될지 알 수 없었습니다. 양부모님이 평생 모으신 재산을 쏟아붓는 상황이었습니다. 그래서 모든 일이 잘될 거라고 믿고 자퇴를 결심했습니다.

당시에는 두려웠지만 돌이켜보면 제 인생에서 최고의 결정이었습니다. 자퇴 후엔 관심이 없던 필수 과목들을 그만두고 더 흥미로워 보이는 강의를 듣기 시작했습니다.

스티브 잡스는 미혼모의 아들로 태어났다. 친어머니는 조앤 시블로, 독실한 가톨릭 신자인 아버지 밑에서 자랐다고 한다. 시블은 위스콘신대학 대학원에 다니며 잡스의 친아버지인 시리아 출신의 압둘파타 존 잔달리와 만나 사랑에 빠졌다. 잔달리는 위스콘신대학 정치학과 조교로 있을 때 학생이던 시블과 사귀었다. 시블은 잔달리와 아기를 갖게 되었지만 시블의 아버지가 시리아 출신인 잔달리와 결혼하면 부녀의 연을 끊겠다고 극렬히 반대하고 나섰다. 아버지의 반대에 직면해 둘은 결혼하지 못했고, 아이는 입양시키기로 했으며, 위스콘신을 벗어나 샌프란시스코에서 생활하면서 잡스를 낳았다고 한다. 그 후로 잡스는 생모인 시블을 만났으나, 생부 잔달리는 만나지 않았다. 잡스는 식당에서 서빙하던 잔달리와 마주친 적이 있지만, 서로 부자관계임을 인지하지 못했을 때의 일이다.

공포증이나 만성적인 불안, 우울증, 신경증(노이로제)은 흔히 어린 시절의 트라우마와 관련 있다.[4] 환공포증은 어린 시절 자신을 거부한 것에 대한 분노와 두려움이 어머니의 모성을 형상하는 둥근 모양에 대한 공포에 담겨 있을 수 있다.

"친부모가 날 원하지 않아서 버렸다는 말을 듣고 울면서 집에 뛰어들어간 적이 있어요. 부모님은 매우 진지한 표정으로 절 바라보면서 '우리가 너를 특별히 선택한 거란다'라고 말씀해주셨어요. 천천히 반복해서, 단어 한 마디 한 마디에 힘을 줘가면서요. 그래서 저는 항상 제 자신이 특별한 사람이라고 생각했어요. 그렇게 느끼도록 만든 게 바로 제 엄마와 아빠였습니다."

잡스는 자신의 이야기를 공개적으로 할 정도로 트라우마를 극복하고 잘 승화시켰다. 이로써 그는 세상을 바꿀 놀라운 기기들을 선물했다. 여기에는 잡스의 천재성, 미국의 사회적 포용성과 창의력에 대한 존중, 잡스의 자존감을 높여주려 했던 양부모의 노력과 사랑이 있었다.

잡스가 한국에서 태어났다면 어땠을까 하는 상상을 가끔 해본다. 미혼모의 자식, 대학 중퇴라는 배경을 가졌는데 과연 그의 천재성이 인정받을 수 있었을까? 더욱이 그가 가지고 있었던 공포감과 분노가 창의적 영감으로 승화될 수 있었을까?

2. 아이작 뉴턴과 예민성

'거인의 어깨에 올라서서 더 넓은 세상을 바라보라Stand on the shoulders of giants.' 유명한 물리학자인 아이작 뉴턴(1642~1727)이 한 말이다(그림 10). 구글 스칼러 검색창 밑에는 뉴턴의 이 명언이 적혀 있다. 뉴턴은 또 사과나무 일화로도 유명하다. 뉴턴과 친구 스터클리는 사과나무 아래서 차를 마시고 있었다. 이때 사과가 나무에서 떨어지는 것을 보고 '왜 사과가 항상 옆이나 위가 아니라 아래로 떨어지는지'에 대한 궁금증을 가졌으며, 여기서 만유인력의 법칙이 발견되었다고 한다.

놀라운 업적을 이룬 아이작 뉴턴이 무척 예민한 사람이었다는 사실은 잘 알려져 있지 않다. 뉴턴은 1642년 잉글랜드 동부 링컨셔주 울즈소프에서 농부의 아들로 태어났다. 유복자로, 아버지가 죽고 석 달 후에 미숙아로 태어났다고 한다. 뉴턴이 세 살 때 어머니 한나는 목사인 스미스와 재혼했는데, 당시 스미스의 나이는 63세였고 한나는

그림 10. 아이작 뉴턴

30세쯤이었다. 엄마의 재혼으로 어린 뉴턴은 할아버지, 할머니와 함께 살게 되었다.

뉴턴은 뛰어난 손재주를 보였다. 초등학생 시절 학교가 끝난 후 자신이 직접 만든 물레방아를 돌리고 있었는데, 뉴턴의 솜씨를 샘낸 한 아이가 돌을 던져서 물레방아를 부숴버렸다고 한다. 이에 화가 난 뉴턴이 그 아이를 흠씬 팼다는 일화도 전한다. 케임브리지대학 재학 시절에는 휴대할 수 있는 초롱불을 만들어냈다. 덕분에 케임브리지 학생들은 새벽에도 편하게 학교에 다닐 수 있었다고 한다.

교장이었던 스토크는 뉴턴의 재능을 알아보고 어머니 한나를 만나 뉴턴을 대학에 보내도록 권유한 적이 있다. 한나는 처음에는 거절했다가 스토크가 재차 설득하자 아들을 대학에 보내기로 했다. 뉴턴은 케임브리지에 있는 트리니티 칼리지에 입학했는데, 입학 후 영국에서 흑사병이 유행하게 되었다.[5] 당시 이 병으로 영국 전역에서 10만 명이 사망했는데, 케임브리지에서도 사망자가 발생해 뉴턴은 학교를 떠나 고향인 울즈소프로 돌아와 연구에 힘을 기울였다. 그 후 케임브리지대학으로 복귀해 수학과 교수를 하면서 미적분법을 고안하고 물체의 운동에 대한 3원칙, 만유인력의 법칙, 프리즘을 통한 광학 등 중요한 업적을 이뤄냈다.

뉴턴은 1693년과 1703년, 두 번 심각한 신경쇠약에 걸렸다. 그때 잠을 자지도 먹지도 않았고 우울증과 편집증적 증세를 드러냈다. 자신을 고립시키고 모두를 불신했다. 뉴턴은 평생 독신으로 살았으며,

케임브리지대학 추천으로 국회의원을 역임했는데, 성격이 조용해서 국회의원 생활에 적응하지 못했다고 한다. 그가 1년간 국회의원 생활을 하면서 유일하게 한 말은 수위에게 "문 좀 닫아주시오"였다는 일화가 전한다.

"나는 내가 세상에 어떻게 비칠지 모른다. 하지만 나 자신에게 나는 아무것도 발견되지 않은 채 내 앞에 놓여 있는 진리의 바닷가에서 놀며, 때때로 보통보다 더 매끈한 조약돌이나 더 예쁜 조개를 찾고 있는 어린애에 지나지 않는 것 같다." 뉴턴의 명언 중 하나다.

뉴턴의 어린 시절을 그려보면, 유복자로 아버지를 만나지 못하고 세 살 때 어머니와 헤어져 혼자 집 마당에서 돌을 찾으며 놀고 있는 모습이 아니었을까 한다. 자신이 가진 트라우마와 예민성으로 신경쇠약과 우울증에 걸리기도 했지만, 부모만이 아니라 누구에게도 간섭받지 않는 창의력과 상상력으로 이를 극복했다.

뉴턴의 재능을 알아보고 정규 교육을 받도록 한 초등학교 시절 스토크 교장이 아니었다면 그의 창의력은 조약돌을 줍거나 조개를 찾는 수준에서 끝났을지도 모른다. 어머니가 아들에게 원했던 대로 대학을 포기하고 농사만 지으며 살았다면 그는 결코 능력을 발휘하지 못했을 것이다.

3. 윈스턴 처칠과 블랙독

윈스턴 처칠은 영국의 61대, 63대 총리다(그림 11). 제2차 세계대전 당시 탁월한 리더십으로 루스벨트, 스탈린 등 강대국 정치 지도자들 사이에서 능숙하게 이들을 조율하며 제2차 세계대전을 승리로 이끈 주역이다. 처칠은 자신의 우울증을 밝히고 스스로 극복하기 위해 노력했으며, 자신의 우울증을 가리켜 '검은 개black dog'라고 불렀다. 우울증에 대해서는 '만약 지옥을 통과하는 중이라면 멈추지 말고 계속 가라'는 명언을 남겼다.

처칠의 아버지인 랜돌프 처칠은 영국 최고 명문가인 처칠 공작 가문의 8대손이었고, 어머니는 미국의 유명 금융인 월터 제롬의 딸이었다. 처칠은 7개월 반 만에 조산아로 태어났고 어릴 때부터 라틴어, 그리스어 시험에 매번 낙제해 아버지에게 야단을 많이 맞았다고 한다. 생활기록부에 따르면 그는 "품행이 나쁜 믿을 수 없는 학생으로, 의욕

그림 11. 윈스턴 처칠

과 야심이 없고 다른 학생들과 자주 다투며, 상습적으로 지각하고 물건을 제대로 챙기지 못하는 데다 야무지지 못하다"고 되어 있다.

아버지 랜돌프는 37세에 하원의장 겸 재무부 장관에 올랐으나 매독 합병증으로 정신질환을 얻어 고생하다가 45세에 사망했다. 어머니 제니는 런던 사교계를 주름잡은 인물로 숱한 염문을 뿌렸다. 남편이 사망한 뒤 제니는 스무 살 연하의 근위대 대위와 재혼했다.

처칠은 삼수 끝에 샌드허스트 육군사관학교에 입학했고 졸업 후에는 종군기자로 활약했다. 1899~1902년 남아프리카에 거주하는 네덜란드계 백인인 보어인과 영국인들 사이에 다이아몬드와 금광을 놓고 벌어진 보어전쟁에 참전했던 처칠은 적군의 포로가 되었다. 하지만 처칠은 기관차를 탈취해 부상자들을 구하고, 포로수용소에서 수용소 벽을 뚫고 나온 뒤 480킬로미터를 걸어 탈출에 성공했다고 한다. 마치 할리우드 영화에나 나올 법한 모험을 통해 그는 '국민 영웅'으로 급부상한다. 군사적 재능과 필력으로, 신랄한 종군기자로 전장을 누비며 세상의 주목을 받다가 25세에 하원의원에 당선되고 재무부 장관을 거쳐 총리에 오른다.

영국의 정신과 의사이자 정신분석가인 앤서니 스토는 처칠의 블랙독을 다룬 『처칠의 검은 개, 카프카의 쥐』를 출간했다.[6] 스토는 처칠이 1930년대, 1945년, 1955년에 심한 우울증을 겪었으며, 친구 비버브룩 경에 의하면 자신감을 보이고 안정되어 있다가도 심한 우울증으로 기분이 바닥까지 떨어지는 일이 자주 있었다고 했다. 처칠의 아버지 랜돌프도 우울증을 반복적으로 앓았고 뇌매독neurosyphilis에 걸리면서 증상은 더 심해졌다고 했다. 부인 클레먼타인에게 보낸 편지를 보면 "만일 나의 검은 개가 돌아오면 이 사람[의사]이 나에게 유용할 것이라고 생각하오I think this man might be useful to me—if my black dog returns"라는 내용이 나온다. 처칠은 우울증이 올 때마다 글을 쓰고 그림을 그리면서 극복했다고 한다. 처칠 자신이 '검은 개'에 빗댄 우울증이 스스로에게 유용하다고 한 이유는 무엇일까? 아마도 우울증은 그를 깊은 생각으로 몰아넣어 글을 쓰고 그림을 그리도록 만들었기 때문일 것이다.

처칠은 또한 선천적인 우울 기질을 극복하기 위해 승화와 유머의 방어기제를 가동한 것으로 보인다. 말년에 처칠은 책을 읽지 못할 정도로 내면이 무너졌으며 글을 쓸 수도 없었다. 글을 쓰는 것으로 '가면 쓰지 않은' 자신을 찾았던 사람이 글을 쓰지 못하게 되었을 때의 불행은 얼마나 컸을지 미루어 짐작할 수도 없을 정도였다고 한다.7

처칠은 1953년에 『제2차 세계대전』으로 노벨문학상을 수상했는데, 이는 그가 총리직에서 물러난 1946년부터 집필한 책이다. 1951년에 처칠은 다시 총리가 된다. 이 책에는 제2차 세계대전의 원인과 향후 과제가 잘 담겨 있다. 제2차 세계대전의 가장 큰 원인은 히틀러에 의한 나치 독일의 팽창 정책이지만, 영국·프랑스의 정치인들도 문제였음을 지적하고 있다. 전쟁 전 독일이 전쟁 준비를 한다는 걸 알면서도, 가장된 평화를 내세워 국민을 안심시키고 표를 받는 데에만 골몰한 것을 비판하기도 했다.

우울해서 예민할 때마다 책을 쓰거나 그림을 그린 것은 우울증이 그로 하여금 깊이 있는 사색을 하도록 자극해 창의성과 통찰력이 늘어났기 때문이다. 자신의 우울증을 '검은 개'로 상징화하고 외부로 알린 점도 그가 우울증을 넘어서 위대한 업적을 이룰 수 있는 힘이 되지 않았을까 생각하게 된다.

4. 슈만의 창의성과 감정 기복

로베르트 슈만(1810~1856)은 독일의 유명한 낭만주의 작곡가, 피아노 연주가, 음악평론가로 아름다운 음악과 클라라와의 열정적인 사랑 이야기로 유명한 인물이다(그림 12). 우리나라에는 피아노곡인 '어린이 정경' 중 제7번 곡 「트로이메라이」[8]가 드라마 겨울연가 OST로 들어가면서 널리 알려졌다. 한번 들으면 누구나 고개를 끄덕거릴 정도로 익숙하다. 「트로이메라이」와 「피아노 5중주곡 Op. 44」를 들으면서 아래 글을 읽어보자. 슈만이 들려주는 아름다운 선율에 마음이 편안해지고 부드러운 감성에 사로잡힌다.

슈만의 일생에 걸친 작품 가운데서도 가장 아름답고 유명한 곡은 「피아노 5중주곡 Op. 44」다.[9] 최초의 피아노 5중주다. 화려하고 경쾌한 이 곡은 소원했던 슈만 부부 사이도 화해하게 만들었다. 슈만에게 심한 우울증이 발생하기 2년 전인 1842년에 작곡되었으며, 클라라에

그림 12. 슈만, 클라라, 브람스

게 헌정되어 클라라가 초연을 했다.

슈만은 작가이자 출판업을 하는 아버지 밑에서 자랐는데 어린 아들이 작곡을 시작하자 아버지는 적극적으로 좋은 교육 환경을 만들어주었다. 슈만도 아버지를 따라간 음악회에서 피아니스트가 되고 싶다는 꿈을 키웠지만 그의 나이 16세에 아버지가 세상을 떠나자 경제적인 어려움으로 인해 더 이상 음악 공부를 하기 어려웠다. 어머니는 집안이 기울자 아들의 미래를 걱정해서 법학 공부를 시키기로 하고 라이프치히에 갔지만 음악에 대한 슈만의 열정은 식을 줄 몰랐다. 더욱이 슈만은 당시 잘생긴 외모로 여성들에게 인기가 무척 많았다고 한다.

슈만은 라이프치히의 유명한 피아노 교육자인 프리드리히 비크의 제자가 되기로 결심하고 비크의 집에서 하숙하면서 교육을 받았다. 비크에게는 어린 딸이 있었는데 그녀가 바로 클라라였다. 비크는 클라라를 혹독하게 훈련시켜 유명인으로 만들어놓으면 부와 명예를 얻을 수 있으리라 생각했다. 클라라는 피아노 신동으로 이름을 알렸지만 연주 외에는 의사 표현조차 잘 하지 못했다고 한다.

클라라는 똑똑하면서도 뛰어난 연주가이자 작곡가인 슈만에게 점차 사랑의 감정을 느꼈다. 비크는 집안도 별 볼 일 없고, 장래도 불투명하며, 손가락도 성치 않은 슈만과의 결혼을 극렬히 반대했다. 과도한 연습으로 오른손 넷째 손가락에 부상을 입은 것이다. 슈만이 폰 프리켄 남작의 수양딸인 에르네스티네라는 여인과 약혼하자 클라라는 이들의 사이를 심하게 질투했고 결국 슈만은 파혼을 했다.

클라라가 18세로 성인이 되자 두 사람은 정식으로 결혼을 하려 하지만 아버지 비크의 반대로 3년간 법정 다툼에 휩싸였고 마침내 1840년 클라라의 21번째 생일을 하루 남긴 날 두 사람은 결혼을 한다. 비크는 3년이 흐른 뒤 딸과 사위에게 용서의 편지를 쓰고 슈만은 이를 받아들인다. 오랜 고난을 극복한 끝에 마침내 뛰어난 작곡가 슈만과 천재 연주가 클라라는 하나가 되었다.

슈만은 뛰어난 곡을 작곡하고 클라라는 아름다운 연주를 해서 부부는 점점 유명해졌다. 1843년에는 라이프치히 음악원 교수로 초빙되었다. 하지만 이 부부에게도 큰 시련이 닥쳤는데 슈만에게 양극성 장애가 발병한 것이다. 양극성 장애는 기분이 들뜨는 조증과 우울해지는 울증 시기가 반복되는 정신질환이다. 슈만은 양극성 장애로 인해 심각한 우울증에 빠졌다.

클라라와의 결혼 직후인 1840년과 1849년에는 에너지가 넘쳐서 1년에 20곡이 넘는 작품을 완성했다. 하지만 1844년에는 한 곡도 완성하지 못했다. 이 시기에는 '신경이 예민해져서 탈진nervous prostration' 했다고 되어 있는데 심한 우울증으로 예민한 상태였던 것으로 보인다.

우울증과 망상과 환청에 시달리던 슈만은 1853년 11월 뒤셀도르프 관현악단 지휘자 자리를 내놓았는데 클라라의 수입만으로는 일곱 명이나 되는 아이의 양육비와 치료비를 대기에는 역부족이었다. 이때 유명한 브람스가 그들에게 나타났고, 슈만은 브람스의 작품을 극찬했다. 브람스는 슈만보다는 23세, 클라라보다는 14세 연하로 어린 나이였다.

슈만의 양극성 장애는 점점 깊어졌다. 결국 1854년 슈만은 맨발로 집 밖으로 뛰쳐나가 라인강에 몸을 던지는 극단적 선택을 하고 만다. 다행히 지나가던 고깃배에 구조돼 목숨을 건졌지만, 더 이상 짐이 될 수 없다는 생각에 슈만은 자진해서 본에 있는 엔데니히 정신요양원에 입원했다. 그리고 1856년 7월 29일 숨을 거둔다.

클라라는 슈만이 죽은 1856년부터 40년 동안 슈만과 브람스의 작품을 연주하면서 여생을 보냈다. 그 곁에서 브람스는 클라라와 슈만의 자식들을 돌보며 평생 독신으로 살았다. 클라라는 브람스의 사랑을 완곡하게 거절하고 슈만의 아내로 살길 원했다. 1896년 클라라가 세상을 떠난 뒤 브람스도 이듬해에 세상을 떠났다.

슈만은 평생 많은 작품을 만들었지만 가장 유명한 것은 창작활동이 적었던 우울증 시기에 나왔다. 다작을 하는 시기에는 기분이 들떠 있었고 그런 기분이 작품에도 반영된 듯하다. 클라라로 인해 슈만의 감정 기복이 창의적인 영감으로 바뀌어 슈만이 좋은 작품을 만들 수 있지 않았나 추측해본다.

5. 타이거 우즈와 입스

입스yips는 골프에서 스윙이나 퍼트 등 각종 동작을 할 때, 실패에 대한 두려움으로 몹시 불안해서 호흡이 빨라지며 손에 가벼운 경련이 일어나는 것을 일컫는다. 골프 외에도 축구, 야구, 농구, 테니스, 양궁, 사격 등 모든 스포츠에서 나타날 수 있다. 축구에서도 골대 앞에서 어이없게 하늘로 공을 차는 장면이 종종 나오는데, 이것 역시 입스의 일종으로 볼 수 있지 않을까 싶다.

입스는 종종 선수생활을 그만두게 만들 정도로 큰 고통을 준다. 평소 아무렇지도 않게 성공시키던 짧은 퍼트를 할 때도 온몸이 굳어지고 머릿속이 하얘져 결국 실수를 한다. 입스라는 단어를 처음 쓴 사람은 스코틀랜드의 전설적인 골퍼 토미 아머(1896~1968)라고 알려져 있다.[10]

타이거 우즈는 아버지 얼 우즈의 지도로 혹독한 훈련을 받으면

그림 13. 타이거 우즈

서 아마추어 시절부터 두각을 나타냈고 1996년 프로로 전향했다(그림 13). PGA 투어 데뷔 첫해 2승으로 출발한 우즈는 매년 우승을 거두었다. 1999년 8승, 2000년 9승을 거뒀고 2000년부터 2009년까지 10년 동안 무려 56승을 거뒀다. 타이거 우즈의 정신적 지주였던 아버지 얼 우즈는 2006년에 전립선암으로 사망했다.

세계적인 스타 타이거 우즈도 2009년 11월 말에 터진 스캔들 이후에는 큰 시련을 겪었다. 우즈는 시련의 시기에 입스를 경험했는데 골프 그린 근처에서 칩샷을 할 때 어이없는 실수를 계속했다. 우즈의 코치였던 행크 해니는 우즈가 매주 언론의 시선에 극도의 부담감을 느꼈고, 한두 번의 실수가 이어지면서 입스로 나아간 것 같다고 추측했다. 2008년 US 오픈 우승을 차지한 후 11년 뒤인 2019년에야 그는 다시 메이저 대회인 마스터스에서 우승할 수 있었다.

우리 마음은 신체와 밀접하게 연결되어 있다. 세계적인 선수들도 실패에 대한 두려움으로 불안하면 골프채가 엉뚱하게 움직이면서 근육에 이상이 생긴다. 보통 사람 역시 긴장하면 골프를 비롯한 운동이 잘 되지 않고 다치기 쉬운 이치와 같다.

입스와 비슷한 것으로 다른 사람들이 자신이 글을 쓰는 것을 보고 있으면 펜으로 글자 쓰는 것이 잘 안 되는 증상을 가진 이들이 있다. '필기 공포증'이라고 해야 할 것 같은데 딱히 병명이 있진 않다. 아무도 없이 혼자 있거나 편한 사람들과 있으면 글자를 쓰는 데 아무 문제가 없다. 반면 공개된 장소에서 서명을 하거나 동의서를 써야 할 때 큰 고통을 받는다. 그래서 왼손으로 가리고 글을 쓰기도 하는데 어렵기는 마찬가지다. 불안이 많거나 공황장애가 있는 예민한 이들에게서 많이 나타난다.

입스는 실패에 대한 불안과 관련이 있다. 결국 실패를 줄이기 위해서는 자신이 하는 일을 즐기고 편안하게 임해야 한다. 의과대학에는 이런 말이 있다. '열심히 하는 학생은 머리 좋은 학생을 못 이기고, 머리 좋은 학생은 운 좋은 학생을 못 이기며, 운 좋은 학생은 즐기면서 공부하는 학생을 못 이긴다.' 어떻게 하면 즐기면서 운동하고 공부할 수 있을까?

결국 실패에 대한 불안을 줄이려면 평소 자신의 긴장을 증가시킬 만한 문제를 일으키는 행동을 삼가는 것이 좋다. 다른 곳에서 만들어진 불안이 자신의 일에도 영향을 주는데, 예민한 사람에게는 더 큰 영향을 미친다. 예를 들어 다른 사람과 심한 갈등을 일으키지 않는 것이 좋고 가정 내에서도 평화를 유지하는 것이 도움이 된다. 자신이 하는 일이 모두 성공할 수는 없다. 야구 선수들도 3할이면 유명한 선수가 되고 유명 골프 선수도 실수를 한다. 성공률을 높이는 것도 중요하지만 실수를 해도 다음에 타석에 서거나 퍼팅을 할 때 영향을 받지 않도록 마음의 훈련을 하는 것이 더 중요하다. 결국 자신이 이 일을 즐기면서 하고 있다는 마음가짐이 가장 중요한 게 아닐까 싶다.

3부

매우 예민한 사람들을 만나다

1. 매우 예민한 사람들

우리는 지금부터 매우 예민한 사람들에 대해서 생각해보려고 합니다. 그들은 어떤 사람일까요?

예민하다는 것은 외부 자극에 매우 민감한 반응을 보이는 기질이나 성격을 말합니다. 이를테면 조그만 소리에도 잠 못 들거나 상대방의 말이 약간이라도 거슬리면 화를 내는 것이죠. 앞서 이야기했듯이, 에런 박사는 '매우 예민한 사람Highly Sensitive Person'이라는 개념을 정립했고 인구의 15~20퍼센트가 이런 기질을 가지고 있다고 했습니다.

매우 예민한 사람이 정신적으로 문제가 있다는 뜻은 아닙니다. 누구나 그럴 수 있고 힘든 일을 겪고 나서 이런 기질이 생기기도 합니다. 하지만 매우 예민한 것이 심해지면 정신적인 문제로 발전합니다. 보건복지부와 삼성서울병원에서 진행한 '2016년도 정신질환실태조사' 결과에 의하면 우리나라 사람 4명 중 1명 이상은 정신적인 문제를 경험한 적이 있고 심각하게 우울하거나 불안해 생활에 지장을 받는 사람이 7명 중 1명 이상이나 됩니다. 다만 매우 예민한 사람이 어느 정도나 되는지에 대해 전국적으로 진행된 연구는 아직 없습니다.

하지만 매우 예민한 사람들이라 하더라도 문화적인 차이를 보입니다. 우리나라 사람들은 가족관계의 영향을 많이 받고, 타인의 평가에 민감하며, 남과 자신을 곧잘 비교해 서양인과는 다른 양상을 나타냅니다. 저는 한국인 중에서 매우 민감한 사람들에 대해서 이야기하려고 합니다.

다음 페이지의 문항들을 통해 자신이 매우 예민한 사람인지 평가해보세요(표 2).

표 2. 매우 예민한 정도의 평가

	예	아니오
1. 배우자가 한 사소한 말에도 쉽게 화가 난다		
2. 사람이 많은 곳에 가면 답답하다		
3. 층간소음에 민감하다		
4. 밤에 잠이 오지 않아 이튿날 힘들어할 때가 많다		
5. 끔찍한 영화나 TV를 보지 못한다		
6. 드라마나 영화를 보고 눈물을 흘린다		
7. 다른 사람들에게 폐를 끼치지 않는지 항상 걱정한다		
8. 다른 사람들에게 싫은 소리를 못 한다		
9. 먼 미래의 일까지 미리 걱정한다		
10. 큰 병이 있지 않을까 불안해한다		
11. 사람들에게 소심하다는 이야기를 자주 듣는다		
12. 문단속, 가스 불, 지갑이 제대로 있는지 여부를 여러 번 확인한다		
13. 운전할 때 사고가 나지 않을까 지나치게 걱정한다		
14. 항상 긴장 속에 사는 것 같다		
15. 중요한 일을 앞두고 설사나 변비에 시달린다		
16. 밤에 무서워서 TV를 틀거나 불을 켜고 잔다		
17. 사람들과 눈을 잘 맞추지 못한다		
18. 긴장하면 호흡이 잘 되지 않을 때가 많다		
19. 감정 기복이 심하다		
20. 쉽게 죽고 싶은 생각이 든다		
21. 걱정이 꼬리에 꼬리를 물고 계속된다		
22. 여러 사람 앞에 서는 것을 피한다		
23. 자신을 싫어하는 사람이 있는 상황을 견디지 못한다		
24. 시험, 발표에서 늘 평소보다 실수를 많이 한다		
25. 권위적인 사람과 함께 있는 것이 불편하다		
26. 약을 먹지 않으면 불안해서 견딜 수가 없다		
27. 가족이 늦게 들어오면 사고가 난 것 같아 불안하다		
28. 배우자가 바람을 피울 것 같은 생각이 든다		

* 28문항 중에서 7개 이상 해당되면 '매우 예민한 사람'으로 보임. 의료적으로 사용할 수 없음. 표준화되기 전이므로 해석에 주의를 요함.

어떤가요. 스스로 매우 예민한 사람이라고 생각되나요?

사람의 몸은 위험에 대응하기 위한 응급 상황 대비 시스템을 가지고 있습니다. 이것을 자율신경계라고 하는데 심장박동, 호흡, 소화 기능에 관여하고 중추신경계에 의해서 조절되지만 대부분 자동으로 기능을 합니다. 자율신경계는 교감신경계와 부교감신경계로 나뉩니다. 교감신경계는 위급한 상황에 빠졌을 때 빠르게 대처하도록 돕고 부교감신경계는 위급한 상황에 대비해 에너지를 저장해둡니다. 긴장하거나 놀라면 우리는 교감신경계를 통해 응급 상황 대비 시스템을 활성화합니다. 심장이 힘차게 뛰면서 혈액을 전신에 빠르게 전달하고, 호흡은 빨라지며, 땀이 나고, 근육은 강하게 수축하고, 온몸과 뇌에는 아드레날린이라는 호르몬이 증가합니다.

우리 몸이 계속 응급 상황 대비 시스템에 놓여 있거나 중요하지 않은 일에도 응급에 준하는 대비를 하게 되면 몸에 지나친 부담을 주게 됩니다. 우울증, 공황장애, 불면증 등 모든 정신질환이 여기서 비롯됩니다. 실제로 그런 일을 겪고 있는 상담과 치료 사례를 만나볼까요? 사례에 나온 내용은 여러 명의 경험을 합한 것으로 가명을 사용했고 특정인을 가리키는 것이 아님을 밝힙니다.

2. 남편만 보면 화가 난다

쉰두 살의 김민정씨는 남편과 함께 진료를 받으러 왔다. 요즘 그녀가 도무지 참을 수 없는 것은 남편만 보면 화가 난다는 점이다. "더는 견딜 수가 없다." 그녀가 눈물을 보이며 내뱉은 첫마디다. "하루 종일 우울하고 예민하다. 집 밖으로는 거의 나가지 않는다. 나의 이런 기분을 알아주는 사람이 없다는 게 더 힘들다." 땅속으로 꺼질 듯 무거운 한숨을 내쉰 그녀는 요즘 식사도 자주 거른다고 했다. 남편이 병원에 같이 와줄 정도라면 부부 사이가 그렇게 나쁘지는 않은 듯한데, 어떤 일이 있었던 걸까.

"얼굴만 보면 남편이 예전에 나한테 잘못한 일들이 다 떠오른다."

남편은 어떤 사람일까. 그는 공무원으로 정년퇴직을 했고 지금은 일 없이 집에 있다. 성실한 직장인이었고 부인도 배려하는 평범한 배우자였는데, 반년 전부터 관계는 비포장도로를 달리듯 덜컥거렸다. 발단은 사소한 데서 시작됐다. 어느 저녁에 둘이 집 근처 공원에 산책을 하러 갔는데, 아직 봄날이라 조금 쌀쌀한데도 민정씨는 반팔을 입고 나왔다. 이를 본 남편은 "아직 봄인데 당신 왜 반팔을 입고 나왔어? 감기 걸리잖아!"라고 말했다. 대놓고 한 소리 들은 것 같아 대답을 하려는데 마침 옆집 여자가 지나갔다. "안녕하세요. 오랜만이네요." 남편이 민정씨에게 한마디 하고 말을 자른 것은 바로 옆집 여자 앞에서였고, 민정씨는 타인을 대하는 상냥한 태도와 자신에 대한 태도가 너무 달라 화가 날 수밖에 없었다.

그날 밤 잠자리에서 민정씨는 열이 오르며 갑갑증을 느꼈다. 반면 남편은 아무 일 없었다는 듯 코를 골며 자고 있어 남편의 뺨을 한 대 후려치고 싶은 충동이 일었다. 자기를 무시하고 옆집 여자한테 눈길을 준 것이 갑자기 20년 전의 기억을 떠올리게 했던 것이다. 그때도 직장에서 남편은 같은 과 여직원과 아주 친밀한 관계를 맺었었다.

결국 참지 못하고 잠자는 남편을 흔들어 깨웠더니 오히려 "무슨 일이냐?"며 짜증을 냈다. 제어할 수 없는 감정에 민정씨는 20년 전, 10년 전, 3년 전에 있었던 서운한 일을 한꺼번에 쏟아내면서 눈물을 흘렸다. 그 후로 거의 반년 동안 이런 일이 반복되었고, 남편도 점점 지쳐갔다. 둘은 지금 졸혼을 생각하는 중이다.

🗨 전문의의 조언

사람의 기억은 참 오묘합니다. 방금 들은 이야기나 본 것의 대부분은 얼마 후 망각의 세계로 사라지게 됩니다. 한 달 전에 만난 친구와의 대화를 떠올려보면 그 내용이 얼마나 기억날까요? 대부분의 사람은 만났다는 사실 자체만 기억하지 그 내용을 세세히 기억하지는 못합니다. 하지만 예전에 교통사고를 당해서 다친 기억은 잊히지 않아 그 장소를 스치기만 해도 생각납니다. 또 자신과 심하게 다툰 사람은 그 후로 전화 한 통 안 했는데도 수십 년 동안 얼굴을 잊어먹지 않습니다. 왜 그럴까요?

우리 뇌는 기억과 관련해 매우 묘한 능력을 가지고 있습니다. '망각의 능력'이라고 하지요. 기억력이 뛰어난 사람은 공부를 잘하고 머리도 좋아 만족할 것 같지만 실제로 불편할 때도 많다고 합니다. 예민한 사람은 우리 뇌의 기억하는 부분을 '불안'으로 강화시키는 성향을 가지고 있습니다. 그런데 예전의 기억은 정확한 것이 아니고 지금 느끼는 불안으로 인해 사실보다 더 강하게 각색되는 일이 흔합니다. 민정 씨가 남편의 과거 일을 떠올리면 현재 느낀 감정에 의해서 더 못된 사람으로 기억되는 것과 마찬가지지요.

『네이처』지에 실린 한 논문에 의하면 우리 뇌의 변연계가 공포나 불안의 기억을 회상하는 데 중요한 역할을 한다고 합니다.[1] 변연계에서 현재와 과거의 기억을 연결시켜 불안이 심해지면 우리 몸에서 스트레스 호르몬인 코르티솔이 많이 분비되는데 이것은 인지 기능을 떨어뜨려서 오래된 기억을 회상하는 데 지장을 줍니다.[2] 이전에 제가 있는 연구팀에서 우울증 환자 164명을 대상으로 12주간 연구를 진행했는데, 우울과 불안이 호전되면 기억력도 저절로 호전되는 것을 확인할 수 있었습니다.[3] 따라서 스트레스를 받아 우울하고 불안할 때의 기억은 정확하지 않고 왜곡될 때가 많습니다.

또 하나 중요한 것은 민정씨의 나이입니다. 52세는 폐경이 올 무렵입니다. 배꼽에서 머리 쪽으로 열이 올라오고 호흡이 답답해지면서 잠이 오지 않습니다. 이처럼 열이 나고 호흡이 곤란해질 때는 더 화가 나며 예전의 기억에 몰입하게 됩니다. 이것을 폐경기 증후군이라고 합니다.

폐경기 증후군 Menopausal syndrome

—

폐경기에 접어든 여성에게 여성호르몬이 줄어들면서 나타나는 증상으로 열성홍조Hot flush가 가장 흔하다. 열성홍조는 얼굴·목·가슴 등이 갑자기 달아오르며 후끈거리다가 땀이 나는 것을 일컫는데 이런 증세는 몇 분간 계속되며 하루에도 몇 번씩 나타난다. 이 시기에 우울증이 2~3배 더 발생하고 불안증, 불면증도 더 흔하게 발생한다. 여성호르몬은 스트레스 호르몬의 일종으로 이 호르몬이 감소하면서 혈액 내 변동 폭이 커져 스트레스를 견디는 뇌의 능력이 이전에 비해서 떨어지는 것과 관련 있다.[4]

결국 중요한 사실은 과거의 기억이 정확하지 않다는 점입니다. 남편에 대한 분노는 자신의 현재 불안, 폐경기 증상과 떼어놓고 보기 힘듭니다. '내가 불안하구나' '예민하구나'를 먼저 인정한 뒤 서운한 생각이 계속 들면 과거의 기억을 연결시키는 것을 하지 않도록 해야 합니다. 오늘 있었던 일에 한해 남편과 대화하고 오해는 바로 푸는 것이

좋습니다. 완전히 오해를 푼 후에는 다시 거론하지 않고요.

물론 민정씨 남편도 잘못한 게 있습니다. 아내가 잠을 못 자고 불안해하는데 관심을 기울이지 않은 것은 서운할 만합니다. 제가 한 가지 방법을 권해볼게요. 매일 오후 6시가 되면 남편이 전화나 문자로 그날 있었던 일을 이야기해주는 겁니다. 그리고 하루 종일 둘이 함께 있기보다는 각자의 스케줄을 만드는 것이 좋습니다.

예민한 사람은 '현재'에 집중해야 합니다. 다른 사람들은 잊어버리는 과거의 기억을 연상해서 현재와 연결 짓는 것은 스스로를 더 예민하고 우울하게 만듭니다. 과거 일이 자꾸 생각나면 내가 예민하지 않은지 먼저 체크해야 합니다. 이때는 다른 쪽으로 관심을 돌리는 게 도움이 됩니다. 새로운 책을 읽거나 운동을 시작해보는 것도 좋습니다. 관심이 전환되면 자연히 기억의 연상과 화는 줄어들게 마련입니다.

3. 예민해서 친구들과 어울리지 못한다

은경씨는 22세 대학생이다. 히키코모리처럼 거의 사람들과 어울리지 못하는데, 원인이 자신의 예민한 성격에 있다고 생각한다. 가장 큰 특징은 감정 기복이 심하다는 것이다. 기분이 붕 떠 있는 것처럼 좋았다가도 바닥으로 내려가면 붙잡고 올라올 밧줄조차 잃어버린 느낌이다. 하루에도 몇 번씩 기분이 출렁이며, 아침에 늦게 일어나고, 밤에 잠이 잘 안 온다고 한다.

감정 기복이 심할 때 은경씨를 가장 먼저 피하는 이들은 가족이다. 생리 일주일 전부터는 위험 신호를 알아차리고 부모나 오빠는 슬슬 은경씨를 피하기 시작한다. 대학에서 사귄 친구도 거의 없어 외톨이다. 한창때인데 왜 친구를 못 사귀는 걸까?

"사람이 많은 곳에 가면 나를 비웃는 것 같다. 자연스레 눈치를 보게 되면서 숨이 잘 안 쉬어진다. 그들과 무슨 얘기를 해야 할지 잘 모르겠다."

그래서 주로 혼자 SNS를 하거나 유튜브를 보며 시간을 보낸다. '좋아요'를 하루 종일 누르는 것은 그녀의 내면이 얼마나 불안한가를 드러내는 하나의 징표이기도 하다. 잠드는 시각은 새벽 3~4시이고, 아침 10시가 넘어서야 일어나 수업에 거의 항상 늦는다.

늦게 잠드는 이들이 흔히 그렇듯 밤에 폭식하는 습관이 있다. 밤에 에너지가 올라가고 피자, 빵, 라면, 매운 음식 등을 냉장고에서 꺼내 먹으면서 체중은 하루가 다르게 늘어갔고, 그런 외모 때문에 자신이 싫고 자신감이 바닥이다. 악순환의 고리에 빠진 것을 알지만, 잘 고쳐지지 않는다.

정신건강의학과를 찾는 계기가 된 심각한 증세가 나타났던 것은 한 달 전이다. 교수님과 친구들 앞에서 과제를 발표하는데, 한 학우가 질문한 것이 잘 이해되지 않았다. 이때 갑자기 어지럼증이 일고 숨이 답답해져 가만히 서 있기조차 힘들었다. 그 후로는 학교만 가면 이런 증상이 계속 나타나고 있다.

어제는 이 문제 때문에 학교 수업을 가지 않고 집에 있었는데, 집에서조차 숨이 잘 쉬어지지 않았다. 결국 응급실에 실려갔지만, 의사는 몸에 아무런 이상 증상이 없다며 되돌려보냈다.

🗨 전문의의 조언

사람의 감정엔 희로애락이 있습니다. 내가 처한 환경에 따라 기쁘고, 화나고, 슬프고, 즐거운 것은 지극히 정상입니다. 그런데 환경에 관계없이 감정 기복을 보이는 사람들이 있습니다. 진폭이 매우 크기도 하고 잔잔하기도 합니다. 주로 계절이 바뀔 때나 생리 전, 다른 사람과 다툼이 있을 때 기복이 심해집니다. 이를 기분장애라고 합니다.

기분장애Mood disorder

기분 조절이 어렵고 우울이나 기분의 변동이 장시간 지속되는 장애다. 기분장애는 크게 우울한 기분이 2주 이상 지속되면서 의욕 저하, 불면, 피로감, 집중력 저하를 동반하는 주요 우울증과 기분이 들뜨는 조증 및 우울증을 반복하는 양극성 장애로 나눌 수 있다. 전국 정신질환실태조사에 의하면 우리나라에서 남자의 3.3퍼센트, 여성의 7.2퍼센트가 기분장애를 겪는다고 한다. 남성보다 여성에게 약 2배 많이 발생하는 현상은 전 세계적으로도 유사하며 호르몬의 변화와 관련 있다는 학설이 있다.

감정 기복이 심한 사람은 마치 성격이 까탈스럽거나 변덕을 부리는 것처럼 보입니다. 하지만 자세히 들여다보면 감정 기복의 문제임을 알 수 있습니다. 이것을 '비전형성 우울증'이라고 합니다.

비전형성 우울증Atypical depression

우울증의 한 종류로 일반적인 우울증이 체중 감소와 불면증을 동반하는 데 비해 체중 증가와 낮 동안의 수면 과다를 일으킨다고 해서 '비전형성'이라는 이름이 붙었다. 감정 기복이 동반되며 30대 이하의 젊은 연령층에서 흔히 나타난다. 양극성 장애로 진행되기도 한다.

이들은 몇몇 특징을 나타내는데, 네 가지로 압축해볼 수 있습니다.

첫째, 식욕이 증가하고 밤에 폭식증이 나타납니다. 탄수화물이나 매운 것을 먹으면 예민함이 줄어들기 때문에 계속 먹게 됩니다. 둘째, 늦게 자고 늦게 일어납니다. 심지어 밤낮이 완전히 바뀌는 사람도 있습니다. 일찍 잠들지 못하고 밤이 될수록 눈이 더 초롱초롱해집니다. 셋째, 몸이 무거워 주로 누워 지냅니다. 누워서 햄버거나 감자튀김, 치킨을 먹고 방은 어지러져 있습니다.

넷째가 가장 중요한데요, 타인에게 거부당하는 데 매우 민감합니다. 거부민감성으로 인해 친구들과 잘 어울리지 못하고, 특히 다른 사람의 표정이나 말투에 몹시 예민합니다. 그 사람이 하는 말의 내용보다는 표정이 어떠한지를 더 중시합니다. 그 사람이 나를 싫어하는 것은 아닌지 과하게 생각하고 거기에 많은 의미를 부여합니다.

하지만 사람의 표정이나 말투는 그 당시의 컨디션과 관련이 높습니다. 예를 들어 어제 잠을 못 잤거나 일이 많아서 피곤하면 사람들은 표정이 굳어지고 말투가 퉁명스러워지기도 합니다. 은경씨는 이런 사람을 만나면 그의 표정이나 말투가 자기 때문에 그런 것이라며 '나를 싫어한다'고 해석합니다. 그래서 오히려 과도하게 관심을 받으려는 행동을 하기도 합니다.

은경씨는 "내가 살찌고 안 예뻐서 사람들이 나를 싫어하는 것 같다"고 생각했습니다. 그 때문에 성형수술을 했는데 결과는 마음에 들지 않았고, 재수술까지 포함해 서너 번쯤 수술을 더 했습니다. 체중을 줄이는 약을 복용하고 주사를 맞으면서도 운동은 안 했지요. 하지만 살 빼려고 복용한 펜터민이 은경씨를 더 예민하게 만들었습니다. 예민성이 심해진 은경씨는 여러 사람이 동시에 자신을 바라보는 표정을 감당하지 못하고 호흡 곤란을 일으켜 쓰러지고 말았습니다. 그 후로 친구들을 만나는 게 두렵고 또 그런 상황에 처하지 않을까 하는 예기 불안이 생겼습니다. 쓰러진 생각을 하면 다시 호흡이 답답해집니다.

따라서 은경씨가 가장 먼저 인지할 점은 보통 사람보다 자신의 감정 기복이 심하다는 것입니다. 이런 사람들을 '양극성 성향bipolar trait'이라고 합니다. 한국인의 2~3퍼센트가 여기에 해당됩니다. 중고등학교에서 한 반에 한두 명은 꼭 있는데, 보통 고등학생 때나 대학에 들어가서부터 이런 성향이 두드러지게 나타납니다. 남자들은 군대 가서 드러나기도 하고요.

양극성 성향 Bipolar trait

—

양극성 장애는 기분이 들뜨는 조증과 울증을 반복하는 질환이다. 양극성 장애로 진단할 수는 없지만 감정 기복을 보이는 경우를 양극성 성향이 있다고 말한다. 감정 기복은 성격적인 특성 때문에 발생할 수도 있다. 감정 기복은 특별한 일이나 외부 자극 없이도 스스로 기분의 변동을 보이는 경우를 가리키는데 '생리전 우울증' '산후우울증' 등에서도 흔히 나타난다.

감정 기복이 심한 사람은 앞서 말한 네 가지를 반대로 돌려놓으면 큰 도움이 됩니다. 하지만 말처럼 쉽지는 않아서 전문의의 도움을 받

아야 할 수도 있습니다. 핵심은 일찍 자고 일찍 일어나는 데 있습니다. 일찍 자는 것과 일찍 일어나는 것 중에서는 일찍 일어나는 게 더 중요합니다. 늘 오전 7시에 일어나려 시도해보는 건 어떨까요? 새벽 2, 3시에 자도 7시에 일어나는 겁니다. 오전에 같은 시각에 일어나면 밤에 자는 시간이 빨라지고 야식 습관도 줄어듭니다. 오전 7시에 일어나면 8시부터 30분가량 햇볕을 쬐며 산책해보세요. 빛이 아침잠을 깨우고 몸에 리듬을 만듭니다. 특히 생리 전에 오전 운동을 잘 유지하면 예민성이 많이 줄어듭니다.

타인의 표정이나 말투는 은경씨에 대한 반응이 아니라 그 사람의 그날 몸 상태에 따라 달라집니다. 상대방의 표정과 말투에 둔감해지려면 연습이 필요한데, 휴대전화 문자를 확인하듯 상대방 말의 내용에만 신경 쓰는 것이 한 가지 방법입니다. 게다가 다른 사람들은 은경씨에게 그리 관심이 없다는 것을 기억하면 도움이 됩니다. 그건 은경씨가 그들에게 그다지 관심이 없는 것과 마찬가지입니다. 사실 우린 생각보다 타인에게 관심이 크지 않고 자기 자신을 더 많이 생각합니다. 내가 하는 말의 내용도 지나치게 신경 쓰지 마세요. 한 달만 지나면 상대방도 나와 무슨 대화를 했는지 거의 기억하지 못합니다. 만났던 기억, 익숙해지는 느낌만 남지요.

또 하나, 다른 사람의 말을 듣고 나서 내가 할 이야기의 내용을 준비하는 것은 어떨까요? 긴장을 누그러뜨리고 마치 문자를 보내듯 친구들과 대화를 나눠보세요.

갑자기 호흡 곤란이 오면 이 책 뒤에 나오는 '긴장 이완 훈련'을 매일 꾸준히 연습해보세요. 지속적으로 하면 호흡이 꽤 편안해집니다. 대화 중 호흡이 답답해질 때 말을 조금 천천히 하거나 잠깐 화장실에 다녀오면 증세가 가라앉습니다. 반면 커피 등 카페인 음료를 많이 마시면 호흡 곤란이 더 심해질 수 있습니다.

감정 기복을 조절하고 친구들과 어울리는 것은 앞으로의 삶에도 영향을 많이 미칩니다. 배우자를 만나거나 직장을 갖는 데도 큰 영향을 줍니다. 대학생이라면 아직 늦지 않았습니다. 사람들은 변화된 모습을 보여주면, 상대의 어제 모습을 쉽게 잊어버립니다. 오늘부터 예민성을 조절하면서 내일 아침 7시에 일어나 창밖으로 들어오는 햇빛을 쬔다면 성공적으로 첫발을 내디딘 것입니다.

4. 우울해서 예민한 직장 여성

아르바이트나 비정규직 루트를 거친 후 정규직을 힘겹게 얻는 요즘 세대처럼, 민아씨도 3년 전에야 사무직 정규 직원이 된 35세 여성이다. 안정된 직장을 얻은 지 3년 차가 되다보니 이제 생활도 만족스럽고 대인관계도 부드럽게 이어나가고 있다. 부모로부터 독립해 지금은 원룸에서 혼자 살고 있고, 남자친구는 없지만 결혼 자금을 위해 매달 적금도 넣고 있다.

하지만 삶에는 언제나 위협 요소들이 등장할 태세를 갖추고 있다. 특히 상사를 잘 만나는 것은 인력으로 안 되는 일이다. 민아씨의 바로 위 선배인 과장이 석 달 전에 바뀌었다. 전에 근무했던 과장과 달리 새로 온 상사는 성격이 정반대라 민아씨는 자신과 잘 맞지 않는다는 생각이 들었다. 특히 직설적인 언어를 다른 동료들 앞에서 여과 없이 발설하는 것이 마음을 짓밟았다. 민아씨가 작성한 보고서에 오류가 있으면 "보고서를 이렇게 쓰면 어떻게 하죠? 모르면 동료들한테 물어보면서 해야지. 전에도 이런 식으로 일한 거예요?"라며 공개적인 망신을 주었다.

동료들이 민아씨를 위로해줬지만 기분은 나아지지 않았다. 남들은 즐겁게 일하는데, 자신만 뒤처지는 것 같아 일도 잘 안 되고 우울감은 심해졌다. 하루는 점심을 걸렀는데, 식사하고 온 동료들이 사무실에서 커피를 마시면서 민아씨 이야기를 하는 것 같고, 그들의 웃음소리 또한 기분 나쁘게 들렸다.

무리에서 혼자 떨어져 있는 사람은 위축되면서 자기 몸에도 더 예민하게 반응하게 된다. 민아씨는 자기가 침을 삼키거나 배에서 나는 꼬르륵 소리가 너무 커 주변 동료들이 듣지 않을까 걱정되었다. '아무래도 다들 나를 싫어하는 것 같다.' '회사 가기가 싫다. 그만두고 싶다.' 이런 고민에 잠을 거의 못 이루다가 외래로 진료를 받으러 왔다.

어렵게 들어간 직장이라서 그만두기도 겁나고, 당장 카드 값과 월세 때문에 그럴 처지도 안 된다. 하지만 멍하니 가만있는 시간이 늘었고, 일의 성과도 떨어져서 더는 버틸 자신이 없다.

💬 전문의의 조언

직장에서 잘 지내는 데 인간관계가 중요하다는 것은 누구나 동의합니다. 인간적으로 친해지면 업무상으로도 편해지지요. 실수를 하더라도 서로 돕고 긴장이 줄어들어 일을 더 잘하게 됩니다.

민아씨는 회사에서 3년간이나 근무를 잘해왔습니다. 이전 과장과는 익숙하고 잘 지냈으니 새로운 과장과도 잘 지낼 수 있을 듯합니다. 하지만 이전 과장과는 스타일이 다르고 업무 지적도 직접적으로 해 민아씨가 정신적 상처를 받은 것 같습니다.

우선 새 과장이 다른 직원들에게도 비슷한 태도를 보이는지 확인할 필요가 있습니다. 그렇다면 과장은 나한테만 그렇게 대하는 게 아니라 원래 업무 방식이 그런 것으로 보입니다. 과장이 원하는 방식이 어떤 것이고 이전 부서에서는 아랫사람들이 어떻게 적응했는지 동료들과 상의해보는 게 좋을 듯합니다. 과장이 다른 사람한테도 그런 태도로 일관한다면 그는 팀장으로서 자질이 부족한 부류입니다. 그렇다고 부딪치고 사이가 멀어지면 결국 힘들어지는 쪽은 민아씨입니다. 어렵겠지만 처음에는 새 과장의 스타일에 맞춰보는 것도 도움이 될 겁니다.

우울이 심해지면 예민함도 더 심해집니다. 우울증이 생기면 대개 오전에 더 힘들고, 의욕이 떨어지면서 밤에는 잠을 잘 이루지 못합니다. 우울이 심해져서 예민해지면 다른 사람이 하는 행동이 나랑 관계 있는 것처럼 느껴진다는 점을 아는 게 중요합니다. 앞서 말했듯이 이것을 '관계사고'라고 합니다.

관계사고Ideas of reference, IOR

———

다른 사람의 말이나 행동 또는 환경 현상이 자신에게 어떤 영향을 주기 위해 일어난다고 생각하는 것을 말한다. 말, 행동, 현상이 객관적으로는 자신과 무관한데도 스스로 연결 고리를 찾고 이를 사실이라고 여기게 된다. 관계사고가 있으면 자신만의 상상 체계를 만들고 이를 통해 부정적으로 혹은 피해의식을 갖고 현실을 해석하게 되어 예민해지며, 우울이나 불안이 심해질 수 있다.

관계사고가 생기면 우리 뇌는 나와 관계없는 다른 사람의 행동이 자신을 향하는 것이라고 해석하게 됩니다. 이를테면 쳐다보는 것, 웃는 것, 서로 대화를 나누는 것이 자신에 대한 비난으로 느껴지지요. 관계사고는 우울증에서 예민성을 증가시키고 밤이 되어도 긴장을 높여 불면증을 유발합니다. 꿈을 꾸다가 놀라서 잠에서 깨고 쫓기거나 죽은 사람이 나오는 등 악몽을 꾸게 됩니다.

이때는 정신건강의학과 전문의의 도움을 받아서 '관계사고' '불면' 등을 조절해야 합니다. 도움을 받는다는 사실 자체만으로도 우울하고 예민한 마음이 줄어들 것입니다. 집중력과 수면의 질이 좋아지면 업무 능률도 올라가고 과장이 원하는 대로 맞출 수 있게끔 변화의 에너지도 생깁니다.

한 가지 강조하고 싶은 점은 직장을 그만두지 말라는 것입니다. 우울증이 생겨 직장을 그만둔 이들은 치료받고 회복하면서 '내가 왜 일을 그만뒀을까' 하고 너무 아쉬워합니다. 다시 취직하려 해도 이전만

한 직장을 구하기란 쉽지 않습니다. 구직이 안 되어 실업 상태가 계속 되면 오히려 우울증이 재발될 수 있습니다. 1개월에서 3개월쯤 병가 를 내고 치료를 받으면 어떨까요? 보통 회복과 복귀에 1~3개월이 걸 리기 때문입니다.

5. 건강에 대한 염려도 병

한국인은 다른 나라 사람들에 비해 건강염려증이 지나친 편이라고 한다. 그게 나쁠까? 미리 신경 쓰고 몸을 관리하면 좋을 것 같은데……
하지만 문제는 그리 간단하지 않다.

40세의 혜림씨가 전형적인 케이스다. 그녀는 평소 TV나 인터넷에서 건강 관련 뉴스가 나오면 주의 깊게 보다가 자연스레 건강염려증도 생겼다. 요즘에는 오메가-3, 마그네슘, 비타민, 루테인, 크릴, 프로바이오틱스 등을 하루도 빠짐없이 챙겨 먹는다.

혜림씨에 대해 주변 사람들은 '소심하다' '예민하다'고 말한다. 그녀의 몸을 자세히 보면 알 수 있다. 늘 긴장되어 있는 데다, 자기도 모르게 눈을 찡그려서 미간 사이에 주름이 졌다. 목 뒤와 어깨 근육이 잘 뭉치고, 배는 공기가 차서 빵빵하다. 배를 두들겨봤더니 '둥둥' 소리가 날 정도다. 손도 조금 떨며, 팔다리 관절에도 통증이 있어 여러 증상이 돌아가면서 나타나 걱정을 더 불러일으킨다.

하루는 두통이 너무 심했다. 이때 TV를 틀었더니 '중풍' '뇌종양' '경동맥 협착' '편두통' 등에 대한 방송이 나왔다. 화면에 나온 환자는 치료 시기를 놓쳐 하반신을 잘 못 쓰게 된 경우였다. 혜림씨는 집에 있는 혈압계로 혈압을 재봤는데 140/90, 심박동 90회로 이전보다 높게 나왔다. 불안해서 채널을 돌렸다. 홈쇼핑 광고를 보는데, 한정품 판매 종료를 알리는 카운트다운에 들어가자 두통과 심박동이 최고조로 올랐다. 필요 없는 물건인데도 혜림씨는 전화를 걸어 구매를 했다.

'큰 병에 걸린 것 아닐까. 혈압도 계속 오르고 다리도 아픈데.' 혜림씨가 가까운 병원을 찾아가 MRI 촬영을 한 이유다. 결과를 기다리면서 초조해 며칠 동안 잠을 설쳤다. 며칠 후 막상 병원에 갔더니 '아무 이상이 없다'는 소견을 보였다. '작은 병원이라서 그런가? 아프다는데 왜 원인을 못 밝히지?' 혜림씨는 다시 대형 병원에 진료 예약을 했다.

수일을 기다려 큰 병원에서 검사를 받던 중 지나가는 환자들이 혜림씨의 시선을 잡아 끌었다. 중환자들이 링거 줄을 매달고 가족이나 간병인의 도움을 받으며 다니는 모습은 끔찍했다. '저렇게 비참하게 살고 싶지는 않다'고 생각하던 중 결과를 듣게 되었다. 역시나 '아무 문제가 없다'는 소견이었다.

사실 힘들었다. 작은 병원에서 검사받고 다시 큰 병원의 여러 과를 거치면서 최종적으로 아무 이상이 없다는 확인을 하기까지 거의 6개월이 걸렸기 때문이다. 그런데 이상하게 병원을 나서면서 다시 머리가 아파왔다. '괜찮다는데 왜 머리가 아프지?' 마치 영화의 마지막 장면처럼 문제(증상)는 해결되지 않고 다음의 섬찟한 장면을 예고하듯 혜림씨는 또다시 걱정에 빠져들었다.

💬 전문의의 조언

건강하게 사는 것은 모든 사람이 바라는 바입니다. 우리가 병을 느끼는 것은 통증이 발생하거나 기능에 이상이 생길 때입니다. 아주 예민한 사람들은 이런 몸의 변화를 금세 알아차리지요. 통증이나 기능 이상이 반드시 신체적인 병 때문에 생기지는 않습니다. 마음의 문제나 예민성이 신체 통증이나 기능 이상으로 나타나기도 합니다. 정밀 검사를 해도 정상이라고 나오는데, 사실 이때 정상이 아닌 것은 몸보다 '매우 예민한 마음'입니다. 혜림씨처럼 건강 걱정을 많이 해서 일상생활에 지장을 주는 것을 건강염려증이라고 합니다.

건강염려증Hypochondriasis
—

자신의 신체적 증상 또는 감각을 과도하게 해석하여 스스로 심각한 병에 걸렸다고 확신하거나 두려워하고 여기에 몰두해 있는 상태를 의미한다. 보통 암, 에이즈, 코로나19 등 널리 알려진 심각한 질환을 두려워한다. 나는 이런 증상에 대해 연구를 수행한 적이 있는데, 이때 우리나라와 미국을 비교하자 우울증 환자 가운데 건강염려증을 보이는 비중이 우리나라에서 더 높게 나타났다. 특히 불안으로 인해 발생한 신체 증상(예를 들어 심장박동 증가, 체중 감소, 호흡 곤란)을 큰 병으로 착각해 걱정하는 이들이 많았다.[5]

예민함은 보통 두통, 심박동 증가, 근육통, 허리 통증을 일으킵니다. 남들은 아프지 않을 만한 통증도 허리 신경을 타고 뇌에 도달하면 크게 증폭됩니다. 병원에서는 검사 결과 이상이 없다고 하는데도 계속 통증에 예민하고 병이 아닐까 걱정하니 가족들도 지칩니다. 마치 작은 소리가 마이크를 타고 증폭되어 스피커에 울리는 것처럼, 몸에 생긴 작은 통증이 머리에서는 크게 울립니다.

얼굴과 머리 근육이 긴장되면 두통이 생깁니다. 이를 긴장성 두통이라고 하지요. 이런 사람은 미간 사이를 늘 찡그리는 버릇이 있어 주름이 져 있습니다. 몸이 긴장되어 있고 뻣뻣하기 때문에 마사지를 받으면 근육에 심한 통증이 발생합니다. 이때 목 뒤쪽의 삼각근을 양손 엄지손가락으로 누르면 아프긴 해도 얼마 후 시원한 느낌이 듭니다.

우리가 느끼는 수많은 신체 증상은 예민성과 깊은 관련이 있습니다. 옷이 피부에 닿는 감각, 발이 신발 속에 있는 감각, 허리에 벨트가 채워진 감각, 안경이 얼굴에 닿는 느낌 등 평소에 인지하지 못하고 지내는 일에 대해 예민한 사람들은 일상적인 느낌들의 차이를 계속 인지합니다. 결국 필요 없는 신체 자극들이 끊임없이 머릿속에 들어와 과부하를 유발합니다.

그럴 때는 신체 감각에 너무 민감해지기보다 예민한 자신의 마음을 직면해야 합니다. 몸의 긴장, 근육의 긴장을 풀고 이완시켜야 합니다. 큰 병이 아닐까 하는 염려는 제쳐두고 내가 긴장하고 있구나 생각해야 합니다. 긴장 이완 훈련도 매일 하면 도움이 됩니다.

집중했을 때 즐거운 일이 무엇인지 떠올려보세요. 피트니스, 필라테스, 요가, 테니스, 배드민턴도 좋고, 봉사활동처럼 다른 사람들과 어울려 집중할 수 있는 일도 좋습니다. 다른 것에 몰두할 때 내 몸의 감각에 무뎌지고 건강 염려가 마음에서 비롯된 것임을 알게 됩니다.

6. 에너지 한계의 법칙

40세의 대기업 직원인 영철씨는 얼마 전 회사에서 후배 직원에게 폭언을 했다는 이유로 대기 발령을 받았다. 2019년 7월부터 '직장 내 괴롭힘 금지법'이 시행되면서 직장에서의 지위 또는 관계 등의 우위를 이용하여 업무상의 적정 범위를 넘어 다른 근로자에게 신체적·정신적 고통을 주거나 근무 환경을 악화시키는 행위를 하면 처벌을 받게 된다. 근무 시간 이외에 직장 밖의 장소에서 발생했더라도 그 내용에 따라서 직장에서의 우위를 이용했고 업무 관련성이 있는 경우에는 직장 내 괴롭힘으로 인정될 수 있다. 그래서 요즘은 회식도 줄이고 다들 서로 조심하며 관습을 고쳐나가는 분위기인데, 그는 시대착오적이게도 후배 직원에게 큰 실수를 저지른 것이다. 지금 그는 사회적으로나 가정적으로나 모두 위기에 직면해 있다.

영철씨의 특징 하나를 꼽자면, 그는 다른 사람에 비해 에너지가 매우 높은 편이다. 특히 초봄에 에너지가 많이 올라가는데, 이럴 때는 의욕이 증가하고 근거 없는 낙관도 생겨 주식에 과감하게 베팅까지 했다(하지만 모아둔 돈이 없어 투자 비용은 모두 신용 대출로 충당했다). 그런데 사들인 주식이 최근 하한가로 바닥을 쳤다. 아내 몰래 한 투자라서 수습할 생각에 머릿속이 하얘졌다.

그날 회사에서는 부서 회식이 잡혀 있었다. 그는 평소에도 술을 먹으면 에너지가 상승해 3차, 4차까지 가는 버릇이 있는데, 문제는 그날 술에 취해 후배 직원에게 훈계를 하다가 손찌검까지 하게 된 것이다. 그 일로 그는 대기 발령 상태이며, 해고까지 예상하고 있다.

'이제는 아무것도 못 할 거 같다' '나처럼 못난 놈도 없다' '아내 얼굴을 못 보겠다'면서 그는 다시 술에 입을 대고 있다. 직장과 가정에서 모두 비난받는 처지라 자책에서 빠져나올 방법은 없어 보인다.

🗨 전문의의 조언

사람이 가지고 있는 에너지에는 한계가 있습니다. 늘 에너지가 넘칠 수는 없고 언젠가 꺾이게 마련입니다. 영철씨처럼 에너지에 기복을 보이는 사람이 한국인 100명 중 2~3명쯤 됩니다. 가장 흔한 형태는 연중 변화입니다. 보통 초봄에 해가 길어지고 날씨가 따뜻해지면서 기분이 올라가고 가을, 겨울이 오면 겨울잠을 자는 것처럼 조용해집니다. 이렇게 에너지 기복이 있는 사람들은 많은 경우 애주가이기도 합니다. 보통 사람들은 술을 많이 마시면 졸리지만 이들은 오히려 에너지가 더 올라갑니다. 심지어 목소리가 아주 커지고 모르는 사람에 대한 공격성을 보이기도 합니다. 술을 마시고 공격성이 증가하는 현상을 '알코올 유발성 탈억제'라고 합니다.

알코올 유발성 탈억제 Alcohol-induced disinhibition

술을 마시고 나면 평소와 다르게 폭력적인 행동을 하거나 음주운전을 하는 등 충동 조절이 안 되는 행동을 반복해서 보인다. 내가 속한 연구팀이 음주 경험이 있는 전국 12개 지역 18세 이상 국민 9461명을 분석한 결과, 564명 (5.96퍼센트)에게서 알코올 유발성 탈억제 증세가 확인됐다.[6] 100명 중 6명 꼴이다. 알코올 자체가 감정을 제어하는 전두엽의 억제 기능을 떨어뜨리는데, 알코올 유발성 탈억제 증상이 있으면 이 같은 변화 폭이 일반인에 비해 더 크게 나타난다. 이러한 현상은 알코올 도수가 높은 술을 마실수록 더 쉽게 발생하므로 술을 끊는 것이 가장 좋고, 그게 어렵다면 도수가 약한 술로 바꾸어 음주량을 줄이는 것이 도움이 된다.[7]

에너지가 증가하면 '위험을 감수하는 행동 risk-taking behavior'을 하게 됩니다. 예컨대 과도한 투자, 도박, 부적절한 이성 교제 등에 빠지는 것이지요. 큰돈을 잃기도 합니다. 근거 없이 늘 '잘되겠지'라고 생각하는 것도 이들에게서 관찰되는 공통점입니다. 귀가 얇아서 다른 사람들의 방법을 따라하기만 하면 큰돈을 벌 수 있으리라는 자신감에 차 있습니다. 하지만 안타깝게도 앞뒤 가리지 않고 잘 모르는 일에 뛰어드는 탓에 대체로 일은 잘 안 풀립니다. 철저히 계획하고 준비하는 태도가 부족합니다. 만일 도박 등으로 이어진다면 끝이 좋지 않을 것입니다.

물론 아주 드물게 성공하는 사람도 있습니다. 하지만 영철씨처럼 에너지가 갑자기 올라가서 뛰어든 이들은 잘되기 어렵습니다. 에너지가 증가하면 인터넷 게시판에 있는 글 중에서도 자기가 믿고 싶은 글만 눈에 들어오고 위험을 경고하는 글은 본인한테 해당되지 않을 거라 여기기 때문에 객관적 판단을 내리지 못하는 것이지요. 영철씨와 같은 사람은 자신에게 에너지 기복이 있다는 사실을 깨닫는 게 중요합니다. 스스로는 잘 몰라도 배우자나 가족들은 느낍니다. 에너지가 증가하는 시기에는 일을 벌이는 것을 줄이고, 투자나 금전관계에 신중을 기해야 합니다. 모든 투자나 새로운 일은 배우자와 상의해서 시작하는 것이 좋고 보수적인 관점에서 계산해서 판단하길 권합니다.

에너지가 올라가거나 내려갈 때 술을 마시고 실수하면 돌이키기 어려운 일들도 있을 겁니다. 올라갈 때는 폭력·추행 등의 부적절한 일에 연루되기 쉽고, 내려갈 때는 죽고 싶은 생각이 들 수 있으니 이 부분도 주의를 기울여야 합니다. 에너지가 내려갈 때는 허망하고 모든 게 잘 되지 않을 것 같은 막막한 생각이 듭니다. 그때는 오히려 새로운 일이나 운동을 하고 활동량을 늘리는 것이 좋습니다.

사람이 가진 에너지에는 한계가 있습니다. 에너지가 올라가면 브레이크를 걸고 내려가면 올리는 방법을 터득해야 합니다. 이렇게 잘만 하면 자신이 하는 업무에 에너지가 투입돼 성공적인 경로를 밟을 수 있습니다. 위험을 감수할 일을 앞두고 있다면 에너지를 먼저 안정시키고 나서 다른 사람과 상의해 신중히 결정하세요.

도박으로 큰돈을 벌 수 있겠다는 생각이 들거나, 주위 사람들이나 가족들에게 과도하게 화를 내고 제어가 안 되는 경우가 자주 발생한다면 그때는 자신의 에너지가 정상이 아니라고 판단하면 됩니다.

7. 생각은 꼬리에 꼬리를 물고

해문씨는 40세 여성으로 대학가에서 작은 식당을 운영하고 있다. 남편이랑 같이 차렸고, 영업 시간이 길어 교대로 일한 지 3년이 넘었다. 자영업 하는 사람들이 다들 어렵다며 앓는 소리를 하지만, 다행히 해문씨 식당에는 학생 단골이 많다. 그럴 수밖에 없는 것이 아침 일찍 일어나 신선한 재료를 직접 구입해 요리를 하기 때문이다. 한 손님이 이 식당에 오기 전까지 하루 세끼 밥 차려내며 시계처럼 흘러가는 이 공간은 세상사와는 조금 무관하게 바쁘면서도 평온한 곳이었다.

학생 손님들이 가득 찼던 어느 날 한 손님이 왔다. 그는 갑자기 손짓을 하더니 해문씨를 불렀다. "여기 이리 좀 와보세요. 이걸 먹으라고 내놓은 겁니까, 나 참." 그가 젓가락으로 음식을 뒤적거렸더니 거기서 이물질이 나왔다. 설거지를 하다가 철 수세미에서 떨어져 나온 은색의 작은 물질이었다. "죄송하다"를 연발하며 허리와 고개를 몇 번씩

숙였다. "음식 값을 안 받겠습니다"라고 말하며 일이 수습되길 바랐지만 손님은 "이런 정신으로 대체 무슨 음식 장사를 하겠다는 거냐"며 더 큰 소리를 냈고, 학생들의 시선은 일제히 해문씨에게로 향했다.

그때부터 심장이 두근거리기 시작했다. 갑자기 다른 손님들의 시선도 싸늘하게 느껴졌고, 모두가 자신을 비난하는 것만 같았다. 그날 이후로 몸이 피곤해 축 늘어져도 밤에 잠드는 데 2~3시간이 걸렸다. 게다가 오래전 다른 손님들의 표정과 말투까지 하나둘 떠올라 몸을 움찔하게 되었다. 여러 날 피로와 예민함이 지속되면서 요즘은 아침 장을 보는 것을 놓치고, 식당을 운영하는 데 자신이 점점 없어졌다.

실수할까봐 두려워 어떤 때에는 뜬눈으로 밤을 새운다. 남편이 말을 붙일 때도 깜짝깜짝 놀라곤 한다.

💬 전문의의 조언

해문씨는 그동안 식당을 하면서 손님들에게 정성스레 맛있는 음식을 제공해왔습니다. 의식주 가운데 식食은 인간의 건강을 유지하기 위해 꼭 필요한 것입니다. 그러니 해문씨는 직업에 대해 존중받을 권리가 분명히 있습니다. 아무리 손님이라 해도 다른 사람들 보는 앞에서 화를 내고 면박을 주는 것은 결코 올바른 행동이 아닙니다. 밥 한 끼 사먹는다고 그에게 남을 모독할 권리까지 주어지는 것은 아니지요.

사람은 누구나 실수를 하는데, 이를 알려주는 방법은 천차만별입니다. 부드럽게 전달될 때 비로소 상대방은 받아들이고 변화를 꾀하게 됩니다. 특히 해문씨처럼 예민한 이들에게는 조심해서 대해줘야합니다. 이 손님이 한 행동은 더 많은 실수를 하게 만들거나 상대의 자존감을 바닥으로 떨어뜨리는 행위로, 옳지 않습니다. 식당을 운영하다보면 3년에 한 번은 어쩔 수 없이 만나는 재수 없는 손님 중 한 명으로 생각하십시오. 해문씨의 식당에서 한 행동으로 미루어 그 손님은 아마도 대인관계나 사회생활에서 문제를 일으키는 유형일지도 모릅니다.

해문씨는 어린 시절에 엄격하고 차가운 부모 밑에서 자랐다고 했습니다. 부모님은 해문씨가 조금이라도 잘못하면 "왜 똑바로 못하니?"라며 매를 들었습니다. "시끄러워 죽겠다" "기껏 차려줬더니 밥을 남기면 어떻게 해?"라며 야단도 쳤습니다. 해문씨는 따뜻하고 부드러운 환경이 뭔지 모르고 자랐습니다. 1남3녀인 가족 중에서 부모님의 관심은 온통 막내아들에게만 쏠려 있었는데, 아들을 바라볼 때는 한없이 너그러운 표정이었다가 해문씨한테로 옮겨오면 무표정했지요. 어린 시절의 경험은 재경험을 통해 성인기 대인관계에 큰 영향을 미치게 됩니다.

그날 손님은 해문씨에게 어린 시절의 기억을 무의식중에 재현시켜 놓았습니다. 막내 남동생이 음식을 먹다가 체하면 자기가 대신 야단맞은 기억이 지금도 떠올라 괴롭습니다. 이물질이 들어 있다며 화를 낸 그 손님은 어린 시절의 부모님이 되어 해문씨 자신을 야단칩니다. 기억은 꼬리에 꼬리를 물고 걱정과 불안을 자아냅니다.

해문씨한테 시급한 것은 자존감을 되찾는 일입니다. 한 번의 실수가 앞으로 더 좋은 음식을 만드는 데 도움이 된다는 쪽으로 마음을 먹어보세요. 남편이나 자식들의 지지도 매우 중요합니다. 열심히 음식을 만들고 성실히 일하는 해문씨를 자랑스러워하며 음식 솜씨가 최고라고 말해줘야 합니다. 과거 기억과의 고리를 끊고 현재만 생각하십시오. 자신의 음식을 맛있게 먹는 손님이 많다는 것을 꼭 떠올리세요. 다만 앞으로 해문씨가 자녀를 대할 때 과거 부모님의 양육 방법을 되풀이하면 안 됩니다. 쉽지 않은 일이겠지만, 해문씨가 어렸을 때 입은 상처를 자식에게 반복하지 않아야 상처와 폭력이 대물림되는 연결 고리를 끊을 수 있습니다.

8. 융통성이 떨어지는 사람

34세의 민기씨한테는 덕후 기질이 있다. 대기업에 다니는 그에게는 남다른 취미활동이 있는데 바로 만화영화 피규어를 모으는 것이다. 월급의 30퍼센트 이상을 여기에 쏟아붓는다. 어렸을 때부터 일본 만화를 즐겨 봤던 그는 캐릭터만 보고도 이름을 맞추는 능력자이며, 피규어들을 꽤 많이 수집했다.

수학과 역사 과목에 뛰어난 그는 어려서부터 영재 소리를 듣고 자랐다. 중학교 때 미적분을 뗐고, 역사적 사실도 줄줄 꿰었다. 반면 앞뒤 맥락을 이해해야 잘 풀 수 있는 영어나 국어에는 소질이 없었다. 학창 시절 친구가 거의 없었지만 공부를 잘하고 게임도 잘해 자존감에 상처받을 일은 별로 없었다. 또래한테 인정받아야 생기는 자존감이 다른 것들로 충족되었던 것이다. 반에서 존재감 없이 지내던 것은 대학때까지 이어졌지만, 성적이 좋아 원하는 직장에 별 어려움 없이 취직

할 수 있었다.

하지만 학교생활과 사회생활은 다르다. 남들하고 잘 안 맞으면 피하는 게 상책이었던 그는 직장에 들어오면서 팀원들로부터 '소통이 잘 안 된다'는 이야기를 여러 차례 들었다. 팀워크를 하면서 민기씨한테 일을 맡겼던 동료들은 거의 예외 없이 "이건 내가 부탁한 내용의 리서치가 아니잖아" "핀트가 어긋났는데"라며 난감해했다. 눈을 잘 못 맞추는 성격인데, 혹시 그게 이런 문제를 일으킨 것일까. 민기씨는 어울린다는 말, 친밀하다는 것의 뜻을 거의 모른 채 지내왔기 때문에 커뮤니케이션이나 관계에서 문제가 생겼을 때 푸는 노하우를 한 번도 습득한 적이 없었다. '아, 스트레스 받아.' 그가 요즘 가장 자주 내뱉는 말이다. 동료들과의 관계는 빠른 속도로 삐걱거리기 시작하더니, 지금은 감정의 골이 깊어져 민기씨 혼자서 풀 수 없는 문제가 돼버렸다. 스트레스는 그를 골방 속으로 더 몰아넣었다. 그는 이제 주말만 기다리며 피규어 모으는 일에 더 집중하고 있다.

🗨 전문의의 조언

우리 중에는 환경에 적응하는 데 융통성을 발휘하지 못하는 사람이 있는 반면, 유연하게 자신을 잘 맞춰가는 사람이 있습니다. 융통성이 떨어지는 이들은 여러 자극을 한꺼번에 처리하는 일은 잘 못하지만, 한 가지 자극을 깊이 있게 처리하는 데는 뛰어납니다. 예를 들어 직장 동료들과 자유 토론을 하는 것은 어려워하지만 장부에 잘못된 계산이 있는지 검토하라고 하면 누구보다 잘하지요. 정신과학에서는 이를 '구체적인 사고'라고 일컫는데, 즉 콘크리트처럼 단단하다는 뜻으로 추상적인 사고력과는 반대됩니다.

구체적인 사고Concrete thinking vs. 추상적인 사고Abstract thinking

구체적인 사고는 사물이나 상황을 개념이나 일반화 없이 이해하는 것을 뜻하고, 추상적인 사고는 개념이나 일반화를 이해하고 사용하는 능력을 의미한다. 구체적인 사고를 하는 이들은 문장을 이해할 때 단어에 집중하고 문맥을 해석하기 어려워한다. 예를 들어 '낫 놓고 기억자도 모른다'는 뜻을 물어보면 구체적인 사고만으로는 낫과 기억자를 알지언정 어떤 경우에 사용하는 문장인지 이해하기 어렵다. 추상적인 사고를 하는 사람은 이것이 '무식한 사람'을 의미한다는 것을 안다. 피아제의 아동 인지발달 이론에 의하면 아동은 구체적인 사고를 하다가 인지가 발달하면서 12세 이후가 되면 눈에 보이지 않는 추상적인 개념을 이해하게 된다고 한다.[9] 구체적인 사고만 하면 지식을 기억하는 것은 가능하지만 상대의 눈치를 보거나 상황에 유연하게 대처하는 능력은 떨어진다.

융통성이 떨어지는 이들은 대인관계에 어려움을 겪는데 그 중요한 원인 중 하나는 다른 사람이 말하는 동안 자기가 이야기할 내용을 생각하느라 상대방의 이야기를 잘 듣지 못한다는 점에 있습니다. 멀티태스킹multitasking이 잘 되지 않는 것이지요. 따라서 강의처럼 듣기만 하고 이해하는 것은 쉽게 해냅니다. 반면 토론을 할 때는 자기 생각을 하느라 이야기의 흐름을 자주 놓칩니다.

영어 듣기 공부를 해본 이들은 공감할 겁니다. 영어 단어를 하나하나 들으려고 하면 전체 문장의 흐름을 놓치는 것과 유사합니다. 융통성이 떨어지는 이들은 단어를 생각하느라 상대가 한 말의 맥락(문맥)을 이해하지 못합니다. 눈을 잘 못 맞추기 때문에 입 모양을 보지 못해 놓치는 것도 많고요.

자폐증autism이나 아스퍼거 증후군Asperger syndrome을 가진 이들도 융통성이 부족해 민기씨와 비슷하게 대인관계를 잘 맺지 못합니다. 보통 사람들이 관심 없어 하는 주제에 깊이 빠지는 면도 유사합니다. 하지만 민기씨는 그 정도까지는 아니고, 주로 융통성과 대인관계 면에서 문제를 겪고 있습니다. 가족이나 편한 사람들과 만나면 대화도 잘합니다. 제 생각에 일본 만화를 좋아하는 이들과는 아주 친하게 지낼 수 있을 것 같습니다.

융통성이 좀 부족한 민기씨에게 드리고 싶은 의견은 우선 다른 사람의 이야기를 다 듣고 나서 무슨 이야기를 할지 생각하라는 것입니다. 미리 회의 내용을 숙지하면 흐름을 이해할 수 있기 때문에 편해집니다. 이때 메모를 하면 도움이 되니 직장 상사의 말은 수첩에 적는 습관을 들이는 것이 어떨까요? 그걸 하나하나 체크하면서 실행해나가면 됩니다.

그리고 동료들과 얘기를 나누거나 식사하는 것을 피하지 않았으면 합니다. 친밀감이 쌓이면 대화할 때 서로의 이해력도 더 높아집니다. 동료들에게 점심이라도 한번 사는 것은 어떨까요? 정이 좀 쌓이면 이야기 나눌 때 긴장도 줄어들거든요. 민기씨는 대화 도중 자주 표정이 굳어지니 표정 연습도 필요해 보입니다. 책 뒷부분에서 표정과 말투 연습에 대해 다룰 테니 참고해보세요.

피규어를 많이 모으는 취미는 나쁘지 않지만 다른 사람들과 함께 할 수 있는 취미도 만들어볼 것을 권합니다. 피규어에 쓰는 지출을 정해놓는 게 좋은데, 월급의 10퍼센트를 넘지 않도록 합니다.

탁구, 테니스, 볼링, 배드민턴 등의 구기운동은 남들과 같이 하는 것이라서 상대와 커뮤니케이션하는 능력도 키워줄 것입니다. 사내에 운동 동호회가 있으면 가입해보는 것도 추천합니다.

9. 문단속에 대한 강박

소영씨는 지방 출신이다. 공부를 잘해 서울에 있는 대학에 진학하면서 다세대 주택 원룸을 구했고, 이제 졸업 학기를 보내고 있다. 집을 알아볼 때부터 다세대 주택은 보안에 취약하다는 이야기를 많이 들었다. 세밀한 성격이고 완벽주의적 기질도 있어 돈이 좀 들긴 해도 도어락을 새로 설치하고, 창문 창살도 더 촘촘하고 튼튼한 것으로 바꾸었다. 도둑이 들어 물건과 돈을 훔쳐가는 것은 그렇다 쳐도, 강도·강간·살인 등이 담장 너머 언제든 내 방 안에서 벌어질 것만 같아 무섭다.

유튜브 영상을 본 것이 화근이었다. 원룸에서 자취를 하는 한 여성이 퇴근을 하는데 모자를 푹 눌러쓴 남성이 계단에 숨어 있다가 그녀가 현관문을 열자 뒤에서 잽싸게 문고리를 잡더니 집 안으로 들어가려 시도했다. 그녀는 힘을 주어 간신히 문을 닫았고 남자는 신분이 노출될까봐 급하게 되돌아갔다. 이런 영상을 보면 어떤 이들은 금세 잊지만, 예민하고 불안한 성격의 소유자들은 한 번 보면 머릿속에 선명히 각인된다.

'밤에 집에 돌아오는데 누가 따라오는 것 같다.' 소영씨가 길을 걸으면서 집 근처에 다 왔을 때 자꾸만 뒤를 돌아보는 이유다. 문제는 여기서 그치지 않았다. 그다음 날부터 문을 잠글 때 두 번 세 번 확인하는 습관이 생겼다. 미처 확인을 못 하고 출근하면 집에 돌아올 때 누가 숨어 있을 것만 같아 불안했다. 어느 날 아침에는 지하철역까지 갔다가 "안 잠근 것 같은데" 하며 10분 넘는 거리를 되돌아와 문단속을 했다. 이 때문에 그날은 수업에 늦었다. 불안은 또 다른 불안을 낳는 법이다. 문단속과 함께 소영씨가 가장 신경 쓰는 것은 가스 불이다. 손도 전보다 훨씬 자주 씻어 하루에 20번 이상 씻는 것 같다. 유튜브에서 손을 통해 감염되는 병이 무엇인지 자주 확인한다. 그렇다보니 요즘 반복해서 확인하고 계속 손을 씻는 데 들어가는 에너지와 시간이 너무 많다.

💬 전문의의 조언

문단속을 잘 하는 것은 안전을 기하는 데 중요합니다. 젊은 여대생이 혼자 사는 원룸은 보안에 취약하니 신경을 꼼꼼히 쓰는 게 좋지요. 하지만 지나친 문단속으로 생활에 지장을 줄 정도라면 문제가 있어 보입니다. 꼼꼼하고 완벽주의적인 성격의 소유자들은 자신이 한 일에 실수가 있지 않을까 걱정을 합니다. 그러다가 소영씨처럼 어떤 계기로 '문단속이 잘 되었는지'와 같은 반복적인 걱정에 빠져드는데 이를 '강박사고'라고 합니다. 강박사고에 따라서 행동을 하는 것을 '강박행동'이라고 합니다. 알게 모르게 많은 사람이 이런 특징을 가지고 있습니다.

강박사고Obsessive thinking vs. 강박행동Compulsive behavior

강박사고는 자신의 의지와 무관하게 어떤 생각이나 충동, 장면이 반복적으로 떠오르는 것을 말한다. 확인이나 씻기와 같은 반복적인 행동을 통해 강박사고에서 발생한 불안을 해결하는 것을 강박행동이라고 한다. 강박사고와 강박행동은 동시에 관찰될 때가 많으며, 이는 크게 몇 가지 유형으로 나뉜다. 강박행동에는 실수를 걱정해서 반복적으로 점검하는 확인checking, 오염을 걱정해서 반복적으로 씻는 씻기washing, 물건을 나중에 쓰게 될 것 같아 버리지 못하고 집에 쌓아두는 비축hoarding, 충동적인 생각(예를 들어 야한 생각, 끔찍한 생각)이 자신도 모르게 반복적으로 떠오르는 침습사고intrusive thinking 유형이 있다. 이런 사람은 확인을 하다가 약속 시간에 늦고, 또 집은 버리지 못한 물건으로 가득 차 있다. 유튜브도 즐기면서 보는 게 아니라 계속 보고 또 본다. 미디어에 나온 흔치 않은 상황이 자신에게 발생할까봐 걱정하는데, 이는 불안을 과대화하는 것이다.

초, 중, 고등학교와 대학 입학 수능시험까지, 우리나라 교육 제도는 모두 틀리지 않는 것을 강조합니다. 틀리지 않으려면 반복 확인을 해야 해서 자기도 모르는 사이에 강박사고가 만들어집니다. 의대에서 하루 종일 공부만 하는 학생을 '옵세Obse'라고 부르는데, 이것 역시 'obsessive'에서 나온 말이지요.

이런 이들에게 새로운 책을 읽도록 해보면 그 특징을 쉽게 파악할 수 있습니다. 책장을 넘기지 못하고 '혹시 내가 놓친 부분이 있지 않은지' 살피느라 시간이 많이 걸립니다. 다음 페이지로 넘겼다가도 이전 페이지로 되돌아가서 확인합니다. 그러다보면 교과서의 첫 장은 너무 많이 읽어서 더러워지고 마지막 페이지로 갈수록 새 책처럼 깨끗합니다. 학교에서 공부하거나 과제를 준비할 때 지장을 많이 받고 진행 시간이 너무 길어집니다.

소영씨한테 하고 싶은 조언은 스스로 확인하는 횟수와 씻는 횟수를 조절해야 한다는 것입니다. 걱정돼도 문단속은 한 번만 하고 일단 집을 벗어나면 찜찜하더라도 되돌아오지 않는 것을 원칙으로 합니다. 손을 씻는 것도 식사 후와 화장실을 다녀온 뒤에만 한정해서 합니다. 샤워는 하루에 1회, 20분 이내로 알람을 맞추고 합니다. 강박증상과 행동이 있다면 혼자만의 노력으로 고치기 어려운 경우가 많습니다. 정신건강의학과 전문의를 찾아가 정확하게 평가하고 약물 치료를 받으면서 노력하면 훨씬 더 호전됩니다. 강박사고 때문에 괴롭고 강박행동 때문에 뺏기는 시간을 줄일 수 있습니다.

오래된 물건은 과감히 버립니다. 특히 신문, 잡지, 안 입는 옷은 꼭 정리합니다. 앞으로 쓸 수도 있고 쓰지 않을 수도 있는 물건은 다 버리고 쌓아두지 않는 것으로 합시다. 비축 증상은 노력하면 다른 증상보다 가장 먼저 호전될 수 있습니다. 이번 기회에 집을 대청소해보세요. 청소를 하면 복잡하고 예민한 머릿속도 깨끗해지기 마련입니다.

책을 읽을 때는 빠른 속도로 전체를 다 읽고 나서 다시 천천히 읽는 것으로 합시다. 페이지를 넘긴 후에는 되돌아가지 마세요. 읽다보면 앞서 읽은 것이 저절로 이해되곤 합니다. 항상 시간을 염두에 두고 진도 나가는 연습을 해봅시다. 어떤 일을 내일 12시까지 해야 한다면 그 시간 안에 끝내기 위해서는 내가 어떤 속도로 일해야 하는지 미리 생각해봐야 합니다. 그리고 그 시간에 끝내기 위해서 중요하지 않은 것들은 과감히 생략해야 합니다.

시험 볼 때도 모르는 문제에 집착하지 말고 빨리 넘겨야 합니다. 아는 것을 먼저 다 풀고 나서 모르는 문제를 풀면 여유가 생겨서 오히려 답이 더 잘 떠오릅니다. 자신이 모르는 문제는 다른 사람도 다 어려워할 거라고 생각해보세요. 그 문제에 너무 많은 시간을 빼앗기면 시험 전체에 영향을 미치게 됩니다.

약속 시간을 정하면 20분 먼저 도착하는 것을 목표로 해보세요. 스마트폰에 약속 시간을 20분 전으로 입력해두어야 제시간에 도착할 것입니다. 하루에 약속을 여러 개 잡지 말고 우선순위를 정하세요. 선약이 있으면 다른 약속은 어렵다고 정중히 거절하는 게 좋습니다. 미리 스마트폰으로 만날 장소의 위치를 확인해서 예상치 못한 시간이 소요되는 것을 줄여보세요.

과제를 할 때는 언제까지 이 일을 끝낼지 먼저 정해놓습니다. 예를 들어 일주일 뒤까지 과제를 끝내야 한다면 마치는 날짜를 스마트폰에 입력합니다. 그때 마무리가 더 필요하거나 제본, 복사 등에 시간이 더 걸릴 수 있으므로 하루 정도 일찍 끝내는 것을 목표로 하는 게 좋습니다.

그리고 나서 과제를 진행할 때는 매일 어디까지 진도를 나갈 것인 지 염두에 두면서 해보세요. 기일이 촉박하다면 꼼꼼함이 덜하더라도 시간을 맞추는 것이 더 중요합니다. 즉 디테일보다는 시간을 맞추는 게 우선입니다. 예를 들어 표를 예쁘게 만들거나 참고문헌을 더 찾아 보는 것을 하지 말고 시간을 더 확보하세요. 프레젠테이션 파일에 애 니메이션을 넣는 것도 안 하는 게 낫습니다. 흰 바탕에 검은 글씨가 더 효과적이지요.

마치 작가가 조각을 하듯이 공부를 하고 일을 해보세요. 먼저 크게 덩어리를 깎고 나서 조금씩 디테일을 만들어갑니다. 예를 들어 눈을 예쁘게 만든다고 인물 조각을 할 때 눈부터 만들지는 않을 테니까요.

10. 비행기 탑승 공포증

현자씨는 35세 미혼 여성이다. 결혼을 앞둔 그녀에게는 말 못 할 고민이 있는데, 바로 비행기 공포증이다. 아직 남자친구는 이 사실을 모르고, 그런 사람을 이해하지도 못한다. 그런데 현자씨는 비행기를 탈 생각만 하면 '거기에 갇혀서 빠져나오지 못할까봐' '사고가 나서 공중에서 분해될까봐' 너무나 두렵다.

물론 처음부터 그랬던 것은 아니다. 제주도와 일본은 비행 시간이 짧아 그런대로 다녀왔다. 심각한 증세가 나타난 것은 유럽여행 때였다. 친구들과 배낭여행을 떠났는데, 현자씨 자리는 이코노미석 창가였다. 그때 옆자리에는 몸집이 큰 외국인이 앉았다. 그는 타자마자 깊이 잠들었는데, 현자씨는 그 외국인과 창문 사이의 좁은 공간에 갇힌 느낌이었다. 비행기가 이륙하면서 난기류를 만나자 곧 심하게 흔들렸다. 그러자 옆자리 외국인이 팔꿈치로 현자씨의 손을 누르게 되었는데, 갑자기 온몸에 땀이 흐르고 숨이 안 쉬어졌다. 곧 이대로 비행기가 추락할 것 같다는 공포가 몰려왔다. 목적지는 프랑크푸르트 공항으로 아직 10시간이나 남아 있었지만, 한숨도 못 자고 자리에서 빠져나오지도 못한 채 공포에 시달렸고, 한국으로 돌아오는 비행기에서도 그 두려움은 가시지 않았다.

속상한 점은 가족도 친구도 이런 점을 이해 못한다는 것이다. '우유를 마셔봐라' '와인을 마셔라' '우황청심환을 먹어봐라'라면서 대수롭지 않게 반응한다. 마음먹은 대로 이뤄지는 게 아닌데도 사람들은 너무 쉽게들 말을 한다.

💬 전문의의 조언

이따금 비행기 추락이나 사고 기사가 언론에 나오지만 실제 탑승 시간으로 보면 비행기는 오히려 다른 교통수단에 비해 안전하다는 것이 전문가들의 의견입니다. 현자씨가 가지고 있는 비행기 탑승에 대한 공포는 광장공포증 또는 폐소공포증claustrophobia의 한 형태로 많은 사람이 앓고 있지요.

광장공포증Agoraphobia

광장공포증은 급히 빠져나갈 수 없는 상황에서 도움 없이 혼자 있게 되는 것에 대한 공포를 말한다. 비행기 안에서뿐만 아니라 지하철, 문이 앞에만 있는 고속버스, 극장, 밖이 보이지 않는 엘리베이터, 대형 마트, 교회 등에서도 비슷한 경험을 하게 된다. 지하철이나 버스를 탈 때는 차 안에 사람이 많으면 증상을 더 크게 느낀다. 증세가 심하면 공황장애로 진행될 수 있다.

처음에는 숨이 잘 안 쉬어지는 것 같고 목이 졸리는 느낌이 듭니다. 음식을 먹으면 목에 걸려서 넘어가지 않는 이물감이 느껴지고요. 또 식은땀이 나고 심장박동이 증가하는데, 어떤 때에는 100회를 넘기도 합니다. 소변을 자주 보고 싶은 증상도 나타납니다. 난기류로 비행기가 흔들리면 온몸의 털이 곤두서는 느낌이 들고, 심하면 공황장애가 발생해서 얼굴이 하얘지며 쓰러지기도 합니다. 비행 시간 내내 고문을 당하는 것이나 다름없지요.

다른 사람보다 특히 예민하며, 순하고 겁이 많은 사람들이 있습니다. 이런 증세를 앓는 이들 중 특히 여성의 경우 눈에 띄거나 주목을 끄는 외모를 가진 사람이 많습니다. 연예인, 아나운서, 모델, 가수, 디자이너 등 다른 이들의 관심을 많이 받거나 예민한 직업군에서 이러한 공포증이 잘 생기는 듯합니다.

이런 사람은 본인이 잘 모르더라도 커피나 카페인에 민감한 경우가 많습니다. 커피뿐 아니라 녹차, 홍차, 초콜릿, 일부 두통약, 자양강장제, 에너지 드링크에도 카페인이 있는데, 카페인을 복용하면 심장이 뛰고 호흡 곤란이 생기면서 비행기를 탈 때와 비슷한 경미한 증상을 경험하게 됩니다. 광장공포증이 있는 공황장애 환자가 카페인을 복용하면 54퍼센트는 불안 증상 악화를 겪으며, 17퍼센트는 공황 발작이 유발

될 수 있다는 연구 결과가 있습니다.[10] 특히 광장공포증이 있는 여성들은 생리 전에 불안이 더 심해지곤 합니다. 따라서 광장공포증이나 공황장애가 있는 이들은 특히 비행기 안에서는 커피를 마시지 않는 것이 좋습니다.

자세히 살펴보면 어머니나 다른 자매들한테도 비슷한 증상이 있을 것입니다. 비행공포증도 마찬가지이고요. 연구 결과에 따르면, 이들은 간에서 카페인을 분해하는 효소가 다른 사람에 비해 부족합니다. 즉 적은 카페인으로 남들보다 효과가 오래 지속되는 것이지요.

비행공포증이 있는 이들은 비행기를 타기 전에 준비를 잘하면 훨씬 나아질 수 있습니다. 공황장애가 있는 경우에는 반드시 정신건강의학과 전문의를 찾아 정확한 진단을 받고 처방받은 약을 복용한 뒤 탑승하는 것이 좋습니다. 비행기 보딩 때에 복용하는 것이 좋으며 탑승한 뒤 복용하면 효과가 다소 떨어집니다. 다음에 제시되는 점들에 유의해서 탑승을 시도하면 한결 나을 것입니다.

첫째, 비행 시간보다 일찍 공항에 가서 좌석을 복도 쪽으로 달라고 합니다. 복도 쪽에 앉으면 자리에서 쉽게 움직일 수 있어 광장공포증이 덜해집니다. 둘째, 비행기 안에서 커피, 녹차, 홍차 등을 마시지 말고 오렌지주스나 물을 마십니다. 맥주나 탄산음료는 크게 상관없습니다. 식사를 하면 포만감이 생겨서 긴장을 줄여줍니다. 목에 걸리는 느낌이 들어도 예민해서 그런 것이니 크게 걱정 안 하셔도 되고요.

셋째, 비행기가 난기류에 흔들려도 추락하지 않는다는 사실을 기억하세요. 최신 항공기들은 심한 난기류에도 잘 견디도록 설계되어 있습니다. 추락은 대부분 비행기 고장이나 외부 충격에 의해 발생하며 난기류 때문에 추락하는 경우는 적다고 합니다. 미국 연방항공국FAA에 의하면 매일 미국에서 260만 명이 항공기를 이용하는데 2017년 한 해 동안 난기류로 인해 다친 사람은 17명에 불과하다고 합니다.[11] 자동차 사고에 비해서는 굉장히 낮은 비율이지요. 넷째, 호흡이 곤란하거나 숨 쉬기 어려우면 천천히 복식호흡을 합니다. 너무 빨리 숨을 쉬면 호흡 곤란이 더 심해집니다. 복식호흡을 했는데도 호전이 안 되면 비닐봉지를 가지고 봉지를 입 주위에 붙이고 봉지 안의 공기로만 숨을 쉬는 방법도 도움이 됩니다. 자신이 내쉰 공기 속 이산화탄소가 높기 때문에 이 숨을 다시 들이마시면 공황 증상이 다소 호전될 수 있습니다.

11. 윗사람에 대한 두려움

민수씨는 30세 남성으로 대학원에서 경영학 박사과정 중이다. 성격이 좋아서 동기나 선후배들과 잘 어울린다. 중고등학교 때도 공부를 열심히 해서 늘 모범생 소리를 들었다. 별 탈 없이 잘 살아온 인생인데, 그는 유독 지도교수인 김 교수님을 만나는 일이 힘겹다. 김 교수가 이상한 사람일까.

다른 석박사생들 얘기를 들어보면 김 교수님은 그리 권위적이지도 않고 무섭지도 않다고 한다. 다만 논문 지도할 때 틀린 게 있으면 그 자리에서 바로 지적하는 편이며, 눈빛이 강하고 목소리도 크다. 그렇긴 하나 뒤끝이 없는 성격이어서 학생이나 동료 교수들로부터 쿨하다는 평가를 받는다.

민수씨는 문제의 원인이 자신한테 있다고 생각할 수밖에 없다. 며칠 전에도 교수님을 뵈었는데 눈을 잘 마주치지 못하겠고 온몸이 땀으로 젖었다. 누가 보면 꾸지람이라도 들은 줄 알 텐데 사실 그런 일은 없었다. 교수님 연구실 앞을 지날 때면 심장이 두근거린다. '이대로 학위를 포기할까'라는 생각도 해봤다. 하지만 박사과정을 해본 사람이라면 알듯이, 한번 학계에 발을 들여놓은 이상 이 세계를 떠나기란 힘들다. 학위를 받지 않은 중도 이탈자는 무능력해 보이고, 박사과정생이 지도교수에게 인정을 받지 못하면 그건 이후 인생도 순탄치 않다는 것을 뜻하기 때문이다. 학부 때 친구들은 다 취직을 해 그 길로 되돌아가기는 이미 늦었고, 논문을 제때 못 쓰거나 졸업을 빨리 하지 못하는 선배들은 사회생활에서 한발 뒤처지는 것을 봐왔다. 범생이였던 민수씨는 그런 낙오자는 되고 싶지 않다고 생각해 이러지도 저러지도 못하고 있다.

💬 전문의의 조언

윗분들과 심적 부담 없이 편하게 지낼 수 있는 사람은 그리 많지 않습니다. 특히 대학에서 학위를 받는 것처럼 지도교수와 도제식 관계에 놓여 있다면 부담이 더 크겠지요. 민수씨처럼 다른 대인관계에는 문제가 없는데 유독 윗사람과의 관계가 불편하다면, 윗사람의 어떤 부분이 자신을 힘들게 하는지 생각해봐야 합니다.

민수씨는 지도교수와 같은 공간에 있는 것만으로도 숨이 막히고 힘들다고 했습니다. 교수님 방에 가는 것이 마치 감옥에 끌려가는 것처럼 두려웠다고 했지요. 하지만 교수님이 말을 직설적으로 하긴 해도 무섭거나 문제가 있는 분은 아니라고 동료들은 이야기합니다. 민수씨도 여기에 전적으로 동의하고요.

민수씨는 원래 경영학을 전공할 생각이 전혀 없었다고 했습니다. 고등학교 때 책을 좋아해서 국문과에 진학하려 했는데 이 때문에 아버지와 심각한 갈등을 빚었습니다. 심지어는 매까지 맞아 결국 아버지의 의지를 꺾지 못하고 경영대학에 진학했습니다. 다행히 이후로는 공부를 곧잘 하고 친구들과도 잘 어울렸습니다. 민수씨는 아버지의 선택이 옳았다면서 항상 감사드린다고 말했고요.

민수씨는 늘 스스로를 잘 통제해왔다고 생각하고 있습니다. 술도 거의 먹지 않고 학업에 열심인 데다 학점 관리를 잘 해왔습니다. 하지만 경영학 공부를 좋아하지 않는다는 것을 스스로는 알고 있습니다. 혼자 있으면 다른 생각에 빠져드는 민수씨는 사실 숫자나 통계에는 그리 관심이 없지요.

아버지가 유명 경영대학에 다니는 자신을 다른 사람들에게 자랑할 때마다 민수씨는 분노가 치밀었습니다. 그래도 스스로 잘 눌러왔는데, 유독 지도교수에 대해서 분노를 느낄 때는 자기 몸이 억제가 잘 안 되는 걸 느낍니다. 그 이유는 지도교수가 자신의 미래를 좌지우지할 만한 큰 힘을 가지고 있어서 자기감정을 조금이라도 들키면 안 되기 때문이지요.

민수씨는 '권위를 가진 존재에 대한 분노anger against authority figure'를 품어왔고 이를 잘 억제해왔지만 이제는 한계에 달하고 있습니다. 살면서 권위를 가진 존재를 피할 수는 없습니다. 예를 들어 직장 상사, 사장, 정치인 등 우리 삶에 수도 없이 많습니다.

대학원을 졸업하고 나서 오히려 출판사 같은 곳에 근무해보는 것은 어떨까요? 일반 직장보다 좀더 수평적이고 자유로운 분위기인 회사들이 있습니다. 물론 아버지가 원하던 목표는 아니겠지만 민수씨의 능력을 더 잘 발휘할 수 있을 만한 곳이고 불안도 줄어들 테니, 결국 아버지도 좋아하실 것입니다.

자신을 알게 되면 직업을 택하거나 배우자를 만나는 중요한 시기에 후회 없는 결정을 내릴 수 있습니다. 비록 과거를 바꿀 수는 없지만 스스로를 더 잘 앎으로써 미래를 바꿀 수는 있었으면 좋겠습니다.

12. 모든 사람에게 관심을 받아야 하는 병

예지씨는 22세로 연예인 지망생이다. 흔히 말하는 '관종'에 속하며, 연습생으로서 노래와 춤 연습 시간을 빼면 인스타그램, 유튜브에 신상 옷을 입은 사진이나 음식 사진을 올리는 것에 가장 많은 시간을 투자한다. 남의 SNS 계정을 보기보다 자신의 SNS 계정만 주로 관리한다. '좋아요'나 조회수가 그날의 기분을 좌지우지하는데, 아직 데뷔를 하지 못해 타인으로부터의 인정 욕구는 이 공간에서 최대한으로 발휘되고 있다. 그녀의 전략은 점점 더 자극적이고 화려한 내용을 올리는 것이다. 그런데도 조회수가 적으면 짜증이 나, 자신이 여기에 얼마나 몰입해 있는지 객관적 거리감이 전혀 확보되지 않고 있다.

그러던 어느 날, 자신이 공연한 영상을 올려둔 블로그를 보다가 피가 머리로 몰리는 느낌이 들더니 세상이 자신을 코너로 몰아세우고 배척하는 것만 같았다. 댓글에서는 공연 실력은 물론이고 외모 비하까지 이어졌다. 악플에는 맷집이라는 게 잘 생기지 않아 이들 앞에서는 투명한 유리 멘털이 되어 죽고 싶은 충동마저 든다.

밤새 잠 못 이루고 그녀가 한 것은 자신에 관한 악플 찾아내기였다. 몇몇 악플을 더 찾아내자 분노가 솟구쳤다. '가만 안 둘 거야!' 이런 분노는 어떤 액션을 취하는 긍정성보다는 수동적 기분을 함께 몰고 왔다. '아무것도 하기 싫다.' '다 나를 싫어하니 내가 꺼져버리겠다.' 엎친 데 덮친 격으로 연습생 동기였다가 먼저 데뷔한 친구들이 TV에 나왔고 기분은 끝 모를 바닥으로 치달았다.

💬 전문의의 조언

악플이 사회적인 이슈가 된 것은 이미 오래되었습니다. 연예인들의 자살 이유로 지목될 만큼 악플은 사회적인 갈등을 조장하곤 합니다. 유명 연예인이 자살하면 일반인의 자살률이 증가하는 '베르테르 효과'도 큰 문제가 되고 있지요.

베르테르 효과 Werther effect

———

유명인의 자살이 일반인들 사이에서 모방 자살로 이어지는 현상을 말한다. 베르테르 효과는 괴테의 소설 『젊은 베르테르의 슬픔』이 출간된 18세기 말, 유럽에서 주인공 베르테르를 흉내낸 모방 자살이 급증했다고 해서 붙은 이름이다. 내가 속한 연구팀은 2005~2011년 7년간 국내에서 자살로 사망한 9만4845명을 조사한 결과 국내 자살 사건의 18퍼센트가 유명인 사망 후 1개월 이내에 집중된 것으로 나타났다.[12] 유명인 한 명이 자살한 후 1개월 악플은 반드시 없어져야 할 사회 문제이고 개인이 오롯이 감당하기보다는 국가 차원의 규제나 포털 관리가 꼭 필요합니다. 최근에는 연예인 관련 악플을 올리지 못하게 포털 시스템에 변화가 일어나고 있습니다.

제가 예지씨한테 먼저 하고 싶은 이야기는 인터넷에 악성 댓글을 올리는 사람은 예지씨의 팬이나 일반 대중이 아니고 극히 일부의 특정 부류라는 것입니다. 그들은 예지씨의 영상뿐 아니라 다른 영상에도 악성 댓글을 달지요. 그러니 여기에 에너지를 소모하거나 SNS에 자신의 사생활 관련 영상과 개인적인 글을 올려서 악플러들의 시선을 끌지 마십시오. 자신을 좋아하는 팬들에게 더 발전된 모습을 보여주는 데 에너지를 쓰는 것이 중요합니다.

다른 사람의 관심을 받아야 하는 직업에 몸담고는 있지만 반드시 모든 사람의 관심을 받을 필요는 없습니다. 선택과 집중을 해서 자신의 팬들로부터 관심을 받으면 됩니다. 자신의 작품과 실력으로 오랫동안 사랑을 받는 것이 중요합니다. 실력이 아닌 이미지로 만들어진 허상은 오래가지 않습니다.

저는 예지씨에게 왜 연예인이 되고 싶은지 묻고자 합니다. 다른 사람들의 관심을 받고 싶어서 연예인이 되려는 것인지, 아니면 자신만의 작품이나 공연으로 사람들을 감동시키고 싶은 것인지요? 자기 분야에서 오랫동안 활동하고 있는 연예인들은 단기간의 대중의 관심보다는 비록 많지는 않더라도 자신을 계속 응원해주고 함께 나이를 먹어가는 팬들을 위해 노력합니다.

사람들의 관심을 받지 못해서 힘들다면 이는 예지씨의 자존감을 돌아보라는 의미입니다. 자존감은 다른 사람에 의해 만들어지는 것이 아니고 자신이 하는 일에 보람을 느끼고 조금씩 발전해나갈 때 생기는 것입니다.

대중의 관심은 수시로 변하고 흘러갑니다. SNS에 패션이나 음식 사진을 올리는 것보다 자신의 공연이나 춤에 대해서 전문가들의 피드백을 직접 받아보세요. 좋은 충고를 해주는 사람들이 앞으로 자신을 계속 응원해주는 진정한 팬이 될 수 있습니다.

13. 시험을 앞두고 계속 설사를 한다

주형씨는 40세의 공시생이다. 학벌은 화려하다. 명문대 인기 학과를 졸업했고 부모님의 기대를 받으며 공시계에 입문했다. 지난 10년간 그는 노량진에 살았다. 공부를 제외한 삶의 요소들은 모두 원경遠境으로 처리되어 타인의 삶에 관심을 가질 여유도 없고 사회 이슈에도 시간을 낭비하지 않았다. 대통령 선거를 하거나 세월호가 사회 전체를 애도의 물결로 뒤덮었을 때도 그것은 그의 일이 아니었다. 감정은 사치고, 뒷날로 미루어져야 할 것들이었다. 하지만 그의 시험 준비 기간은 생각지도 못하게 너무 길어져 사회로 되돌아갈 수 없는 나이가 되어 배수진을 쳐야만 하는 상황이다.

하지만 자신이 아무리 마인드 컨트롤을 한다 해도 몸은 그 예민성을 알아차려 온갖 증세로 나타나기 시작했다. 그중 가장 심한 것은 '설사'다. 주형씨는 몇 해 전부터 자신이 시험에 떨어지는 것은 바로 '설사' 때문이라고 생각하고 있다. 시험 날짜가 다가올수록 긴장이 높아지면서 배가 살살 아파왔다. 그리고 시험 전날에는 예외 없이 심한 설사가 나기 시작했다. 시험을 치르는 중에도 설사가 나서 화장실을 몇 번 들락날락하다가 시험을 망쳤다. 한두 번 그런 게 아니어서 이제는 시험장에 가면 화장실 위치부터 확인해둔다.

장이 민감해서 평소 음식을 조심하며 차가운 것은 아예 입에 대지도 않았다. 내과에서 대장 내시경을 받은 것은 물론이고 소화제나 정장제도 먹어봤다. 그래도 별로 효과가 없었다. 지사제라도 먹었다 하면 속이 부글부글 끓어 폭발할 것 같았다. 묘안을 찾아낸다고 찾아낸 것이 시험 전날부터 음식을 입에도 대지 않는 것이었다. 그러자 기운이 하나도 없어 제대로 성과를 내지 못했다. 이 문제만 아니라면 이제는 자기 실력이 드러날 때라고 생각돼 더 초초해진다.

💬 전문의의 조언

시험을 보는 것은 누구에게나 큰 스트레스입니다. 예민한 이들은 시험 때 지나치게 긴장해서 평소 실력을 제대로 발휘하지 못하지요. 시험 긴장이 있는 이들은 시험 시작 종이 울리거나 시험지를 받으면 머릿속이 하얘지면서 아무 생각이 안 난다고 합니다. 주형씨처럼 긴장을 하면 설사가 나는 경우를 '과민성 대장 증후군'이라고 합니다.

우리 장은 뇌와 신경으로 긴밀히 연결되어 있어 신호를 주고받습니다. 뇌의 기분이 우울해지면 장도 우울해지고, 뇌가 예민해지면 장도 따라서 예민해집니다. '뇌-장 축Brain-Gut Axis'에 대한 연구가 미국을 중심으로 활발히 이뤄지고 있습니다. 장에 사는 미생물은 사람마다 조금씩 차이가 있으며 미생물이 만드는 물질이 혈액에 흡수되어 뇌에 영향을 줍니다.

뇌-장 사이의 연결이 아주 민감한 사람이 있고, 그렇지 않은 사람도 있습니다. 조금이라도 스트레스를 받으면 장의 움직임과 소화에 영향을 미칩니다. 그런데 가만 보면 스트레스만이 아니라 찬 음식을 먹거나 배를 차갑게 해도 설사가 납니다. 복부가 차가워지면 소화는 더 안 됩니다.

주형씨는 안타깝게도 오로지 시험 공부로만 10년의 세월을 보냈습니다. 대단한 인내심입니다. 하지만 공부를 많이 한다고 해서 시험을 꼭 잘 보는 것은 아닙니다. 시험 긴장을 줄여야 좋은 결과를 낼 수 있습니다.

주형씨의 일과를 확인해보니, 독학 스타일로 오전 8시부터 새벽 1시까지 식사 시간을 제외하고는 하루 종일 독서실에서 수험서를 봤습니다. 일요일이나 명절에는 조금 늦게 일어나지만 역시 하루 종일 공부를 했지요. 공부한 시간으로 합격자를 뽑자면 벌써 합격하고도 남았을 것입니다. 그런데 가만 보면 책상에 앉아 있는 시간 중 절반은 딴생각을 합니다. 다가오는 시험에 대한 걱정, 미래에 대한 불안, 부모님에게 실망을 안겨드리면 안 된다는 생각 등이죠. 책상에는 각오와 다짐을 적은 포스트잇이 빼곡하게 붙어 있습니다.

우리 뇌는 심장에서 나오는 혈액의 15퍼센트를 씁니다. 뇌는 산소와 포도당의 공급이 충분하고 긴장을 줄여야만 기능을 최대한으로 발휘할 수 있습니다. 방금 본 책의 내용을 시험장에서 기억나는 장기기억으로 만드는 것이 중요하지, 꼭 많은 시간을 투자한다고 되는 게 아닙니다. '밑 빠진 독에 물 붓기'를 해서는 안 되지요. 그러니 다양한 방법으로 기억을 강화할 방법을 마련해야 합니다. 책을 보면서 모의시험도 치르고, 스터디 그룹을 만들어 대화를 하면서 강의도 들어야 합니다. 작은 수첩에 중요한 내용을 적어서 시간이 날 때마다 보는 것도 좋습니다. 책 다섯 쪽을 30분간 읽는 것보다 20분 읽고 하루 뒤에 10분 읽는 것이 장기기억으로 더 잘 넘어갑니다. 책 전체를 훑어보고 다시 처음으로 돌아가 세밀하게 보는 연습이 필요합니다.

시험이 다가와 설사를 하기 시작하면 집중력이 떨어지고 더 긴장을 하게 됩니다. 이전에 시험에서 떨어진 기억이 떠오르면서 악순환이 반복됩니다. 이런 사람들은 컨디션 조절이 가장 중요합니다. 시험 전에 잠을 충분히 자고 속 편한 음식으로 규칙적인 식사를 유지합니다. 아이스크림이나 찬 음식은 되도록 피합니다.

시험 당일에는 한 시간 이상 일찍 시험장에 도착해서 미리 책상에 적응하는 것이 좋습니다. 화장실도 미리 가도록 하고요. 자신이 늘 봐오던 중요한 내용이 적힌 작은 수첩을 보는 것도 도움이 됩니다. 시험이 몇 시에 시작하고 언제 끝나는지 숙지해서 머릿속으로 어떤 속도로 문제를 풀지 시뮬레이션해봅니다. 각성 효과를 내는 커피나 카페인 음료는 마시지 않도록 합니다.

그래도 설사가 조절이 안 된다면 정신건강의학과를 찾아 상담을 받는 것이 큰 도움이 됩니다. '불안장애' '과민성 장증상'으로 진단받을 가능성이 높은데, 몇 가지 약물이 효과를 낼 수 있습니다.

시험의 허들을 넘고 나면 긴장하면서 설사하는 증상이 사라지며 회복될 것입니다. 몰라볼 정도로 다른 사람이 되기도 하지요. 그렇게 극복한 환자들을 많이 봤습니다. 시험에 합격하고 순탄하게 가정까지 꾸리는 이들을요. 주형씨도 충분히 가능하리라 생각합니다.

14. 일을 잘 마무리하지 못하는 고집남

어떤 직장에서든 계획과 시작은 순조로운데 마무리를 잘 못 짓는 사람들이 있다. 실력이 있는지의 여부와는 상관없이 중도에 그만두면 그 사람의 신뢰는 떨어지고, 이런 일이 되풀이되면 주변 사람들은 그 사람과 무슨 프로젝트를 하든 끝이 좋지 못하리라는 예감에 빠져든다. 중소기업에 다니는 38세 태형씨가 바로 직장 동료들한테 그런 예감을 불러일으키는 존재다.

그는 늘 예민한 데다, '일 마무리가 깔끔하지 못하다' '팀원들과 갈등이 많은 편인데, 참지 못하고 화를 낸다'가 그에게 따라붙는 꼬리표다. 그런 탓에 그는 아직 마흔도 안 됐는데 이번 직장이 벌써 다섯 번째 근무지다. 그리고 최근 프로젝트에서도 팀원들에게 불만을 사 이직을 고려하고 있다.

그의 이야기를 들어보니 "새 프로젝트를 시작할 때 다른 사람이 자기 계획에 비판적 견해를 보이거나 수정을 요구하면 잘 못 받아들이 겠다"고 했다. 이런 성격에 대해 주변 사람들은 "고집이 세다" "늘 예 민하다"고 불평한다. 말하자면 감정이 앞서는 편이고, 갈등이 생기면 그것을 고스란히 표출해 타인을 불편하게 만들어서 결국 팀원들은 일 의 완성도를 높이기보다는 적당한 선에서 그치게 된다.

이런 성격의 소유자인 태형씨는 부인과의 사이도 좋을 리가 없다. 부부는 유치원생 딸 하나를 두고 있는데 양육관에 차이가 커 두 사 람은 툭하면 싸운다. 특히 최근에는 아이가 유치원에 적응을 잘 못하 자 이것을 아내 탓으로 돌리며 책임을 전가했다. 아내도 지지 않는 성 격이라 이번에는 이혼 이야기가 나올 만큼 크게 싸웠다. 다툰 뒤 술을 마시면서 그는 우울하고 살고 싶지 않다는 생각이 끊임없이 들었다. 그의 삶은 왜 이렇게 엉망진창이 돼버린 걸까.

💬 전문의의 조언

가내수공업으로 생산을 하던 시절에는 장인이 중요했습니다. '마스 터Master'라고도 불렸던 그들은 한 가지 일에 수십 년간 몰두해서 걸 작을 만들어내는 능력을 보유했지요. 하지만 현대사회에서는 처음부 터 끝까지 혼자서 모든 것을 해낼 순 없습니다. 여러 사람이 모여서 하나의 일을 완성해내야 하며, 사람들은 저마다 개성과 자기주장을 가지고 있습니다. 이들을 하나로 만들어 일을 진행하려면 사람들과 소통하는 능력이 중요합니다.

일을 잘 마무리하기 위해서는 함께 일하는 사람들의 조언을 잘 수용하면서도 시간 내에 마치는 것이 비결입니다. 나를 비판하거나 나에게 조언하는 사람이 있다면 '나를 공격하는 것이 아니다. 비판을 통해서 나는 더 발전할 수 있고 더 잘할 수 있다'고 생각하도록 마음먹어야 합니다.

다른 사람에게 자신의 생각을 말할 때는 부드러운 표정으로 천천히 이야기함으로써 충분히 공감할 수 있게 하는 것이 좋습니다. 다른 사람 주장의 훌륭한 점을 먼저 언급하고, 필요한 부분은 자신의 의견을 바꾸더라도 기꺼이 수용하는 유연성을 지니고 있어야 합니다. 자기 생각과 잘 맞지 않는 부분이 있다면 끝까지 주의를 기울여 들은 다음 천천히 이야기를 나누는 것이 좋습니다.

갈등이 생기거나 감정이 상해서 시간이 지연되면 일을 마무리하기 어려워집니다. 평소에 함께 가벼운 대화를 나누고 감정적인 교류를 하면 일할 때도 갈등이 많이 줄어듭니다. 점심 식사를 한 끼 내거나 치맥을 한번 사보세요. 처음에는 손해를 보는 것 같지만 결코 그렇지 않고, 서로 간에 신뢰가 싹틉니다. 긴장을 풀고 맛있는 식사를 하거나 이야기를 나눠봐야 일도 진행이 잘됩니다.

아내와의 관계도 마찬가지입니다. 일반적으로 여성들은 남성보다 모성애가 강하며 자식을 양육하는 관점에서 차이를 보입니다. 가장 좋은 어머니는 자식과 감정 교류를 많이 하는 사람입니다. 아기 때는 눈을 맞추고 웃어주고, 걷기 시작할 때는 손을 잡고 걷게 해줍니다.

어린이집에 갈 때는 친구들이 누군지 알아보고 집에서 함께 놀게 하며, 유치원에 갈 때는 밤에 책을 읽어주고 머리를 쓰다듬어줍니다. 딸 양육 문제로 아내와 싸운다는 것은 양육의 기본을 잘 몰라 벌어지는 일입니다. 태형씨와 싸우느라 매일 화가 나 있는 부인은 아이에게 정서적으로 좋은 감정을 전달할 여력이 없어집니다. 그 피해는 고스란히 아이에게 가게 되고요.

아이에게 책을 읽어주고 아이가 그린 그림에 대해서 함께 이야기하면서 감정과 경험을 공유하는 것이 중요합니다. 아내를 배려하고 존중하다보면 뜻밖에 육아에도 효과를 발휘할 것입니다. 아이가 그걸 배우는 것이지요.

결국 일을 잘 마무리하기 위해서는 일과 동시에 감정 교류와 상호 공감이 필요합니다. 다른 사람의 이야기를 듣고 몸과 마음에 새기는 것이지요. 자신의 생각을 관철시키는 것은 생각보다 그리 중요하지 않습니다.

15. 조금만 힘들면 죽고 싶은 생각이 든다

24세의 대학생인 성철씨는 힘들 때마다 '죽고 싶다'는 생각과 말을 하는 부정적 성격의 소유자다. 그가 이런 말을 하는 것은 정말로 죽겠다는 뜻이 아니라 힘든 마음을 극단적으로 표현한 것이다. 정신건강의학과 외래에 진료를 받으러 온 그는 자기 속마음을 이렇게 표현했다.

"매사에 조금만 힘들어도 죽고 싶다는 생각이 든다." "진짜 죽고 싶은 것은 아닌데 심할 때는 정말로 시도해볼까 하는 생각도 한다." "사람들이 나를 비웃는 듯한 느낌이 가끔 드는데 그때는 죽고 싶은 충동이 더 강하다." "술을 먹으면 화를 많이 낸다."

학교 성적이 생각만큼 안 나와도, 여자친구와 싸워도, 엄마한테 꾸중을 들어도, 심지어 배고프거나 게임을 하다가 잘 안 돼도 '죽고 싶다'고 말한다.

가족들은 모르는 사실인데, 성철씨는 정말 죽으려고 시도한 적이

한 번 있다. 처음 사귄 여자친구와 헤어졌을 때 술을 먹고 충동적으로 한강까지 갔던 것이다. 그가 가장 힘들어하는 점은 왜 살아야 하는지 그 이유를 잘 모르겠다는 것이다. "사는 게 그렇게 재미있지도 않은데 왜 굳이 살아야 하지?"라는 생각이 마음 한편에 늘 있다.

한번은 강남대로를 걷고 있는데 지나가는 사람들이 자기를 쳐다보고 욕하는 듯한 느낌이 들었다. "웃고 떠드는 게 나를 보고 비웃는 것 같다." 게다가 처음 보는데도 거슬리는 사람들이 늘 있다. 욱하는 성격도 있어 며칠 전에는 버스 정류장에서 새치기하는 사람이랑 거의 몸싸움을 벌이기 직전까지 갔다.

친구들은 성철씨랑 같이 술을 먹으면 "처음에는 에너지가 넘치다가 나중에는 예민해져서 우리한테 화내고 다른 사람을 욕하는 것이 불편하다"고 말한다. 그들 역시 성철씨가 "죽고 싶다"고 말한 것을 여러 번 들었다.

군 복무 시절로 거슬러 올라가보면, 그때도 이런 성격 때문에 문제가 커진 적이 있었다. 성철씨는 의경으로 만기 제대를 했는데, 자기 부대에 새로 들어온 후배가 실수를 했을 때 욕을 했고, 이 때문에 성철씨는 징계를 받았다. 게다가 당시에는 버스에서 철모를 쓰고 대기할 때면 숨이 갑갑해서 화가 더 잘 났다고 한다.

다행히 성철씨는 죽고 싶은 충동에서 벗어나길 원하고, 곧잘 화내는 성격을 고쳐보려는 의지가 있다. 그는 잘해낼 수 있을까?

💬 전문의의 조언

우리말에 '말이 씨가 된다'고 하는 표현이 있습니다. 무심코 한 말이 현실이 될 수 있으니 말조심하라는 것이요. '죽고 싶다'는 말을 자주 하면 실제로 생각을 많이 하게 되고 힘든 일을 겪을 때 자살을 진지하게 고려해 위험할 수 있습니다.

우리나라의 자살 현황

통계청의 '2018년 사망원인통계'에 의하면 2018년 한 해 동안 자살로 사망한 사람이 1만3670명으로 전체 사망자의 4.6퍼센트로 나타났다. 10대, 20대, 30대 사망 원인의 1위, 40대, 50대 사망 원인의 2위를 차지했다. OECD 국가 중에서는 자살 사망률 1위를 유지하고 있다.[14] '2018년 심리부검 면담 결과 보고서'에 의하면 270명의 자살 사망자 중에서 자살 사망 전 경고 신호를 미리 보인 경우가 249명으로 전체의 92.2퍼센트로 나타났다(그림 14).[15] 19~35세 청년기 연령층에서는 이성 친구와 불화가 있거나 헤어지고 나서 자살하는 경우가 전체의 27.5퍼센트로 나타났다.[16] 성인기 이전에 가정 안에서 트라우마를 경험한 경우도 높게 나타났다.

성철씨가 내뱉는 '죽고 싶다'는 말은 '화난다' 또는 '힘들다' 정도의 의미인 듯합니다. 왜 이런 강한 표현을 달고 사는 것일까요? 성철씨는 다른 사람들보다 쉽게 화를 내는 분노 성향의 소유자로 여겨집니다. 특히 술을 마시면 억제가 풀려 더 심해지는 듯합니다. 분노가 강한 사람들은 말에서도 특징이 나타납니다. 강하고 극단적인 표현이 그들의 언어입니다.

성철씨 어머니 이야기로는 성철씨가 아버지와 꼭 닮았다고 합니다.

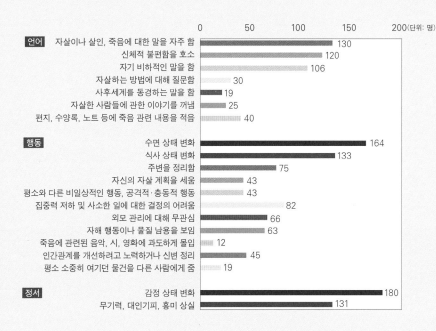

그림 14. 사망 전 자살 사망자가 보인 경고 신호 세부 내용(중복 해당 가능)

지금은 퇴직해서 집에 있지만 거의 매일 술을 마시는 데다 화를 많이 내는 성격이라고요. 흔히 말하는 사회 부적응자 유형에 속할 텐데, 다행히 직장에 꾸준히 다녔습니다. '죽고 싶다'는 말도 성철씨처럼 많이 한다는 이야기를 전해 들었습니다. 성철씨는 어쩌면 아버지한테서 말투를 배운 것인지도 모르지요.

자녀는 부모의 말투와 성격을 닮거나 혹은 그것을 천성적으로 타고나기도 합니다. 어릴 때부터 아버지의 술버릇과 분노조절장애를 싫어하면서도 어느새 비슷하게 닮아갑니다. '공격자와의 동일화identification with aggressor'에 해당됩니다. 이런 사람들은 예민하고 날카로우면서도 쉽게 격한 성정을 드러내지요.

다른 사람이 자신을 보고 있거나 욕하는 듯한 느낌이 들기도 하고 전혀 모르는 사람에게서도 그렇게 느낄 수 있습니다. 이것을 관계사고라고 하며, 우울증, 불안증 등 여러 경우에 나타납니다. 그 사람들한테 물어보면 성철씨를 쳐다본 적도 없다고 하는데, 술집에서 괜히 기분 나쁘게 쳐다본다면서 시비가 붙곤 하지요.

이런 성향을 가진 이들은 갇힌 공간에서 숨이 막히는 경험을 하기도 합니다. 화를 내거나 말다툼을 할 때도 그런 느낌을 받지요. 숨이 막히면 더 화가 나고, 화를 내지 않으면 답답한 것이 풀리지 않습니다.

'죽고 싶다'는 말은 자신이 가진 공격성과 분노가 스스로에게 향하는 것으로 볼 수 있습니다. 먼저 '죽고 싶다'는 생각이 들 때 다른 말로 바꿔보면 좋을 것 같습니다. '죽고 싶다'를 '다음부터는 잘해보고 싶다'로 바꿔보면 어떨까요? '오늘 여친과 싸워서 죽고 싶다'가 아니고 '오늘 여친과 싸웠는데 다음부터는 잘해보고 싶다' '방이 지저분하다고 엄마한테 야단맞았는데 다음부터는 잘해보고 싶다로요.

술 먹으면 실수하는 사람들은 결국 문제에 직면합니다. 자신의 분노나 공격성이 갑자기 드러나 위험할 수도 있고요. 이런 사람들은 술을 마시지 않고 친구들과 어울리는 방법을 찾아봐야 합니다. 특히 알코올 도수가 높은 술을 먹을수록 충동도 그에 따라 높아집니다. 되도록 알코올 도수가 약한 술을 마시고 그마저 너무 자주 섭취하지 않도록 해야 합니다.

가장 중요한 것은 삶의 의미를 찾는 것입니다. 삶의 의미는 주로 여러 사람과의 관계를 통해서 만들어집니다. 만나면 편하고 시간 가는 줄 모르며 재미있는 관계를 만들어보는 겁니다. 그들은 나와 취미가 같을 수도 있고 같은 학교를 다니는 학생일 수도 있습니다. 사람들을 만나면 그들의 이야기에 귀를 기울여보세요. 너무 심각한 대화를 할 필요도 없고 그저 얼굴 익히고 편한 이야기를 나누는 것으로 충분합니다.

인간관계가 잘 형성되면 부모의 영향에서 벗어나게 됩니다. 그동안 자신에게 가장 많은 영향을 미쳤던 사람은 부모이고 이는 성철씨가 선택할 수 있는 게 아니었습니다. 하지만 앞으로 만날 사람들은 스스로 선택할 수 있습니다. 마치 상류의 모난 돌이 강을 타고 내려와 동글동글해지는 것처럼 다양한 사람의 영향으로 생각과 태도가 부드러워집니다.

부드럽고 유연한 태도를 갖게 되면 더 많은 사람을 만나고 친하게 지낼 수 있습니다. 자신이 살아가는 세상이 정말 넓고 많은 사람이 다양하게 살고 있구나 하는 생각이 들게 되지요. '내가 왜 살아야 하는가', 그 의문에 대한 답은 그때가 되면 저절로 주어집니다. 내가 가진 현재의 환경에서는 답이 없더라도 수많은 사람과 연결되면서 자신에게 맞는 도전을 하고 그 속에서 의미를 찾을 수 있을 것입니다.

16. 부모님처럼 나도 잘해야 하는데

우리 주변에는 교수 아들인데 자신은 교수가 될 가능성은커녕 아버지 만큼 좋은 대학을 졸업하지도 못하는 사람이 있고, 엄마가 교장선생 님인데 딸은 인서울 대학에도 합격하지 못하는 이들이 있다. 아빠는 대학 병원 교수이지만 아들은 지방대 의대를 삼수해서 겨우 들어간다 거나 아빠는 잘나가는 검사인데 딸은 사고뭉치인 이들이 있다. 40세 의 봉근씨 역시 아버지가 중소기업 사장인데 그는 아버지만큼 잘나 지 못했다.

그의 아버지는 자수성가를 한 80세의 경영자로서 지금도 아침 7시 에 출근해 공장을 돌고 회의를 주재하는 근면과 성실의 표본이다. 봉 근씨는 이 회사 사원으로 근무하고 있고 직원들은 모두 그가 사장의 아들이란 사실을 알고 있다. 그는 아빠가 대단한 것이 부담스럽고, 자 신이 아빠만 못하다는 게 너무 싫다. 성격이 매우 조심스러운 편이라

혹시 구설수에 오를까봐 옷차림도 단정하게 하고 말실수를 하지 않으려고 신경을 많이 쓴다.

스트레스는 자신도 모르게 하나둘 쌓여갔고, 결국 최근 큰일이 일어났다. 사흘 전 신상품 전략 회의가 있었고 봉근씨가 발표자였다. 그날 회의 도중 마침 아버지가 예고 없이 회의실로 들어왔는데, 모든 직원이 일어나 인사를 하고 봉근씨의 발표에는 거의 집중을 하지 않는 것이었다. 분위기가 흐트러지면서 직원들은 서로 말을 주고받았는데, 봉근씨는 그게 자신의 발표 내용을 비아냥거리는 것처럼 느껴졌다.

그때 한 사람과 눈이 마주쳤는데, 봉근씨는 심한 어지러움을 느끼면서 숨이 쉬어지지 않았다. TV 화면이 꺼지는 것처럼 눈이 아득해졌고, 깨어나 보니 병원 응급실이었다.

"갑자기 숨이 막히고 죽을 것 같은 경험을 했다." "직장에 가기 싫고 자신이 없다." "기분이 우울하고 하루 종일 피곤하다." "사람들 앞에 나서면 어지럽고 숨이 막힌다." 응급실에서 MRI를 찍었는데도 아무런 이상 증세가 없다 하고 회사에 다시 가면 어지럼증이 일어났다.

봉근씨는 아버지한테 "회사를 그만두겠다"고 말씀드렸다가 "못난놈"이라는 소리를 들으며 호되게 야단을 맞았다. 그때도 숨이 잘 쉬어지지 않았고, 눈앞이 캄캄해졌다.

🗨 전문의의 조언

사업으로 성공한 부모들은 자식을 후계자로 삼게 되면 엄격한 관리 하에 자녀들을 두려고 합니다. 물론 언론에는 그렇지 않은 부모의 사례도 보도되곤 하지만 사업에 성공한 이들은 대체로 엄격한 가풍을 유지하려고 하지요. 자식이 자기 회사의 모든 직원으로부터 실력 있다고 인정받길 원하는 것입니다.

봉근씨는 아버지 앞에서 여러 번 쓰러졌습니다. 아버지는 병원에서 별다른 문제가 없다고 들은 터라 아들을 더 강하게 단련시켜야겠다고 마음먹었습니다. 하지만 봉근씨는 다시 이런 일이 일어날까봐 너무 불안하고 다른 사람이 보게 될까봐 창피합니다.

사실 봉근씨는 어릴 때부터 아버지를 롤모델로 삼고 자랐습니다. 외아들이라 다른 가족 모두 봉근씨를 후계자로 여겼지요. 하지만 자신은 아버지처럼 강한 추진력과 리더십을 물려받지는 못한 것 같았습니다. 예민하고 수줍어하는 성격이라 사람들 앞에 나서면 실수를 할까 늘 불안했다고 합니다.

예민한 이들 중에는 여러 사람 앞에서 말할 때 어려움을 겪는 사람이 많습니다. 앞에서 자신의 말을 듣는 사람들이 쳐다보는 시선이 몹시 부담스럽게 느껴지고, 심하면 공황발작을 일으키기도 합니다. 공황발작이 반복해서 일어나면 이를 공황장애라고 합니다.

갑자기 TV 화면이 꺼지는 것처럼 눈앞이 아득해진 것은 미주 신경성 실신으로 보입니다. 긴장이 극도로 심해지면 혈압이 떨어지면서 쓰러지는 현상입니다.

> ## 미주 신경성 실신 Vasovagal syncope
> ---
> 실신 중 가장 흔한 유형으로 '신경심장성실신'이라고도 한다. 극심한 신체적, 정신적 긴장 후에 발생한다. 맥박 수와 혈압이 급격히 감소해 뇌로 가는 혈액이 줄어들면 일시적으로 의식을 잃는다. 극심한 신체적 스트레스와 감정적 긴장을 일으키는 일들이 주원인이다.
> 전조 증상은 얼굴이 창백해지며 발한 혹은 구토감이 동반되는 것으로, 갑자기 눈앞이 캄캄해지면서 실신한다.

공황장애나 미주 신경성 실신 증상이 있다면 반드시 정신건강의학과를 방문해 진단을 받아야 합니다. 증상이 발생하지 않을까 하는 예기불안 때문에 삶의 질이 크게 떨어질 수 있습니다.

봉근씨는 아버지처럼 잘해내야 한다는 스트레스가 컸던 것으로 보입니다. 그리고 이것이 발표 중일 때나 야단맞는 중에 극심한 긴장으로 나아간 것이지요. 이런 경우 아버지와 직접 만나는 일을 줄이고 회사의 한 부서에 속해 자신이 잘할 수 있는 분야를 맡는 게 좋습니다. 회사에서 멀리 떨어진 곳에 지점이 있다면 그곳으로 출근을 하는 것도 한 가지 방법이 될 것입니다.

아버지와 분리되어 자율성을 가지고 자기 힘으로 도전할 수 있는 일을 먼저 해보는 것이 좋습니다. 아버지 앞에서 다시 긴장하게 되면 공황발작이 또 올 수 있습니다. 그러면 자신감이 떨어질 뿐 아니라 다른 직원들의 시선에 더욱 민감해져 위축이 됩니다. 부모와의 분리-개별화separation-individuation는 자신의 예민성을 줄이고 자기 주도적인 역할을 할 수 있는 중요한 경험이 됩니다. 분리되어 일을 하면서 아버지가 만족할 만한 업적을 내면 자신감이 생기고 나중에 사업을 이끌어 나갈 수 있는 리더십도 생길 것입니다.

17. 수면제를 먹어야 잠이 오는 여자

잠을 잘 못 자서 불안, 초조해지는 경험은 누구나 해봤을 것이다. 잠을 희생하면서까지 일을 처리해야 할 만큼 바쁜 사람도 물론 있지만, 대부분의 사람은 누워 있으면서도 잠들지 못하는 수면 장애 때문에 괴로워한다. 이들은 대개 예민한 상태에서 잠을 이루지 못하고, 잠을 못 자면 더 예민해지는 지옥 같은 악순환의 고리에 빠져든다.

42세의 워킹맘인 승희씨도 수면제를 두세 알 먹어야 잠이 드는데, 그럴 만한 계기가 있었다. 반년 전 그녀는 아이들을 등원시키고 운전해서 출근하던 중 비보호 좌회전을 하는 차와 충돌했다. 차는 찌그러지고 부서져 거의 폐차해야 할 만큼 망가졌지만 천만다행으로 몸에는 부상을 거의 입지 않았다. 보험 회사에 연락해 사고는 합의로 원만하게 처리되었다. 그런데 석 달 전부터 이유 없이 의욕이 떨어지고 작은 소리에도 깜짝깜짝 놀라는 증세가 나타났다. 운전하려고 핸들을 잡으면 다른 차가 튀어나오지 않을까 걱정돼서 속도를 못 냈다. 이때 뒤차의 운전자들은 대부분 참지 못하고 클랙슨을 울리며 추월해서 쳐다보거나 손가락질까지 했다.

자신을 향한 손가락질 때문에 점점 긴장하면서 승희씨는 수면 장애를 앓았다. 밤마다 잠을 잘 못 자 가까운 병원에서 수면제를 처방받았고, 다행히 잠을 푹 자면서 의욕도 되찾는 듯싶었다. 그런데 아침에 일어나 냉장고 문을 열고는 소스라치게 놀랐다. 냉장고의 음식이 없어지고 누가 다녀간 흔적이 있었던 것이다. 곧바로 신고해 경찰이 출동했지만, 그들은 외부 침입이 없는 것으로 결론 내렸다.

🗨 전문의의 조언

우리 몸이 우울하거나 지나치게 각성되면 가장 처음 나타나는 증상은 밤에 잠이 오지 않는 것입니다. 아침에 출근해야 하는데 잠들지 못하면 그것만큼 괴로운 일도 없습니다. 천근만근 무거운 몸을 이끌고 출근하면 일도 제대로 안 되고 짜증만 나지요.

가령 자동차 사고를 당하는 등 예기치 않게 놀랄 만한 일을 겪은 뒤 잠을 잘 이루지 못하는 사람이 많습니다. 승희씨에게는 큰 교통사고를 당한 뒤 의욕이 떨어지고 별것 아닌 소리에도 쉽게 놀라는 증상이 나타났습니다. 교통사고로 인해 각성도가 높아진 것이지요. 주변의 소음이나 위층의 소음도 더 크게 들립니다. 또 옆에서 코 고는 남편의 소리도 더 성가시게 느껴집니다.

수면제를 한시적으로 복용하는 것은 문제없지만 장기간 많은 양을 복용하는 것은 권하지 않습니다. 승희씨처럼 비몽사몽 중에 냉장고를 열고 자신도 모르게 음식을 먹는 '수면관련식사장애'가 생길 수도 있기 때문입니다.

수면관련식사장애Sleep related eating disorder

잠을 자는 중에 자신도 모르게 음식을 먹거나 마시는 경우를 일컫는다. 수면 중에 음식을 준비하다가 다치거나 해로운 것을 먹고 마실 수 있어 위험하다. 잠을 이루고 나서 첫 절반의 구간에 잘 발생하며 수면 중 각성이 되는 것과 관련이 있다. CCTV를 설치해놓으면 자신이 자다가 걸어 나와서 음식을 먹는 것을 알 수 있다. 설거지까지 다 하고 잤는데 전혀 기억이 나지 않아서 도둑이 든 줄로 착각하기도 한다. 수면제에 의해서 발생하는 경우가 흔하지만 수면제 없이도 수면 장애에 의해서 발생할 수 있기 때문에 정확한 진단이 요구된다.

수면관련식사장애 외에도 마치 술 마신 때와 같이 자신도 모르게 화를 내거나 충동이 증가할 수도 있습니다. 물론 수면제 외에 다른 여러 약물에 의해서도 수면관련식사장애나 충동성이 생길 수 있습니다.

중요한 것은 수면제를 복용하기 전, 교통사고 이후의 각성과 우울 문제를 잘 평가하고 도움을 받아야 한다는 점입니다. 남편이나 가족의 도움뿐 아니라 긴장을 줄이려는 노력도 요구됩니다. 수면제로 수면관련식사장애가 생겼다면 중단하고 다른 치료 방법을 찾아볼 것을 권합니다.

우리 뇌는 사고에 대한 기억을 편도체를 통해서 강화시킵니다. 그렇게 되면 유사한 상황에서 자신도 모르게 기억이 재활성화되어 각성도가 높아집니다. 수면 중에도 꿈을 꾸는 렘수면이 증가하게 됩니다. 각성도가 낮아지면 자연스럽게 꿈도 줄어들고 놀라는 횟수도 줄어들게 됩니다. 커피, 녹차, 홍차, 초콜릿 등 각성도를 높이는 음식을 피하고 자기 전에 스마트폰, TV 등도 자제하는 것이 좋습니다. 운전을 할 때 너무 긴장이 되면 당분간은 대중교통을 이용해보는 것도 도움이 됩니다. 남편이나 가족들도 승희씨를 편안하게 대해주고, 화를 내거나 소리를 지르는 것은 좋지 않습니다.

다치진 않았지만 정신적인 외상이 있으므로 될 수 있으면 한 달쯤 쉬거나 업무를 일찍 마치고 집에 바로 와서 휴식을 취하는 것이 좋습니다. 일이 손에 잡히지 않아 직장에서 아무것도 못하는 것보다는 한 달 정도 푹 쉬는 것이 오히려 직장에도 도움이 될 수 있습니다.

교통사고 합의가 늦어지면 좋지 않은 영향을 미치는데 승희씨는 잘 해결되어 다행입니다. 아이들을 돌보는 것도 가족과 상의해서 당분간 부담을 줄이길 바랍니다.

18. 내가 치매가 아닌지 걱정돼요

자꾸 깜빡거리는 이들은 때로는 주변 사람들을 당황하게 한다. 약속한 날짜를 잘못 기억하거나 잊어버리면 상대는 나와의 관계를 중요하게 생각하지 않는다고 여길 수밖에 없어 그에 대한 인상이 구겨진다. 하지만 정작 더 속상한 것은 약속을 어기거나 늘 잊어버리는 그들이다. 그들은 자신의 그런 모습이 싫고 그래서 불안은 점점 심해진다.

미연씨는 48세의 전업주부다. 휴대전화를 냉장고에서 발견했다거나 손에 지갑을 쥐고도 어디 두었는지 몰라 온 집 안을 뒤지는 상황이 요즘 그녀에게도 일어나는데, 그건 흔히 희화화되는 것처럼 웃기지도 않고 불안만 커진다. "가스 불을 켜놓고 잊어버려서 음식을 태운일이 몇 번 있다." "매사에 의욕이 없고 불안하다." 깜빡깜빡하는 증세가 불안 및 의욕 저하와 동반되어 미연씨는 MRI도 찍고 건강검진도 받았다. 하지만 검사 결과는 '이상 없음'으로 나왔다.

그렇다고 문제가 사라지는 것은 아니었다. 고3 아들을 픽업하는 것을 잊어버려 몇십 분 동안 기다리게 했고, 공과금 내는 것을 깜빡해 연체료도 물었다. 제일 불안한 것은 자신이 치매를 앓게 되나 않을까 하는 점이다. 정밀 검사를 다시 받아야 할까.

🗨 전문의의 조언

매우 예민한 이들 가운데 기억력이 떨어진다고 호소하는 사람이 많습니다. 그런데 자세히 살펴보면 이들은 기억력보다는 집중력이 떨어집니다. 예를 들어 방금 말한 단어를 기억하는 것은 어느 정도 하지만 덧셈, 뺄셈을 하는 데는 지장을 많이 받는 것이지요. 조금 전에 나눈 이야기가 잘 기억이 안 난다고 걱정해도 시간을 가지고 천천히 생각해보면 결국은 기억해내는 경우가 많습니다. 실제 진료를 해보면 집중력이 떨어지거나 우울증을 앓는 이들은 기억력이 떨어지는 게 걱정돼서 스스로 진료를 받게 되었다고 말하곤 합니다. 이에 반해 오히려 치매 환자는 병식이 없고 나는 괜찮은데 가족들이 데려왔다고 말하곤 합니다. 본인은 별로 불편한 게 없는데 물건을 숨기고 의심을 많이 해서 배우자를 포함한 나머지 가족들이 힘들어합니다. 치매 환자는 보통 60대 이후에 많이 나타나며 40대에 발생하는 일은 드뭅니다 (표 4).

표 4. 노인우울증 vs. 알츠하이머 치매

	노인우울증	알츠하이머 치매
발생 연령	60세 이전이나 이후 가능	60세 이전에는 흔하지 않음
표정	우울한 기분	우울하거나 보통
우울 증상	우울하고 걱정이 많음	표정이 없거나 화를 냄
경과	갑자기 발생하고 기분이 우울해지면 기억력이 더 떨어짐	천천히 시작되고 기분과 관련이 없이 기억력 저하를 보임
주관적 기억력 저하	흔하다, 자기 기억력 저하에 대해서 걱정함	자신이 문제가 없다고 생각함
기억력 저하	힌트를 주면 기억해낸다	결국 기억해내지 못함 새로운 것을 잘 배우지 못한다
처리 속도	느리다	정상
언어 장애	흔치 않음	진행된 경우에 나타남
방향감각	정상	흔하게 나타남, 집이나 화장실을 못 찾아가는 경우 있음
진료 시 특징	자신이 스스로 외래를 방문, 자신의 기억력 저하를 걱정하고 여러 가지 경험한 상황에 대해서 이야기함	가족들에 의해서 방문, 자신은 괜찮다고 함. 주위 사람들이나 배우자를 의심하는 경우가 발생함

Q & A

우울증은 치매로 진행되나요?

- 65세 이상에서 처음 발생한 우울증은 치매로 진행될 위험이 1.85배 높아집니

다.[17] 하지만 65세 이전에 발생한 우울증은 차이가 없습니다.

65세 이상에서 처음 발생한 우울증이 치매로 진행되지 않기 위해 어떻게 하면 되는지요?
- 우울증을 잘 치료하는 것이 해마의 위축을 예방하는 데 도움이 됩니다.[18] 당뇨,[19] 혈압[20]을 잘 관리하는 것 또한 치매 예방에 도움이 됩니다.

안정제가 치매를 일으키나요?
- 일시적 기억력 저하는 일으킬 수 있어도 치매의 발생과는 관계없는 것으로 보입니다.[21]

이런 분들에겐 흔히 걱정거리가 많습니다. 미연씨는 고3 아들의 공부와 진학에 온 정신이 쏠려 있지요. 치매와 구별하기가 어렵다면 방향감각을 평가해보는 것이 좋습니다. 치매라면 기억력뿐만 아니라 방향감각이 떨어집니다. 예전과는 달리 길을 잘 찾아가지 못하고 집에 오는 것도 잘 못한다면 좀더 심각한 증상일 것입니다.

치매 걱정을 지나치게 하는 것이 오히려 기억력에 좋지 않다는 점도 염두에 두어야 합니다. 검사에서 치매가 아니라고 하면 이제부터는 의식을 하지 않아야 합니다. 기억력을 염려하면 오히려 기억이 잘 나지 않거든요. 집중하면 결국은 기억해내는데, 치매 환자는 시간이 지나도 기억을 못 하곤 합니다.

40~50대에 치매를 예방하는 좋은 방법은 혈압, 당뇨, 고지혈증 등이 생겨서 심장과 혈관에 나쁜 영향을 주지 않도록 운동하고 식이조절을 하는 것입니다. 하루에 30분 이상 산책을 해보세요. 시간이

없고 바쁘더라도 조금씩 시도한다면 기억력과 집중력 향상에 도움
이 될 것입니다.

19. 충동 증가형 ADHD

20세의 기현씨는 남들 다 가는 군대에서 제대로 적응하지 못하고 최근 퇴소 조치를 받은 예민한 성격의 소유자다. 그는 지금 재검을 받기까지 남은 기간 동안 복학하지 않고 식당 아르바이트를 하는 중이다. 그는 자기 인생이 "엿 같다"고 생각한다. 삼수해서 들어간 대학은 전혀 마음에 들지 않고, 잔소리를 해대는 부모는 짜증난다. 부모한테 한소리 들으면 "다 부숴버리고 싶다"는 생각이 든다.

군대에서 퇴소 조치를 받은 것도 이런 성격 때문이었다. 하루는 신병 훈련 중 그가 좌향좌 우향우 하는 제식훈련 구령을 잘 듣지 못했는데, 조교가 잘못에 대해 지적하고 면박을 주었다. 속이 끓어오른 채 내무반에 들어온 그는 자기도 모르게 욕을 중얼거렸고 이것이 발각되어 상담실로 보내졌다. 그 결과 기현씨는 "매우 산만하며 충동성이 높다"고 판단되어 퇴소 조치를 받았다.

그는 자기 성격의 문제점을 알고 있다. 처음에는 부모의 통제가 싫고 군대 조교의 규율이 지나치다며 다른 사람 탓을 했지만, 식당에서 일하던 중 손님이 주문한 음식을 자신이 잘못 전달하는 일이 벌어졌다. 식당 사장에게 혼난 그는 왈칵 울분이 차오르면서 문제는 자신한테 있는 것 같다는 생각이 들었다. 자책하는 이들은 안다, 책망의 바닥은 끝을 보이지 않는다는 것을. 기현씨의 경우는 가장 심각한 문제가 집중을 잘 못하고 실수를 많이 하는 것이다.

💬 전문의의 조언

기현씨처럼 다른 사람들이 하는 이야기를 정확하게 듣지 못하면 무척 힘들고 화가 날 것입니다. 청력이나 지능에는 문제가 없는데 주의력이 떨어져서 '분노 조절'에까지 문제가 생기는 분들이 많습니다. 컴퓨터로 치면 키보드 입력이 잘 되지 않는 것이지요. 아무리 컴퓨터가 좋아도 입력값이 잘못되면 자신의 기능을 발휘하기 어렵습니다.

주의력은 어떤 것에만 의식을 집중시키는 능력을 말합니다. 예를 들어 시끄러운 카페에서 대화를 할 때는 상대방의 음성을 듣고 나머지 노이즈는 신경 쓰지 않는 필터링이 요구됩니다. 시선도 상대방을 향하고 주위에 고개를 돌리지 않지요. 만일 기현씨가 시끄러운 카페에서 대화한다면 다른 친구들보다 대화에 집중하기가 훨씬 더 어려울 겁니다. 반면 조용한 방에서 대화한다면 큰 차이가 없을 수도 있고요.

더욱 긴장되는 상황에서는 더 산만해지는데 기현씨는 낯선 군대 환경에서 제식훈련을 따라하면서 집중하기가 너 힘들었던 듯합니다. 시험을 볼 때도 긴장하면 집중력이 떨어져서 평소보다 성적이 더 안 나옵니다. 보통 유치원이나 어린이집에 다닐 때부터 부산스럽고 가만있기 힘든 아이라는 이야기를 듣는데 초등학교에 입학하면서는 수업 중에 의자에 앉아 있기 힘들어해 더 두드러지지요. 선생님들의 지적을 많이 받고 친구들과 어울리기도 어려워집니다.

주의력결핍과잉행동장애가 있는 사람들은 보통 대학에 들어갈 나이가 되면 산만함이 줄어드는 대신 충동성이 늘곤 합니다. 갑자기 격한 기분을 표출하는데 특히 부모와 갈등을 빚지요. 마치 분노조절장애가 있는 듯한 모습이 됩니다. 기현씨는 산만함과 충동성이 사회생활에 지장을 주면서 우울증이 동반된 것 같습니다. 기분이 우울해지면서 충동이 증가하면 알코올 섭취가 늘어나곤 합니다. 술을 마시고 나서 욱하면 위험할 수도 있고요.

주의력결핍과잉행동장애Attention Deficit Hyperactivity Disorder, ADHD

—

아동기부터 시작되며 지속적으로 주의력이 부족하여 산만하고 과다활동, 충동성을 보이는 상태를 말한다. 수업 시간에 자리에 앉아 있지 못하고 팔다리를 가만히 두지 못하며 급하게 행동하는 태도를 보인다. 성인기가 되면 직장을 자주 옮기고 분노 조절이 안 되어 화를 쉽게 낸다. 아래와 같은 세 가지 유형이 있다.
① 주의력 결핍 우세형inattentive
② 과잉 행동·충동성 우세형hyperactive-impulsive
③ 혼합형: 위의 두 가지를 다 보임

기현씨는 우울증이나 알코올 중독으로 나아가지 않도록 조기 진단과 치료를 받을 필요가 있어 보입니다. 이참에 전문가의 진단을 받고 자신의 상태에 대해 정확한 평가를 해야 합니다.

동시에 여러 가지 일을 벌이지 않는 것이 좋습니다. 주의력이 떨어지는 분들은 한 번에 한 가지씩만 정확하게 하는 것이 좋습니다. 공부를 할 때도 책을 한 권만 놓고 공부하는 것이 도움이 됩니다. 직장에서 일하거나 알바를 할 때는 상대방의 말을 바로 수첩에 적어서 하나씩 진행해나가면 실수를 예방할 수 있습니다. 긴장이 증가하면 주의력이 떨어지기 때문에 미리 준비하고 여유 있게 도착해서 일을 하는 것이 좋습니다. 술을 많이 먹게 되면 더욱 화가 나고 주의력에도 영향을 주기 때문에 덜 마시고 독주는 피하는 것이 좋습니다.

부모나 친구들, 모르는 사람이 거슬리고 화가 나면 바로 그 상황을 피하고 스스로 마음을 가라앉힌 뒤 다시 만나야 합니다. 법적인 문제가 생기면 일이 아주 복잡해집니다. 술 마시고 나서 실수할 가능성이 높습니다. 되도록 술 마시는 횟수와 양을 줄였으면 합니다.

20. 어린 시절 트라우마의 극복

'트라우마'라는 말은 일상에서 흔히 쓰지만, 실제로 이것을 깊게 앓는 사람은 수렁 속에 빠진 것처럼 헤어나올 방법을 찾지 못한다. 트라우마는 과거의 두려운 감정을 불러일으키는 어떤 우연적 상황이나 조건에서 헤어나오면 해결될 것 같지만, 사실 이 어두운 기억은 항상 그때로 돌아간 것 같은 재경험의 고통을 주고, 자신의 마음을 감옥처럼 여기게 해 주변 사람들이 하나둘 그를 떠나게 만들기도 한다. 극심한 트라우마를 앓는 이들이 때로 고립된 섬처럼 남겨지는 이유다.

30세의 정미씨는 직업이 없고, 집에서만 주로 지내왔다. 사람들이 무섭게 느껴져 현관 밖으로 발을 내딛는 데도 심호흡을 해야 하기에 일주일에 한두 번만 잠깐 바깥에 나간다. 남들이 보면 전형적인 히키코모리로 일주일에 한 번 마트를 갈 때도 엄마와 간다. 집에 있어도 마음이 편안하기보다는 불안하고 우울하다고 했다.

정미씨가 가벼운 틱Tic 증상을 앓는 사람임을 알게 되면, 이런 행동이 이해가 간다. 그녀는 자신도 모르게 고개를 좌우로 돌리는 틱 증상을 보이는데, 처음 시작은 초등학교 때였다. 불행히도 이에 대해 정보가 별로 없었던 부모는 꾸중을 많이 했고 그러면 아이가 정상으로 돌아올 줄 알았다. 하지만 정미씨는 증세가 오히려 더 심해졌고 심리적으로도 위축되었다. 이런 다름을 겪는 아이들에게 학교는 지옥이다. 같은 반 친구 중 정미씨의 틱 증상을 흉내 낸 아이가 있었다. 정미씨를 웃음거리로 삼으면서 다른 친구들한테 떠벌렸고, 더 많은 친구들이 놀리기 시작했다. 그 후 학교는 정미씨에게 가장 공포스러운 곳이 되었고, 부모는 그런 '문제아' 자녀를 감싸기보다는 매를 들어 틱을 고치려 했다.

정미씨는 누구의 기대에도 부응하지 못했고 결국 부모는 딸을 미국의 중학교로 조기 유학을 보내기로 결심했다. 미국 학교를 다니면서 다행이었던 점은 한국의 친구들과 달리 아무도 정미씨의 틱을 따라하지 않는다는 것이었다. 영어를 못해 힘들었지만 조금씩 노력해 고등학교 때는 눈에 띄게 영어 실력이 향상되었다. 하지만 억양이 문제였다. 반 친구 몇몇은 그녀의 억양을 따라했고, 여기에 주눅든 정미씨는 다시 말수가 줄어들었다.

대학은 한국으로 돌아와 진학했다. 이제는 틱도 거의 없어졌고 억양을 신경 쓸 필요도 없으니 누구나의 기대처럼 정미씨는 밝은 20대를 보내야 마땅했다. 그런데 그녀는 친구들과 눈을 잘 못 맞췄고, 사람들이 부담스러웠다. 수업이 끝나면 곧바로 집에 왔으며 친구와의 우정이나 사귐 같은 것은 그녀 삶에서 완전히 공백으로 남아 있었다.

대학을 졸업하고 나니 편했다. 취업을 하지 않았고, 집에서 소설책을 읽거나 드라마, 영화, 시사 고발 프로그램을 보면서 매일매일을 흘려보냈다. 그러다 어느덧 서른 줄에 들어섰는데, 부모는 이런 딸을 보면 속이 터진다. 집 밖으로 나가라는 부모의 말에 정미씨 역시 대들 만한 근거가 있다. 범죄 사건 등이 발생하는 "바깥이 너무 위험해서 못 나가겠다"는 것이다. 현재 유일한 대화 상대는 어머니와 반려견인 골든 리트리버뿐이다.

💬 전문의의 조언

예전에는 정신의학을 하는 전문가들만 트라우마라는 전문 용어를 사용했다면 이제는 누구나 쓰는 일상 용어가 됐습니다. 어린 시절의 트라우마는 강렬한 기억으로 남아 흔히 성인이 되어서도 계속 영향을 미칩니다.

정미씨의 트라우마는 '틱'이라기보다는 틱 때문에 놀림을 받고 부모님께 야단맞은 기억인 것으로 판단됩니다.

음성 틱이나 투렛병은 성인기까지 오래가곤 하지만 운동 틱은 아동기에만 있다가 저절로 없어지기도 합니다. 놀림감이 되고 부모에게 혼나면 틱이 더 강화되고 오래갑니다. 틱이 심한 경우에는 치료를 받아야 하지만 경미한 경우에는 본인이나 부모님 모두 신경 쓰지 않고 모른 척하는 것이 오히려 호전에 도움이 되기도 합니다.

정미씨의 틱을 놀리며 괴롭힌 친구는 자신도 모르게 정미씨의 평생에 영향을 미칠 안 좋은 짓을 한 것입니다. 선생님이 그렇게 하지 못하도록 제지했어야 했고 정미씨와 가족도 이에 대해 학교와 충분히 상의를 했으면 좋았을 것입니다. 부모님이 정미씨를 도리어 꾸중하고 틱을 없애려 한 것은 결코 좋지 못한 선택이었습니다. 정미씨의 트라우마는 친구들과의 대인관계 형성을 어렵게 만들었고 미국에 가서도 이는 해결되지 않았습니다. 오히려 언어나 문화가 다른 친구들과 어울리기 더 힘들었죠. 고립되어 지내는 데 익숙해지고 친구들을 만날 때는 자신을 놀릴까봐, 틱이 나올까봐 항상 불안했던 것 같습니다.

틱은 없어졌지만 집 밖에 나가지 못하는 데다 사회생활도 못 한 채 20대를 다 보냈고 이제 30대로 진입했습니다. 이대로 내버려둔다면 변화는 기대하기 힘들어 보입니다.

어린 시절의 기억의 지배에서 벗어나 조금씩 현실에 적응해보면 어떨까요. 과거의 기억을 잊으려고 노력하는 것보다는 새로운 좋은 기억으로 채우려고 노력하는 것이 해결의 실마리가 됩니다. 생각과 행동이 바뀌고 나서야 비로소 대인관계가 바뀌며 사회생활을 잘하게 되므로, 가장 쉽게 할 수 있는 생각과 행동 변화부터 시작해봤으면 합니다. 현재와 지금here and now에 집중해야겠지요. 먼저 집 밖에 나가는 것부터 해볼까요? 반려견에 대한 애정은 아주 좋습니다. 반려견도 집에만 두면 안 되고 산책을 시켜줘야 합니다. 반려견을 데리고 아침, 점심, 저녁 하루에 세 번 30분씩 집 주위 공원을 산책하는 것부터 해볼게요. 점차 늘려서 목표량을 달성하면 체중이 조절되면서 기분이 상쾌해지고 만족도가 올라갑니다. 산책한 날은 일찍 잠들고 이튿날 일찍 일어나는 변화가 나타납니다.

두 번째로 의미 있는 대인관계와 상담을 이어가볼까요? 정미씨는 아직 사람들과 이야기하고 감정을 나누는 데 서툽니다. 그러므로 인근 정신건강의학과를 방문해 정신 치료psychotherapy를 시작해볼 것을 권합니다. 정미씨한테는 친구가 한 명도 없지만 다행히 같이 살고 있는 여동생이 있습니다. 두 자매가 함께 독서 모임에 나가보는 것은 어떨까요. 정미씨는 책과 영화를 많이 봐온 터라 독서 모임 멤버들과 이야기가 잘 통할 것입니다.

독서 모임 멤버들은 정미씨 이야기에 귀를 기울이고 공감해줄 것입니다. 곧 그들과 친해지고 글도 쓰게 되겠지요. 사람들을 만나는 것이 재미있다는 감정이 싹틀지도 모릅니다. 처음에는 나와 같은 것을 좋아하면서도 나를 존중해주는 사람을 찾아 연결성을 만드는 것이 중요합니다.

시간이 지나 대인관계가 좋아지면 바리스타 자격증을 딴다거나 카페 아르바이트를 해봐도 좋습니다. 독서 모임에서 만난 친구들에게 맛있는 커피도 사고요. 그 후 커피 모임에도 나간다면 정미씨는 세상이 위험하지만은 않고 좋은 사람이 더 많다는 것을 알게 될 겁니다. 혹은 틱이나 정신질환을 가진 아동들을 위해서 봉사를 할 수도 있겠지요. 일주일에 한 번씩 병원을 찾아가 책을 읽어주는 일을 하면 보람을 느낄 겁니다.

정미씨의 변화에서 보듯이 대인관계는 저절로 되는 것이 아니고 두려움을 이겨내는 용기를 필요로 합니다. 사람들은 동질감이 있으면 친해지기 더 쉽습니다. 트라우마를 승화시켜 자신과 같은 고통을 받는 사람들을 도와준다면 더 넓은 세상으로 나아갈 큰 걸음이 될 것입니다.

21. 아기를 낳고부터 예민해졌어요

그리스 신화에는 임신한 여성의 분만을 돕는 출산의 여신 에일레이티이아에 대한 숭배가 나오지만, 오늘날 여성들은 출산보다 피임과 낙태에 더 목소리를 높인다. 출산은 더 이상 자연스러운 여성의 일상이 아니며 선천적인 '모성애는 없다'고 이야기된다. 한국 언론은 여성의 목소리와 조금 반대 방향으로 흐르고 있다. 국가적으로 출산률을 높이는 정책을 계속 내놓고 있어 정책만 뒷받침되면 언제든 끌어올릴 수 있을 거라 생각한다. 어쨌든 사회와 국가의 관심이 온통 한국의 저출산률에 쏠려 있지만, 정작 출산으로 인한 우울증은 오롯이 여성 개인의 몫이다.

은영씨는 35세 직장인으로, 세 살배기 아들이 있고 두 달 전에 둘째를 출산했다. 직장 복귀를 앞두고 있는데, 현재 이유 없이 우울하고 예민해서 아이를 보면 두려움이 들고, 남편을 보면 짜증이나 원망이 솟구친다. 둘 다 잘 키울 자신이 있냐고 묻는다면 답변은 단호하게 "없다"이다. 직장생활도 다시 잘 해낼 수 있을지 암담한 심정이다.

가장 괴로운 문제는 잠을 잘 못 잔다는 것이다. 아기가 밤낮이 바뀌어서 수시로 깨는데 어르다보면 깊은 잠은 금세 달아난다. 반대로 아기가 울 때 남편은 잘 깨지 않는다. 베개에 머리만 대면 잠들어 사람들은 그를 부러워하지만, 아내로서는 그런 남편이 너무 원망스럽다.

예기치 않게 점점 더 예민해지면서 은영씨는 가족 안에서 트러블메이커가 되어가고 있다. 얼마 전 아이 백일잔치가 있었는데, 그날 유난히 우울했다. 시부모님 앞에서도 굳은 인상은 잘 펴지지 않았고 음식도 거의 먹지 않았다. 같은 여성이지만 시어머니는 시어머니일 뿐이다. 그녀는 며느리에게 "우리가 온 게 불편하니? 무슨 불만이 그렇게 많니? 다 아이 낳고 키우는데 너만 유난한 것 같다"는 말을 했다. 시댁 어른을 뵙고 오는 것은 흔히 젊은 부부들에게 싸움의 도화선이 되곤 한다. 은영씨 부부 역시 그날 심하게 다퉜다. 서로 목소리를 높이니 갑자기 아이들이 울음을 터뜨렸고, 남편은 불만을 쏟아내며 자기 방으로 들어가버렸다. 은영씨도 지쳤다. 남편도 싫고, 아이도 달갑지 않다. 어떻게 탈출구를 찾을 수 있을까.

💬 전문의의 조언

출산 후 6개월은 여성에게 정서적인 문제가 일어나기 가장 쉬운 시기입니다. 산후에 발생하는 정서적인 문제로는 산후우울감(85퍼센트),

산후우울증(12~13퍼센트), 산후정신증(0.1퍼센트)이 있습니다. 산후우울감은 아기를 낳은 뒤 약 일주일간 대부분의 여성이 겪는 것으로, 호르몬 변화가 원인이며 대개 저절로 없어집니다. 주로 산후조리원에 있을 때 경험하지요.

산후우울감Postpartum blue 증상

① 눈물이 쉽게 남
② 화를 잘 냄
③ 건강에 대한 걱정이 많아짐
④ 잠이 잘 오지 않음
⑤ 집중력 장애
⑥ 고립감
⑦ 두통

산후우울감 관리

- 잠을 충분히 자도록 한다. (아기가 잘 때 같이 잠을 잘 수 있도록 한다.)
- 집안일이나 책임에서 벗어나 쉴 수 있도록 한다. (집안일이나 신생아를 돌볼 사람이 필요하다.)
- 정서적인 지지가 필요하다. (특히 배우자의 역할이 중요하다.)
- 규칙적인 운동을 한다.

은영씨가 경험한 우울감, 불면증 및 예민한 느낌은 산후우울증으로 판단됩니다. 처음에는 산후우울감과 비슷해 보이지만 우울 증상이 심하고 2주 이상 지속되는 특징이 있지요. 대개 출산하고 한 달쯤 뒤에 생겨 산후우울감보다 발생 시기가 늦습니다. 하지만 출산 후 수일 이

내 또는 수개월 후에도 생길 수 있습니다.

산후우울증Postpartum depression 증상
—

① 불면증
② 우울한 기분, 무가치감, 죄의식, 지침
③ 에너지가 없고 의욕이 없음
④ 아기를 잘 돌보지 못하는 것 같고 돌볼 수 없을 것 같은 느낌
⑤ 말하거나 쓰기가 잘 안 됨
⑥ 불안이나 공황발작이 증가함
⑦ 다른 사람에 대한 분노감이 증가
   : 이러한 증상이 2주 이상 지속됨

은영씨는 첫째를 낳고도 비슷한 경험을 했지만 이렇게까지 심하지는 않았습니다. 은영씨의 친정어머니도 은영씨와 큰언니를 낳은 뒤 산후우울증을 앓았다고 합니다. 은영씨는 생리 일주일 전이 되면 짜증이 나고 예민해지며 두통이 생기다가 생리가 시작되면 끝난다는 점도 특징적입니다. 이것을 생리전증후군Premenstrual dysphoric syndrome, PMS이라고 하지요.

산후우울증이 오기 쉬운 사람
—

- 이전에 우울증, 양극성 장애, 공황장애, 식이장애, 또는 강박증을 앓은 경험이 있는 경우
- 도움을 받을 사람이 없는 경우

- 심각한 스트레스나 여러 스트레스를 동시에 겪은 경우(가족 간에 갈등이 있는 경우, 최근에 이사를 한 경우, 직업이 바뀐 경우, 사별한 경우, 경제적인 어려움을 겪거나 원치 않은 임신을 한 경우)
- 생리전증후군, 생리 이상, 어렵게 임신한 경우
- 어머니가 산후우울증을 겪은 경우

은영씨는 여성호르몬의 변화에 예민한 특징을 지니고 있는 듯합니다. 아기를 낳고 호르몬 변화가 올 때, 또는 생리 전에 여성호르몬 변화가 있을 때 우울 증상이 발생합니다. 배란유도주사를 맞거나 유방암으로 여성호르몬 억제 약물을 복용할 때도 비슷한 증상이 나타날 수 있습니다.

산후우울증의 예방

- 충분한 수면을 취한다. (커피, 알코올, 그 외 카페인 음료를 금한다.)
- 충분한 휴식을 취한다.
- 충분한 식사와 수분을 섭취한다.
- 자신의 감정이나 우울감에 대해서 남편과 자주 이야기를 나눈다.
- 규칙적인 운동을 한다.
- 아침에 30분 정도 햇볕을 쬔다.

은영씨가 회복되는 데는 남편의 역할이 매우 중요합니다. 남편이 분만 후 6개월간 은영씨에게 잘해야 두고두고 가정이 평화로울 수 있습니다. 은영씨만 노력해서는 안 되고 부부 교육이 꼭 필요합니다. 은영씨 남편은 현재 도움을 전혀 주지 못하고 있는 것 같습니다. 남편과 함께 정신건강의학과를 방문해보세요. 남편은 아기를 낳고 나면 긴장이 풀려서 예전의 생활로 돌아가려고 하지만 진짜 중요한 것은 지금부터입니다. 아래 산후우울증의 관리 부분을 남편이 숙지해서 도와줘야 합니다.

산후우울증의 관리(부부 교육)

- 산후우울증에 대한 남편 및 산모 교육: 산모에 대한 지지 확보
- 증상이 심해지면 바로 병원에 도움을 청한다.
- 낮에 아기를 돌봐줄 수 있는 사람을 구한다.
- 잠을 충분히 자게 한다. 아기가 자주 깨어 잠이 불충분하면 아기와 분리해서 잘 수 있도록 한다.
- 남편이 일찍 귀가해서 산모를 도울 수 있도록 한다.
- 남편이 시댁 및 친정 식구들에게 산모의 산후우울증에 대해 정보를 제공해 불필요한 오해를 만들지 않도록 한다.

남편이 직장에서 일찍 귀가하고 또 아기를 데리고 자는 것은 큰 도움이 됩니다. 한 가지 팁을 더 드리자면 남편이 항상 같은 시간에 은영씨에게 전화해서 몇 시쯤 들어갈 것인지 알려주고 집에 들어올 때 필요한 물건들을 미리 확인해 구입해서 퇴근하는 것이 좋습니다. 아기 둘을 데리고 집 밖에 나가는 것은 무척 힘들기 때문이지요.

남편의 역할은 부인만이 아니라 태어난 아기를 위해서도 매우 중요합니다. 유아의 뇌는 완성된 채 태어나지 않고, 출생 후 6개월까지 언어, 감각, 고위 인지 기능을 담당하는 신경이 빠르게 발달합니다. 산후

우울증이 있는 엄마는 아기의 요구에 제대로 반응하지 못해 아기는 엄마를 불안정하게 느끼게 됩니다. 엄마와 아기의 애착관계가 제대로 이뤄지지 않는 것이지요. 엄마와 아기의 관계는 아기가 평생에 걸쳐 다른 사람과 관계를 형성하는 데 기초가 됩니다.

아기와 애착관계를 형성하려면 눈을 맞추고 웃어주는 것이 좋습니다. 그러면 아이도 씩 웃는데 이것을 사회적 미소social smile라고 합니다. 이는 아기의 발달에 도움을 주고 아기는 엄마를 통해 세상이 따뜻하고 편안한 곳이라는 느낌을 받습니다.

나중에 초, 중, 고등학교에 가서 사교육을 받게 하는 것보다 남편이 돌 때까지 일찍 퇴근해서 저녁 시간과 주말을 아내와 아기에게 투자하는 것이 장기적으로 볼 때 그와 비교도 안 될 정도로 큰 이익이 될 것입니다. 아내는 우울증에서 벗어나고 아기는 뇌 발달을 이루며 둘 사이에는 애착관계가 형성됩니다. 또 아기가 앞으로 아빠와 좋은 관계를 맺는 데도 도움이 될 것입니다.

우울한 기분으로 인해 오해가 생길 수 있다는 점도 꼭 남편이 챙겨야 합니다. 남편이 시댁 및 친정 식구들에게 산모의 산후우울증에 대해 미리 알리고 도움을 청하는 것이 좋습니다.

22. 자해를 자주 하는 여자친구

28세 민형씨의 여자친구는 사람들의 시선을 끄는 매력이 있다. 그 혼자만의 생각은 아니고, 사람들이 여자친구를 보면 하나같이 "어떻게 저렇게 매력 있는 애인을 만났냐"고 묻는다. 화려한 외모에 걸맞게 여자친구의 직업은 쇼핑몰 CEO다. 하지만 옷을 들추면 그녀의 몸은 상처투성이다. 여기저기 칼로 자기 몸을 그은 흔적은 그녀 삶의 불안과 의존성을 고스란히 드러내고 있다.

기분이 심하게 오르내리고 문자나 카톡을 너무 자주 보내며, 바로 답장하지 않으면 화를 내는 여자친구에 대해 민형씨는 애정이 점점 식고 있다. 여자친구가 안됐지만 자신이 감당할 수 없을 것 같다. 그래서 일주일 전에 헤어지자고 먼저 말했는데 한 시간 후 전화가 걸려왔다. 손목에 자해를 했으니 응급실에 데려가달라는 여자친구의 전화였다. 그녀는 민형씨가 곧바로 달려와 응급실까지 데려가고 곁을 지키니

만족스러운 표정을 지었다.

예전에는 여자친구의 SNS가 화려한 옷과 명품 신상 사진으로 가득하고 해외 여행에서 찍은 사진을 올려놓는 것에 대해 별생각이 없었다. 하지만 이건 자기를 돋보이게 하는 중독증일 뿐 그녀의 속이 공허하다는 것을 민형씨는 여러 차례 눈치챘다. 민형씨 자신이 탄탄하다면 도움을 주고 싶다. 아직 그 정도 애정은 남아 있기 때문이다. 하지만 앞날을 생각하면 자신이 없다. 속 빈 강정처럼 알고 보니 여자친구는 재정 상태뿐 아니라 실생활도 빈약하고 불안하며, 그런 불안이 자신한테까지 쉽게 전염되기 때문이다.

💬 전문의의 조언

우리 중에는 자신을 드러내고 싶어하며 많은 사람의 관심을 바라는 성격의 소유자들이 있습니다. 내가 파는 물건을 많은 사람이 사주면 만족하고, SNS에 올린 사진에 많은 사람이 '좋아요'를 누르면 뿌듯해합니다. 관심받고 싶어하는 것은 누구나 가지고 있는 욕망이고, 자신을 드러내는 것이 도움이 되는 경우도 많이 있습니다. 하지만 거기에 과도하게 집착하면 관심이 없을 때의 절망감과 두려움을 점점 더 견디기 힘들게 됩니다.

자해를 하는 것은 다른 사람이 자신에게 즉각적인 관심을 갖게 하는 하나의 방법이 될 수 있습니다. 자해하는 이들은 사실 오랜 역사를 가지고 있지요. 어릴 때 부모와의 관계에서도 특징을 나타내듯이 말입니다. 즉 이들 중에는 통제가 심하고 매사에 간섭하는 부모 밑에서 자란 사람이 많습니다. 간섭에서 벗어나기 위해 내 말을 듣게 만드는 방법을 찾는데, 행동을 통해 관심의 대상이 되거나 어떤 책임과 의무로부터 회피할 수 있다면 이를 이차적 이득secondary gain이라고 합니다. 성장 시기에 책임과 의무란 대개 공부를 뜻하지요.

자해가 계속되면 신체적으로 손상을 입을 뿐 아니라 극단적인 선택으로 이어질 가능성도 있습니다. 대인관계도 냉탕과 온탕을 왔다 갔다 하는 극단적 형태를 취하기 때문에 결국 외로운 성에 사는 공주나 왕자처럼 고립됩니다. 자해에서 벗어나도록 돕는 방법은 항상 일정하게 관심을 가져주는 것입니다. 자해할 때만 애인이나 가족이 관심을 보인다면 급하게 관심을 받아야 할 때마다 자해를 시도하게 됩니다. 그녀가 운영 중인 쇼핑몰의 상품에 대해 칭찬해주고, 일정한 태도로 대해주면 도움이 됩니다. 그리고 여자친구는 일상의 적절한 좌절을 자해 없이 견디는 연습을 해야 합니다.

결국 다른 사람의 관심이 있건 없건 자신의 자존심이 유지될 수 있는 방향으로 노력이 필요합니다. 예를 들어 자신이 운영하는 쇼핑몰이 있다면 매출이나 방문자 수에만 관심을 갖기보다는 쇼핑몰을 통해 자신만이 느낄 수 있는 만족과 행복을 찾는 것이 도움이 됩니다. 자해를 하고 싶은 느낌이 들 때 운동을 한다든지 명상을 하는 것도 도움이 될 수 있습니다. 또한 마음이 편안하고 안정된 친구나 애인이 있으면 좋습니다.

민형씨 여자친구와 같은 성격을 '경계성 성격장애'의 특징이 있다고 하는데 다른 사람을 흔들어서 자신에게 관심을 갖게 하는 것을 가리킵니다. 이때 상대방이 흔들리면서 자해한 것에 더 관심을 갖는다면 경계성 성격장애는 더 강화되지요. 이런 때는 그 사람의 자존감을 높이는 행동을 하는 게 중요하며, 또한 정신 치료를 받을 것을 권합니다.

경계성 성격장애 Borderline personality disorder
───

대인관계에서 불안정성, 자기 이미지의 왜곡, 감정의 극단적인 변화 및 충동성이 성격 전반에서 드러나며 아래와 같은 증상을 보인다.

① 실제 또는 상상에서 버림받을 것 같은 경험을 하며 버림받지 않기 위해 노력
② 대인관계에서의 불안정성/극단적인 이상화부터 혐오 감정까지 극단을 오감
③ 자신의 이미지에 대한 불안정성, 정체성의 혼란을 자주 느낌
④ 충동성이 자주 드러남
⑤ 자살 시도, 자살 표현, 자살 위협 등이 있음
⑥ 감정이 불안정해 외부 환경에 반응하면서 극단적으로 변함
⑦ 만성적인 공허감을 경험
⑧ 화, 분노 조절을 못하고 쉽게 감정을 표현함
⑨ 일시적이거나 스트레스와 관련된 관계망상 또는 해리 증상을 경험

23. 밤에 먹어야 편안하다?

보금씨는 중키에 보통 사람보다 몸무게가 많이 나가는 40세의 전업주부다. 밤에 드라마 보면서 맥주랑 치킨, 피자를 먹는 게 사는 낙이다. 밤에 정신이 맑아지는 야행성이어서 새벽 3~4시쯤 잠이 든다. 몇 시간 못 자고 일어나 남편 출근 준비를 돕고 아이들을 등교 시키고 나면 다시 잠들어 점심때 일어나는 습관이 든 지 여러 해가 되었다.

문제는 최근 6개월 사이 체중이 12킬로그램이나 늘면서 시작되었다. 남편의 잔소리나 비난이 심해진 것이다. 외모 비하가 사회적 금기가 된 시대이지만, 가족 안에서 사회적 매너는 무용지물이 되고 만다. 밥을 먹고 있으면 못 볼 것을 본 것처럼 "그렇게 먹기만 해서 어떻게 할래?"라며 눈살을 찌푸리고, 배를 가리키며 출산에 임박한 게 아니냐고 놀렸다. 이것 때문에 커다란 스트레스를 받은 보금씨는 피트니스 클럽 한 달 회원권을 끊었지만, 딱 한 번밖에 못 갔다. 밖에 나가서 활동하려 해도 맞는 옷이 잘 없어 점점 안 나가게 되는데, 이는 단순히 의지박약인 걸까.

하지만 사태는 생각보다 더 심각했다. 얼마 전에 종합검진을 받았는데, 고혈압 초기에 당뇨 위험까지 있다고 나온 것이다. 나이 마흔 살에 만성질환이 이미 시작되었다는 것은 적잖은 충격을 주었다. 의사는 체중 감량과 운동 요법을 권하면서 자세히 설명해주었지만, 밤만 되면 보금씨의 손은 저절로 냉장고에 가 있다. 안 되겠다 싶어 냉장고를 비워도 봤지만, 편의점까지 가서 이것저것을 사와서 먹어버렸다. 밤에 일어나는 식욕은 보금씨 스스로 제어가 안 돼 자신이 원망스럽다.

💬 전문의의 조언

보금씨는 남편 때문에 스트레스를 받아 더 살이 찌지 않았을까 합니다. 남편은 보금씨를 놀리기보다는 건강에 대해서 걱정을 하고 함께 식이 조절을 하는 방법을 찾았어야 합니다.

우리 몸은 식욕을 예민하게 조절하는 방식을 가지고 있습니다. 만일 위가 가득 찼는데도 계속 먹는다면 위장이 망가질 수도 있지요. 혈당이 크게 올라가서 혈관이나 심장에 부담을 안겨주기도 하고요. 음식을 충분히 먹으면 지방세포에서 렙틴이라는 식욕억제 호르몬이 분비되고 뇌의 포만 중추가 자극되어 더 이상 먹지 않는 게 보통입니다. 하지만 보금씨한테는 밤마다 드라마를 시청하면서 치킨과 피자를 먹는 게 가장 즐거운 시간인 듯합니다. 이때는 우리 몸이 음식을 충분히 섭취했다는 반응을 내지 못한 채 무의식적으로 계속 먹게 됩니다.

렙틴Leptin

———

지방세포로부터 분비된 호르몬으로 뇌의 중심부에 있는 시상하부에 작용해 식욕을 억제하고 에너지 소비를 증가시키는 역할을 한다. 신체 내에서 지방이 너무 많아지지 않게 조절하는데, 지방의 양이 많아지면 렙틴의 분비로 식욕을 감소시키고 체내의 지방 합성을 줄이는 동시에 에너지 소비와 열을 방출시킨다.[22]

과식이 습관이 되면 몸이 렙틴 신호에 무감각해지는 렙틴 저항성 상태가 된다. 렙틴 저항성은 렙틴 수치가 정상 이상으로 높아져 뇌에서 저항 반응이 일어나는 것을 말한다. 비만 유전자를 물려받은 사람의 경우 같은 양을 먹더라도 포만감을 느끼는 반응이 보통 사람보다 떨어진다. 탄산음료나 과자같이 단 음식은 렙틴 저항성을 높이는 음식이니 피해야 한다. 스트레스나 수면 부족 역시 렙틴 저항성 상태를 초래하는 원인이므로 주의해야 한다. 천천히 음식을 먹고 오이, 당근 등 야채로 포만감을 주는 것이 렙틴을 분비시켜 지방을 감소시키는 데 도움이 된다.[23]

밤에 계속 많이 먹고 아침에 늦게 일어난다면 결국 몸에 문제가 생길 수밖에 없습니다. 체중 증가만이 아니라 당뇨, 혈압 등 만성질환을 앓게 되는 것이지요. 불면증이 생기고 밤낮이 바뀌면 우울증이 뒤따르기도 하는데, 포만 중추를 자극하는 렙틴은 우울증과도 관련 있기 때문입니다.

보금씨한테는 하루 스케줄을 바꾸는 것이 건강에 도움이 되고 체중도 줄일 수 있는 방법입니다. 남편이 출근하고 아이들이 등교한 뒤 바로 다시 수면을 취하는 게 가장 큰 문제입니다. 이로 인해 밤에 깨어 있어 하루 일과가 무너지는 것이지요. 오전 8~9시에 햇볕을 쬐면서 집 밖에서 산책하는 걸 권하고 싶어요. 그러면 빛이 눈으로 들어가면서 낮 동안에 멜라토닌melatonin이 억제되어 뇌가 깨고 각성됩니다.

산책하고 와서 아이들이 오기 전에 본인이 좋아하는 드라마를 시청하거나 책을 읽는 것이 좋습니다. 요즘은 시간에 구애받지 않고 언제든 드라마를 다시 볼 수 있는 채널이 많습니다. 다만 그때 치킨과 피자, 맥주는 먹지 않도록 합니다. 조금 힘들더라도 오이나 채소를 드셔보세요. 물론 쉽지 않은 일인 걸 알지만, 많은 사람이 시도하고 효과를 봅니다. 그리고 커피나 단 음료보다는 보리차나 둥굴레차가 더 좋을 것 같습니다(이 또한 쉽지 않다는 것을 알지만 습관은 들이기 나름입니다). 이때 잠이 오는 것을 참고 버티면 정상적인 수면 리듬을 되찾을 수 있을 것입니다.

오후에는 아이들이 학원에 갔을 때 피트니스나 필라테스를 시도해봅니다. 아참, 혼자 하면 잘 안 가게 되니 친구들과 함께 등록하는 건 어떨까요? 꾸준히 운동하면 기분이 좋아지고 술도 덜 먹게 됩니다. 술을 먹고 잠을 자면 중간에 깼을 때 잠을 청하기가 더 어렵습니다. 술이 간에서 대사되어 소변으로 빠져나가면서 알코올 금단 증상으로 각성이 되기 때문입니다.

펜터민이나 이뇨제를 복용하는 것은 정신 건강에 도움이 되지 않습니다. 펜터민은 다이어트 약으로 널리 사용되는데 식욕을 억제하는 효과가 있지만 심혈관계 부작용과 우울증, 불면증 등 정신질환을 악화시키고 충동성을 높일 수 있어 주의를 요합니다. 우울증이 심하거나 죽고 싶은 생각이 자주 들면 펜터민을 복용하지 않도록 합니다. 부종을 없애기 위해 이뇨제를 자가로 복용하는 사람도 있는데 신장에 문제를 일으키고 결국 만성신부전을 일으켜 투석을 받아야 할 수도 있으니 역시 주의를 요합니다.

결국 밤에 먹는 습관을 줄이려면 하루 일과를 교정해야 합니다. 야간 활동을 줄이고 오전 활동을 늘리는 것이지요. 오전 활동을 늘리면 밤에 렙틴 분비가 늘어나 식욕이 줄고 이에 따라 체중도 줄어들 겁니다.

24. 터널과 높은 도로를 운전할 때 생기는 공포

주변을 보면 의외로 운전하는 것을 두려워하고 공포를 느끼는 사람이 많다. 이런 이들은 대중교통을 이용하다가 결혼해서 차를 구입하게 되면 배우자에게 운전대를 맡기곤 한다. 하지만 가령 부천에서 파주까지 자가용으로 30분이면 갈 것을 대중교통을 이용하면 1시간 30분까지 걸리기도 해 필히 운전을 해야 하는 사람이 많다.

주영씨는 40세의 워킹맘으로 그녀 역시 운전 공포증이 있다. 새로 다니게 된 직장까지 가는 데 버스와 지하철을 여러 번 갈아타야 해서 어쩔 수 없이 운전대를 잡았다. 운전은 하나도 즐겁지 않고 늘 사고가 날까봐 조마조마하다. 차가 약간 긁힌 경험은 있지만 아직 사고를 내거나 당한 적은 없다.

스트레스가 가장 심한 곳은 고속도로이고, 특히 터널을 통과할 때 공포스럽다. 직장까지 가는 길에 터널이 하나 있는데 여기를 통과할 때마다 숨 막히는 느낌 때문에 속력을 내기 힘들다. 얼마 전 터널에서 큰 사고가 난 뉴스를 본 뒤로는 더 힘겹게 느껴진다. 터널을 되도록 빨리 통과하고 싶은데 정체되어서 앞 차가 천천히 가거나 정지하면 온몸이 땀으로 젖을 정도다.

아래로 강이 흐르는 높은 다리를 지날 때는 운전 중인데도 눈을 감고 싶을 만큼 공포스럽다. 차라리 다리가 넓어서 밑이 보이지 않으면 낫지만 올림픽대로나 작은 다리를 건너갈 때 차가 난간 쪽으로 쏠리는 느낌을 받으면 온몸이 경직된다. 뒤 차들이 추월해 옆 차선으로 오면서 경적을 울리면 숨이 멎을 것만 같다.

🗨 전문의의 조언

우리 주위에 운전을 하면서 공포감을 느끼는 사람은 많습니다. 운전에 예민한 이들은 워낙 조심하므로 큰 사고가 나는 일은 흔치 않다고 합니다. 다만 보통 사람과 달리 운전에 너무 많은 에너지를 소모하기 때문에 직장 업무나 가사 노동을 할 때 기진맥진해져 제대로 하지 못하게 되지요.

일반적으로 운전은 하면 할수록 익숙해지고 불안도 줄어듭니다. 하지만 어떤 이들은 아무리 운전을 많이 해도 터널이나 높은 도로에서의 공포가 줄지 않습니다. 주영씨도 자신의 공포가 과도하다는 것을 잘 알지만 몸이 부지불식간에 공포 반응을 일으키니까 사고가 나지 않을까 항상 걱정이 됩니다.

주영씨 남편도 이 사실을 잘 알고 있습니다. 남편은 주영씨가 운전하는 차 옆에 앉아 있을 때 식은땀이 난다고 합니다. 갑자기 너무 힘들어하고 숨을 가쁘게 쉬니 옆 사람에게까지 두려움이 전해지는 것이지요. 남편은 주영씨가 운전하는 차에서는 한 번도 편안한 적이 없습니다.

이것은 특정 공포증의 일종입니다.

특정 공포증Specific phobia

특수한 상황 또는 대상에 대해 심한 불안과 공포를 느끼며 이러한 상황이나 대상을 피하게 된다. 특정 공포증은 흔한데, 여성에게 더 많이 나타난다. 네 가지 유형이 있다.

① 동물형Animal type: 파충류, 쥐, 벌레, 고양이, 개 등에 대한 공포
② 자연환경형Natural environment type: 폭풍, 높은 곳, 물 등의 자연환경에 대한 공포
③ 혈액/주사/손상형Blood/injection/injury type: 피를 보거나 주사를 맞는 데 대한 공포
④ 상황형Situation type: 대중교통이나 터널, 다리, 엘리베이터 등 주로 폐쇄된 공간에 대한 공포

터널이나 높은 도로 운전에서 공포를 느끼는 것은 이 가운데 상황형에 해당됩니다. 터널 외에도 비행기, 엘리베이터, 지하철, 버스, 백화점, MRI·CT 촬영 등 폐쇄된 공간에서 발생할 수 있습니다. 병원에서는 MRI를 촬영하는 도중에 이를 중단시켜야 하기 때문에 문제가 되

는데 심하면 안정제를 미리 복용하거나 주사를 맞고 촬영합니다.

뇌에서 두려움을 담당하는 부위인 '편도체amygdala'가 위협적이지 않은 상황에서 과도하게 활성화되고, 교감신경계가 흥분돼 공포 증상이 일어납니다. 공포 상황을 실제로 경험해서 생긴다기보다는 공포에 대한 예민함을 타고나는 듯 보입니다.

주영씨는 터널이나 높은 도로를 운전할 때 이런 증상이 나타나는 사람이 많고, 이것이 공포증의 일종이라는 것을 인지하고 극복하고자 노력해보는 것이 필요합니다. 몸 컨디션이 좋지 않거나 예민한 날에는 대중교통을 이용하고, 몸 컨디션이 좋은 날에는 운전을 하되 교감신경계를 활성화시키는 커피나 카페인 음료를 마시지 않도록 합니다. 갑자기 호흡이 곤란해지면 숨을 헐떡이지 말고 천천히 배로 복식호흡을 하면서 지나가도록 하고요. 차의 실내 온도도 너무 덥지 않게 조절합니다. 호흡이 크게 곤란해지면 창문을 조금 열어서 외부 공기가 들어오도록 하는 게 도움이 됩니다.

중앙차선으로 가면 속도를 빨리 내야 하니까 바깥쪽 차선으로 달리는 것이 좋습니다. 운전 중에는 스마트폰을 무음으로 해두어 메시지나 전화를 받지 않도록 합니다. 운전을 하는 날은 미리 출발해서 지각 때문에 마음을 졸이지 않도록 하는 것도 중요합니다.

25. 타인에게 불편을 주는 것을
견디지 못하는 사람

은선씨는 착하고 매력 있는 42세의 워킹맘이다. 마케팅 관련 부서의 과장인데 아래 후배들에게 일을 미루거나 하는 권위적인 태도는 전혀 없고 배려심이 깊다. 부장도 은선씨를 좋아한다. 지시하는 일을 잘하고 거절하는 법이 없는 데다, 자기 업무가 아닌 것도 부탁하면 잘 들어주기 때문이다.

그렇지만 은선씨는 겉보기와 달리 속내가 복잡하고 예민하다. 거절을 안 하는 것은 거절을 못하는 성격 때문인데, 누군가가 나를 싫어한다는 것은 생각만으로도 감당하기 힘들다. 그렇지만 정시에 퇴근하는 후배들과 달리 일을 떠안는 은선씨는 퇴근이 계속 늦어지고, 집에 가면 남편과 아이까지 챙겨야 해서 한계에 도달했다는 느낌이 계속 들었다.

누군가 나를 험담하는 것을 목격하거나 그런 느낌을 받는다면 그것을 당해낼 바위 같은 마음을 가지고 있는 사람은 많지 않을 것이다. 사실 평범한 사람의 마음은 바위 같기는커녕 작은 돌멩이만 던져도 깨지는 유리 같다. 깨진 유리들을 주워담아야 할 일이 최근 은선씨에게도 일어났다. 며칠 전 동료 직원들이 수군대는 것을 우연히 들었는데, "부장한테 잘 보여서 승진하려나봐"라는 내용이었다. 상대는 "일하는 거 보면 답답하잖아. 혼자 착한 척하고. 그러니까 후배들이 자기네 일까지 다 떠맡기는 거지"라며 이에 맞장구를 쳤다.

눈물이 났다. 일이 너무 많아서 못 버티겠는데, 동료와 후배들은 은선씨를 욕하고 있었다. 게다가 최근에는 부장의 요구를 제때 맞추지 못하는 일까지 있었다. "일이 너무 많아서 마감을 못 지켰다"고 해명을 하니, 부장은 "팀원들하고 같이 해야지 어리석게 혼자 다 하려고 한다"며 오히려 은선씨 탓을 했다. 이런 회사를 계속 다닐 수 있을지 너무나 막막한 요즘이다.

💬 전문의의 조언

은선씨처럼 다른 사람에게 불편을 주지 않고 배려하는 것은 매우 바람직한 성격입니다. 그런데 왜 갈수록 이렇게 더 힘들어지는 걸까요? 솔직히 말해 은선씨가 과연 다른 사람을 배려하고 있는 것인지 한번 자세히 점검해볼 필요가 있습니다. 어쩌면 은선씨가 '다른 사람들이 자신을 싫어하는 것을 견디지 못하는 성격'이라고 보는 게 더 정확할 듯합니다. 부장이 지시하는 일을 거절하면 나를 싫어할 수 있기 때문에 거절하지 못하고 다 떠맡습니다. 팀 후배에게 일을 시킬 때 업무가 더해지는 걸 꺼릴까봐 이야기도 못 꺼냅니다.

자신을 싫어하거나 비판하는 것을 견딜 수 있는 능력도 때로는 필요합니다. 이를테면 주변의 모든 사람이 자기를 좋아해야만 마음이 놓이는 사람이 있다고 합시다. 그는 다양한 개성과 성격을 가진 모든 이들의 마음에 들도록 노력할 것입니다. 하지만 그중 한두 명은 아무리 노력해도 안 되기 마련이니, 이들 때문에 괴로움을 겪을 것입니다. 즉 모든 사람이 자신을 좋아하게 만드는 것은 현실적으로 불가능한 목표입니다. 때로는 미움의 대상이 되고 표정을 찡그리게 만들 수도 있지요. 결국 내가 개인적인 욕심이 아닌 회사를 위해서 선의를 가지고 일을 했다면 다른 사람들이 알아줄 것이며, 재평가할 날이 올 것입니다.

은선씨한테는 사실 어린 시절의 트라우마가 있습니다. 자기 형제들은 모두 유치원을 다녔는데 마침 아버지가 직장을 옮기느라 본인만 못 다닌 채 곧바로 초등학교에 들어갔습니다. 유치원에 갈 준비를 하면서 기대했다가 갑자기 좌절된 어린 시절의 기억이 아직도 남아 있습니다. 당시 그 일 때문에 어린 은선씨가 부모님에게 화를 내지는 않았던 것 같습니다. 오히려 앞으로 다시 거부되는 경험을 하지 않으려고 다른 형제들보다 부모님께 더 잘 보여서 관심을 얻으려는 태도가 생긴 것 같습니다.

팀원에게 일을 맡기고 지시하는 것도 윗사람이 해야 할 중요한 역할 중 하나입니다. 자신이 그 일까지 다 하는 것은 후배가 스스로의 역량을 개발하는 데 걸림돌이 되기도 합니다. 다만 부하 직원이 한 일은 행여 자신이 한 것으로 돌리지 말고 누구누구가 분담해서 진행했는지 분명히 해두는 것이 좋습니다. 자신이 할 수 없는 일은 솔직히 밝히고, 할 수 있는 일을 정확히 진행하는 것이 윗사람으로서도 일을 진척시키는 데 편합니다.

　은선씨는 이제 몇 사람에게는 거부당하거나 야단맞아도 큰 문제가 없다는 것을 깨달아야 합니다. 결국 내가 하고 싶은 일을 다른 사람들과 함께 어울려서 편하게 하는 것이 가장 좋은 방법임을 알게 될 겁니다. 무리한 부탁은 부드럽게 거절하는 방법을 배워나가면 좋겠습니다.

26. 이유 없이 어지러워요

거의 모든 질환이나 증상의 원인이 '스트레스'로 귀결되는 요즘 이석증, 전정신경염, 메니에르병, 이명 등 귀 관련 질환을 앓는 이들이 늘어나고 있다. 32세의 미혼인 미희씨는 오케스트라 단원으로서 바이올린 연주자인데, 자신도 귀 질환자들이 호소하는 것과 비슷한 어지럼증을 느껴 이비인후과를 방문해 검사를 받아봤다. 특히 바이올린을 연주할 때 머리를 갑자기 돌리면 어지러움이 일어 견디기 힘들었다.

검사 결과는 지극히 정상이었다. 다행스러운 일이기는 하지만 차라리 특정 질병이라고 진단되면 마음을 놓고 치료할 텐데, 청력도 이상 없고 고막도 정상이라는 것이었다. 이비인후과 의사 선생님은 '스트레스 때문인 것 같다'는 소견을 내놓았다.

이 말에 미희씨는 쉽게 수긍하기 어려웠다. 초등학교 때부터 바이올린을 배우고 공연을 해왔지만 아무 문제가 없었고, 오케스트라 내에서의 위치도 안정적인 데다 경제적인 어려움이나 힘들게 하는 가족, 친구, 단원도 없었기 때문이다. 대학병원에서 재검을 받아도 결과는 마찬가지였다. 부모는 딸이 걱정되어 몇 개월 쉬어보는 게 어떻겠냐고 권했지만, 문제는 집에서도 긴장하면 동일하게 어지럼증이 나타난다는 것이었다. 단순히 쉰다고 해결될 일은 아닌 듯싶다.

미희씨는 공연을 즐기면서 생업으로 삼는 자신만큼 스트레스를 덜 받는 직업도 없는 데다, 지휘자와의 관계도 좋고 인정 욕구도 충족되고 있는데 이것이 어떻게 스트레스가 될 수 있는지 도무지 이해가 안 간다. 더 큰 병이 있는 것은 아닐지 괜히 더 불안해진다.

💬 전문의의 조언

어지럼증이 계속되면 반드시 이비인후과를 찾아 진료를 받고 이석증이나 전정신경염 등의 질환이 있는지 먼저 확인해야 합니다. 하지만 미희씨처럼 귀, 전정기관, 뇌에 이상이 없는데도 어지럼증을 호소하는 사람이 많습니다. 미희씨 본인은 괜찮다고 하지만 교감신경계가 항진되어 있고 불안, 초조 증상이 나타나는 것 같습니다. 다른 단원들과 함께 공연할 때 실수를 하지 않을까 항상 걱정이 많다고 했지요? 공연 중에는 예상치 못하게 다른 동료들이 실수할 수도 있어서 끝날 때까지 마음을 놓지 못하고요.

공연장은 천장이 높고 앞에서 많은 관객이 지켜보고 있습니다. 이때 광장공포증으로 긴장이 더 올라갈 수 있습니다. 광장공포증이란 광장이나 공공장소, 특히 급히 빠져나갈 수 없는 상황에서 도움 없이 혼자 있게 되는 것에 대한 공포를 의미합니다. 미희씨는 자세히 보니 손을 떠는 수전증도 있었습니다. 이것도 어지럽기 시작하면서 생긴 것인데 연주할 때 지장을 준다고 합니다.

미희씨는 인터넷 검색을 한 뒤 자신이 파킨슨병은 아닌지 염려가 됐다고도 했습니다. 하지만 미희씨처럼 30대에 파킨슨병이 오는 경우는 거의 없습니다. 보통 50세 이후에 처음 생기지요. 파킨슨병을 앓으면 손이 떨리는 것은 맞지만, 처음에는 주로 한쪽 손이 더 떨리고 가만있을 때 마치 돈을 세는 것처럼 엄지와 검지를 많이 떨게 됩니다. 전체적으로 움직임이 느려지고 몸이 굳으면서 표정이 없어지기 때문에 차이가 있습니다. 미희씨는 광장공포증에 의해서 갑자기 긴장이 높아지면서 어지럽고 손이 떨리는 것 같습니다.

미희씨는 커피를 좋아해서 물보다 커피를 더 많이 마시는데, 심지어 하루 열 잔까지도 마셨지요. 간식으로 초콜릿도 자주 먹었습니다. 가끔 카페인이 함유된 두통약을 복용했고 최근에는 감기가 걸려서 감기약도 복용했습니다. 따라서 미희씨는 카페인을 과도하게 섭취한 것이 문제일 수 있습니다. 커피를 하루에 한 잔으로 줄이고 초콜릿과 카페인이 들어간 두통약을 끊으면 처음 며칠은 더 불안하고 초조해지는 증상이 나타나지만, 일주일쯤 지나면 괜찮습니다.

감기약에 있는 코막힘을 완화시켜주는 슈도에페드린 성분은 교감신경계에 작용하는데 긴장을 증가시켜 어지럼증을 악화시킬 수 있습니다. 같이 들어 있는 항히스타민도 졸림과 어지러움을 유발할 수 있어 복용하지 않도록 하고, 슈도에페드린을 빼고 졸리지 않은 3세대 항히스타민제를 복용하는 것이 좋습니다.

이로써 어지럼증이 많이 줄어들 수 있지만 그래도 정신건강의학과 외래에 방문해 상담과 치료를 받아볼 것을 권합니다.

27. 기억상실증

숙경씨는 최근 영화 같은 일을 겪었다. 현실에서 이뤄질 수 없는 일이 실현된 것이라면 좋겠지만, 숙경씨에게 일어난 일은 게임에 빠진 중2 아들과 그 때문에 병원 응급실까지 실려간 자신을 둘러싼 이야기다.

아들은 공부와는 담을 쌓은 골칫거리다. 숙제라도 제대로 하면 좋겠지만 그럴 때는 10분도 채 앉아 있지 못하고 거실과 부엌을 들락거린다. 반면 게임할 때는 반나절도 꼼짝 않고 앉아 있다.

어느 날 숙경씨는 아들이 게임 아이템을 구입하는 데 100만 원이 넘는 돈을 쓴 것을 알고 분노가 폭발했다. 소리 지르고 정신없이 야단치다보니 집 안은 난장판이 되었다. 남편이 말리면서 둘 사이를 중재해보려 했지만 소용없었고, 아들도 제멋대로 학교를 때려치우고 프로게이머가 될 준비나 하겠다고 맞대응했다. "공부는 내 길이 아닌 것 같다"며 한마디도 지지 않는 아들의 말에 하늘이 갑자기 노래지더니 숙경씨는 쓰러졌다.

병원 응급실에 실려간 것은 일생에 처음 있는 일이었다. 의식을 되찾고 의사의 애기를 들어보니 MRI 등 뇌 검사를 했지만 아무 이상이 없다고 했다. 집에 돌아와 밥하고 청소를 하는데, 남편이 아들이 쓴 비용을 어떻게 처리했는지 물었다. 그런데 숙경씨에게는 아무 기억이 없었다. 게임 아이템을 샀다는 것은 떠올랐지만, 그때부터 병원에 실려가서 깼을 때의 일까지는 단 1초도 기억나지 않았다.

숙경씨는 너무 두려웠다. 기억상실증은 영화 속 주인공한테나 일어나는 일인 줄 알았는데, 혹시 뇌에 큰 이상이 있을까봐 불안을 감추기 어렵다. 혹시 치매의 전조 증상이 아닌가도 싶고, 아들 때문에 이런 일을 겪으니 남들보다 유난히 속 썩이고 못난 것 같은 자식을 두어 속상하다.

🗨 전문의의 조언

며칠 동안의 일이 잘 기억나지 않는다면 정말 크게 놀랐겠습니다. 그런데 의외로 숙경씨처럼 갑자기 흥분한 뒤 그 당시 일을 잘 기억하지 못하는 사람이 많습니다. 숙경씨가 경험한 것은 기억상실의 가장 흔한 유형인 '해리성 기억상실'입니다. '해리'라는 것은 정신적 또는 행동적 과정을 그 사람의 나머지 정신적 활동 부분과 분리시키는 무의식적인 '방어기제'입니다(방어기제는 뒤에서 좀더 자세히 설명합니다). 해리는 신경증적 방어기제neurotic defenses의 하나로 볼 수 있습니다.

어떤 영화를 보면 자신이 누군지 모르고 과거를 전혀 기억하지 못하는 주인공이 나오는데 그런 예도 드물게 있습니다. 하지만 자신의 이름과 가족을 전혀 기억 못하게 되는 기억상실은 흔치 않습니다. 뇌 손상에 의해 본인과 가족을 기억 못할 정도라면 대개 기억력, 인지 기능이 크게 떨어지고 사지 마비가 동반되기 때문에 숙경씨가 경험한 해리성 기억상실과는 다릅니다. 숙경씨는 해리성 기억상실 중에서도 국소적 기억상실을 경험한 것으로 볼 수 있습니다. 이 기억은 어느 순간 되돌아올 수도 있습니다.

해리성 기억상실Dissociative amnesia

강한 스트레스 상황에 처했을 때 부분적으로 기억을 잃어버리는 증상

① 국소적 기억상실Localized amnesia: 국한된 기간 동안 당시 일어난 일들을 회상하는 것이 불가능함
② 선택적 기억상실Selective amnesia: 국한된 기간 동안 몇 가지를 기억하지 못하지만 당시에 일어난 일 전체를 기억 못하는 것은 아님
③ 전반적 기억상실Generalized amnesia: 자신의 일생 전체를 기억하지 못함
④ 지속적 기억상실Continuous amnesia: 일어나는 순서대로 연속적으로 기억을 회상하지 못함
⑤ 체계화된 기억상실Systematized amnesia: 자신의 가족이나 특정한 사람과 연관된 모든 기억과 같은 정보의 범주를 기억하지 못함

해리성 기억상실은 기억력이 떨어지는 사람이나 치매와는 전혀 다른 것이며 갑작스럽게 큰 스트레스를 받을 때 발생합니다. 앞으로도

큰 스트레스를 겪으면 다시 나타날 수 있지요. 숙경씨가 다시 해리성 기억상실을 겪지 않으려면 아들과의 관계 개선이 가장 중요합니다. 아들이 게임에만 몰두하고 공부에는 10분도 집중하지 못하는 것은 공부보다는 게임이 자극이 더 강해 산만한 아이들도 쉽게 집중할 수 있기 때문입니다.

흥분을 가라앉힌 뒤 아이가 왜 게임에만 집중하게 되는지 재미있어 하는 다른 것은 없는지 남편과 함께 차분하게 상의해보는 것이 좋습니다. 프로게이머는 게임을 좋아하는 것과는 차이가 있습니다. 마치 아마추어 축구 선수와 국가대표 축구 선수의 차이라고 할까요? 아무리 축구를 좋아해도 타고난 능력이 없으면 국가대표가 되기는 어렵습니다. 아들이 프로게이머가 될 수 있을 만큼 탁월한 반사 신경과 감각이 있는지 확인해보면 도움이 됩니다. 전문가가 없다고 설명해준다면 아들을 설득하는 데 도움이 될 것입니다. 아들이 하루 종일 재미있게 집중할 수 있는 일을 찾고, 그 일이 아들의 미래를 위해서 도움이 된다면 가장 좋은 선택이 됩니다. 그 일은 공부가 아닐 수도 있고 숙경씨가 전혀 모르는 것일 수도 있습니다. 전문의를 찾아가서 아이에 대해서 정확히 평가를 해보고 아이의 장단점을 잘 설명해주면 어떨까 합니다. 아직 아이는 경험이 적기 때문입니다. ADHD가 있다면 치료하는 것도 도움이 됩니다.

만일 다시 흥분할 만한 상황에 직면한다면 그때는 자리를 피하는 게 좋습니다. 흥분이 계속 올라가는 것은 증상을 유발합니다. 잠시 밖에 나가서 흥분을 가라앉히면 해리성 기억상실이 오거나 쓰러지는 것을 예방하는 데 도움이 될 것입니다.

28. 유방암 진단을 받았어요

목욕하다가 가슴에 멍울 같은 게 만져졌을 때 성경씨는 '설마' 했다. 45세로 두 아이의 엄마이며 직장에 다니고 있는 그녀는 늘 남편과 아이들을 돌보느라 바쁘게 지내왔다. 동네 병원 산부인과 의원을 찾을 때만 해도 심각할 거라고 전혀 예상 못했는데, 의사는 성경씨에게 큰 병원에 가서 정밀 검사를 받으라고 권했다. 덜컥 겁이 났지만 섣부른 걱정은 하지 않으려 했는데, 그 걱정에 꼭 들어맞는 일이 일어났다. 검사 결과 유방암 1기였던 것이다.

불안, 수면 장애, 우울, 집중력 저하 등의 증상은 한꺼번에 몰려왔다. 하루하루 초조했고 잠을 못 자다가 항암치료에 들어갔다. 이후 성경씨는 여성호르몬을 억제하는 약물을 복용하게 되었는데 매우 예민해지고 배꼽에서 머리 쪽으로 후끈거리는 열감이 생겼다. 암은 다행히 초기에 발견됐기 때문에 제거됐지만, 항암제를 5년간 복용해야 한다는 게 못내 불안하고 직장에서도 업무에 집중이 안 되는 상황이다.

💬 전문의의 조언

예민한 사람들이 암에 걸리면 진단, 수술, 항암 과정을 다른 환자들보다 더 힘들게 통과합니다. 유튜브나 인터넷에서 자신이 걸린 암을 검색하다보면 심각한 사례가 많아 걱정은 점점 깊어집니다. 특히 유방암은 다른 암과 비교해 여성성과 관련 있는 유방에 문제가 생기므로 외모가 바뀌어 더욱 예민성을 불러일으킵니다. 그리고 위치가 가슴인 까닭에 불안, 초조해 가슴이 뛰고 호흡이 곤란해지면 마치 유방에 다시 이상이 생긴 듯한 느낌을 받습니다.

최근에는 암에 대한 조기 진단과 치료 기술이 발달하고 표적치료제로 암만 선택적으로 파괴할 수 있어 예후가 많이 좋아졌습니다. 이제는 암과 함께 살아가는 사람이 많아졌지요. 이제는 암에 걸리면 죽음을 생각하는 시대를 지나 암의 재발을 막으며 잘 살아가는 사람이 많은 시대입니다. 재발을 예방하기 위해 신경을 써야 하지만 인터넷에 있는 여러 정보는 사실이 아닌 것도 많습니다. 이것을 다 따라하다보면 오히려 더 예민해집니다. 사공이 많으면 배가 산으로 가는 것처럼 오히려 건강에 더 좋지 않을 수 있습니다.

암 환자는 예민하거나 우울, 불안, 불면이 오는 것을 당연시하지 말고 힘들면 초기부터 주변 사람들에게 도움을 받는 것이 좋습니다. 요즘에는 병원마다 암 환자 정신건강클리닉이 있어서 방문하면 큰 경제적 부담 없이 도움을 받을 수 있습니다.

29. 이유 없이 이가 너무 아파요

42세의 영진씨는 회계사다. 꼼꼼하고 차분한 성격으로 그동안 빈틈없이 일을 처리해왔다. 대인관계는 그리 넓지 못하고, 이 분야 사람들이 흔히 그렇듯 별 탈 없는 조용한 생활을 하고 있다. 1~2월은 집에도 못 들어간 채 재무제표를 검사하며 밤샘 작업이 계속 이어진다. 노동 강도를 버텨가며 이 시기만 잘 넘기자 하고 있던 차에 갑자기 앞쪽 위아래 치아에 통증이 나타났다. 자고 일어나면 괜찮겠지 싶었지만 아침에는 통증이 더 심각했다. 음식을 먹거나 입에 뭔가 대기라도 하면 참을 수 없는 고통이 밀려왔다.

곧바로 치과 진료를 예약해 주말에 여러 검사를 받았다. 의사는 검사 결과 "아무런 이상 증세가 없다"고 말했다. 하지만 업무 중에 통증은 계속되어 일의 능률이 오르지 않았다. 칫솔과 치약을 고가의 제품으로 바꿔봤지만 소용없었고, 통증은 앞쪽, 위쪽으로 위치를 바꿔가며 진행되었다.

영진씨는 진통제와 잇몸약을 복용하기 시작했다. 그러자 조금 가라앉았지만 증상의 90퍼센트는 아직 그대로 남아 있다. 특정 이가 아픈 것은 아니고 전체가 아픈데, 일에 집중하면 그 정도가 더 심해져 잠시 직장에 휴직계를 내기로 했다.

💬 전문의의 조언

입안의 통증을 호소하는 사람은 의외로 많습니다. 입안이 불타는 것 같다거나 치통을 호소합니다. 치아나 구강에 문제가 없는데 계속 심한 통증이 생기면 암 같은 심각한 질병에 걸린 것은 아닌지 걱정됩니다. 명백한 이유 없이 입안에 지속적이고 반복적으로 열감을 느끼는 상태를 '구강작열감증후군'이라고 합니다. 고생하는 이들의 이야기를 들어보면 정말 입이 불타는 것 같답니다. 치아와 입이 같이 불타는 느낌이 들기도 하고요. 불타는 느낌까지는 아니더라도 구강 안이나 치아에 만성적인 통증이 생기기도 하는데, 검사를 해보면 모두 정상으로 나옵니다.

구강작열감증후군Burning mouth syndrome

원인을 알 수 없게 입안이나 치아에서 통증, 화끈거림이나 따끔거림, 미각 변화, 감각 이상 등의 증상이 나타나는 경우에 진단한다. 치아나 구강에 이상이 있는지 우선 확인할 필요가 있다. 스트레스, 호르몬 변화, 우울증, 불면증이 주 원인이기도 하다.

이런 이들 중에는 예민하고 매우 꼼꼼한 사람이 많습니다. 직업을 보면 세밀한 능력을 요구하는 업무에 종사하고 있는데, 예를 들어 은행원, 회계사, 변호사, 의사, 교사 등입니다. 전업주부 중에서도 남편이 직장에서 일을 잘하는지, 자식들이 공부를 열심히 하는지, 부모님은 건강하신지 늘 근심 걱정으로 가득한 이가 많습니다.

이들은 특징적으로 이를 악무는 습관을 갖고 있습니다. 치과에 가면 문제는 없는데 치아가 많이 마모된 것 같다는 말을 듣지요. 높은 긴장 상태를 유지하는 데다 매사에 꼼꼼한 이들은 몸 전체에 힘을 주곤 합니다. 이때 치아와 구강에도 필요 이상의 힘을 주어 치아와 턱관절과 잇몸이 힘을 많이 받습니다. 하지만 스스로는 잘 모르는 데다 의식적으로 일어나지는 않습니다. 치아나 구강 내 통증뿐 아니라 근육통, 어깨 통증도 많이 나타나고요.

입속에 있는 치아는 사실 혀나 침이 있어서 항상 자극을 받지만 우리 뇌는 자극을 인식하지 못합니다. 치아에서 오는 느낌을 통증으로 인식한다면 머리에서는 작은 자극도 계속 통증으로 느끼게 됩니다. 통증을 줄이려면 자신의 뇌가 그 통증에 둔감해져야 할 뿐 아니라 잊어버려야 합니다.

이유 없는 치아 통증이 계속된다면 몸의 근육을 충분이 이완시킬 시간을 확보하고 이완되는 운동이나 반신욕을 하는 것이 좋습니다. 이를 악무는 습관을 줄이면서 악관절을 이완시키도록 합니다. 특히 숫자에 지나치게 민감한 분이 많으니, 숫자에 대한 생각 말고 감성을 풍부하게 하는 영화나 책을 보는 것이 도움이 될 것 같습니다.

그래도 통증이 계속되고 심해진다면 치료를 받아야 합니다. 진통제를 복용하기보다는 자기 마음을 돌보고 긴장을 줄이는 치료를 받아야겠지요. 뇌의 민감성을 조절하기 위해 약물 치료를 하는 것도 도움이 됩니다.

30. 소음에 민감한 귀를 가진 여자

"층간소음 때문에 죽고 싶다." 이 말이 어느 날 자신의 입에서 나올 줄은 몰랐다. 40세의 예슬씨는 사실 '죽고 싶다'고 표현하긴 했지만, 죽이고 싶은 마음도 없지 않았다. 자신이 원래 소음에 민감하다는 것은 알았지만 한 달 전부터 윗집의 소리는 도를 넘어섰다. 천장에서 갑자기 아이가 달리는 발소리가 나는데 이게 새벽 1~2시까지 계속되기도 했다. 더 이상 분노를 참지 못하고 항의하러 윗집으로 뛰어 올라갔다. 그런데 더 오싹한 일이 일어났다. 위층은 해외여행을 떠나서 한 달 전부터 비어 있었다는 것이다.

아파트의 구조 문제라 생각돼 남편과 상의 끝에 이사를 감행했다. 이번에는 신중하게 꼭대기층을 골랐는데, 어느 날부터 다시 쿵쿵거리는 소리가 났다. 자는 남편을 흔들어 깨웠다. "지금 이 소리 안 들려?" 하지만 남편은 "무슨 소리?" 하며 아무래도 귀에 이상이 있는 것 아니냐고 되물었다. 예슬씨는 이비인후과를 방문해 정밀 검사를 받았고, 검사 결과 이상 증세가 없다는 소견이 나왔다.

그 후로 악몽 같은 나날이 현재까지 이어지고 있다. 집 안에 있기 괴로워 바깥 카페로 나오면 다른 사람들이 하는 이야기 소리가 귀에 와 콕콕 박히는 것이다. 가끔은 누가 북을 치는 것처럼 쿵쿵 소리를 듣기도 한다. 예민한 성격 탓에 숙면을 취하지 못해 소리에 민감해진 것인지, 아니면 소리에 민감해서 잠을 못 자는 것인지 잘 모르겠지만, 스트레스와 불안은 줄지 않는다.

💬 전문의의 조언

층간소음 때문에 엄청난 스트레스를 받는 사람이 많습니다. 우리나라 사람들의 거주 형태가 아파트나 다세대주택이 많다보니 층간소음 문제는 자주 발생할 수밖에 없습니다. 아이들이 뛰는 소리만 문제 되는 게 아니라 최근에는 반려견을 많이 키워 강아지 뛰는 소리도 크게 들립니다. 가족이나 주민 모두 층간소음이 심각하다는 데 동의한다면 실제 거주 공간에 문제가 있다고 볼 수 있지만 유독 자신만 심하게 느끼는 이들이 많습니다.

예민한 사람의 특징 중 하나는 소음에 민감하다는 것입니다. 사람은 특정 소리를 잘 듣기 위해 상대편의 목소리에 집중하고 다른 사람의 목소리나 노이즈는 필터링하게 됩니다. 최근에 나오는 이어폰에서 노이즈를 필터링하는 것처럼 사람의 뇌는 이미 그런 기능을 가지고 있습니다. 하지만 예민한 사람들은 모든 소음에 민감해지는데, 소음은 각성을 유발하기 때문에 특히 밤에 잠을 못 이루게 합니다.

소음에 대한 불안이 있으면 다른 비슷한 소리나 자극도 그 소리로 들리는 착각이 일어날 수 있습니다. 집 밖에서 나는 차 소리나 TV 소리도 층간소음처럼 들려옵니다. 또 우리 뇌가 소음에 예민해져서 아주 쉽게 각성될 수 있습니다. 간혹 층간소음이 아니라 환청인 경우도 있습니다.

환청 Auditory hallucination

—

주위에 사람이나 소리 나는 사물이 아무것도 없는데 어떤 소리나 사람 목소리가 들려오는 증상. 귀에서 소리가 나는 이명tinnitus과 구분할 필요가 있는데 이명은 '윙' 또는 '파도 소리' '기계 소리' 등이 많고 주로 한쪽 귀에서 더 크게 들린다. 이에 비해 환청은 사람 소리인 경우가 많고 한 명 또는 여러 명이 서로 대화를 하거나 말을 거는 양상이다. 환청은 소리의 크기와 남녀 여부를 구분할 수 있으며, 환청을 듣는 동안은 그 소리에 집중하기 때문에 다른 사람이 하는 말을 듣기 어려울 수 있다. 환청은 머릿속에서 스스로 만들어내는 소리이기 때문에 고막이 울리지 않는다. 조현병에서 많이 있지만, 양극성 장애, 산후우울증, 정신병적 증상이 동반된 우울증에서도 들을 수 있다. 아주 피곤하거나 예민해진 경우에도 일시적으로 들리는데, 이때는 반드시 정신건강의학과 진단을 받아야 한다.

치매 초기 등 인지 기능이 떨어지면 머릿속에서 스스로 소리가 들리는 것처럼 느낄 수 있습니다. 이때는 어디를 가든 소리가 따라다닙니다. 호텔에서 숙박하거나 병원에 입원해서도 같은 소리가 들리니 자신의 상황을 판별하는 데 도움이 될 것입니다. 환청은 고막이 울리지

않고 뇌가 스스로 자극되어서 발생되는 소리의 느낌으로, 흔치 않은 편입니다.

환청은 주로 여러 사람이 서로 이야기를 나누거나 자신에게 말을 거는 양상으로 예슬씨가 듣는 층간소음이나 쿵쿵거리는 소리는 환청이 아닌 경우가 더 많습니다. 소음이 실제로 있는데 그것을 다른 사람보다 더 예민하게 느끼는 경우라고 할 수 있겠습니다. 이런 사람은 소리에 예민하다보니 하루 종일 집에만 있는데, 오히려 집 밖에 자주 나가고 다양한 소리를 접해야 민감성이 줄어듭니다. 예를 들어 이런 이들에게는 대형 마트나 백화점에 가는 것도 도움이 됩니다. 이런 곳은 사람뿐 아니라 빛과 소리의 자극이 많아 예민한 이들은 다녀오면 많이 피곤해하는데, 다니다가 힘들면 잠시 앉아 눈을 감고 쉬는 것도 도움이 될 겁니다.

또 집에서 자는 공간과 쉬는 공간을 완전히 분리하는 것이 좋습니다. 침실에 TV나 라디오 등 소리가 나는 가전제품을 두지 말고 치워보세요. 거실에서 주로 생활하고 잘 때만 침실로 들어가는 것이지요. 침대에서 동영상을 본다면 자기 전에는 자극을 주는 영상보다는 단조롭고 부드러운 영상을 보는 것이 좋습니다. 커피, 녹차, 홍차, 초콜릿 등 각성을 일으키는 카페인류를 줄이는 것도 중요합니다. 주로 노인성 난청이나 청력 저하와 관련 있기 때문에 이비인후과에서 청력 진단을 받아볼 필요가 있습니다.

아파트나 다세대주택의 구조상 우리 집 침실이 있는 위치를 위층에서도 침실로 쓸 수 있지만 아이들 방으로 꾸민 경우도 있습니다. 이 때는 아래가 침실이라 말하고 소음을 막을 수 있는 방법을 이웃과 상 의해야 합니다. 바닥에 매트를 까는 방법도 도움이 됩니다. 되도록 서 로 감정이 상하지 않도록 부드럽게 이야기하는 방법을 찾는다면 오늘 날 커다란 문제로 자리잡은 층간소음을 슬기롭게 해결할 수 있을 것 입니다.

31. 코로나 블루

희수씨는 40세의 워킹맘으로, 평소 걱정이 많고 예민한 편이다. 초등학생 아들 두 명이 있어 올해 발생한 코로나19 이후에는 재택근무를 하고 있다. 남편 역시 재택근무 중이고 아이들은 개학이 연기되어 온 가족이 하루 종일 집에 함께 있다. 가족과 이렇게 하루 종일 집 안에서 세끼를 다 같이 먹고 밖에 나가지 않는 일은 처음 겪었다.

운동을 좋아하는데 피트니스랑 요가 교실은 모두 임시 휴업에 들어갔고 집에서 먹기만 하다보니 몸무게가 3킬로그램 불었다. 친구들도 서로 먼저 만나자는 말을 못 꺼내고 아이들 때문에 그럴 정신도 없어 답답한 날이 몇 개월째 이어졌다. TV에서는 매일 코로나19 관련 보도를 하는데 이걸 보고 있자면 불안해서 식욕이 더 당겼다.

그러다가 희수씨가 사는 아파트에 확진자가 한 명 나왔다는 소식이 들렸고, 가족 모두 바짝 긴장했다. 그 무렵 큰아들이 갑자기 기침을 시작해 불안은 증폭되었다. 희수씨도 이유 없이 가끔 기침을 했다. 그럴 때면 가족 모두가 깜짝 놀랐다. 워낙 예민한 희수씨는 한 시간 단위로 온 가족의 체온을 재고 체온이 오르지 않으면 그제야 안심이 되었다.

언제까지 이렇게 지내야 하는지 알 수 없어 너무나 답답하다. 개학을 하면 좋겠지만, 막상 개학을 한다고 결정되면 또 학교에서 제대로 통제가 될지 믿을 수가 없어 더 불안하다.

🗨 전문의의 조언

알베르 카뮈의 소설 『페스트』에 이런 구절이 나옵니다. "페스트 환자가 된다는 것은 피곤한 일입니다. 그러나 페스트 환자가 되지 않으려고 발버둥을 치는 것은 더욱더 피곤한 일입니다."[24] 그만큼 현재 상황 자체가 매우 피곤한 일이지요. 우리 몸은 장시간 불안을 느끼면 자신도 모르게 교감신경계가 활성화됩니다. 교감신경계는 비상시에 대응하기 위해 우리 몸의 긴장을 증가시키는 역할을 합니다. 교감신경계의 활성화로 인해서 우리 몸 전체에 변화가 일어나 밤에 잠이 잘 오지 않고 답답한 느낌이 듭니다. 심장 쪽 반응으로는 가슴이 두근거리고 뻐근한 느낌이 들지요. 또 호흡기 증상으로는 숨이 잘 안 쉬어지는 것 같고 한숨을 쉬게 됩니다. 위장관 증상으로는 소화불량, 메스꺼움, 변비, 설사가 생기며, 뇌의 반응은 두통이나 어지럼증으로 나타납니다.

불안은 정신적인 불안으로 생각하기 쉽지만 예민한 이들은 교감신경계가 활성화되어 신체적 불안을 먼저 느낍니다. 몸에서 이런 반응이 있다면 '내가 코로나로 걱정하고 힘들어하는구나. 뭔가 개선을 해야겠다'고 생각해야 합니다.

먼저 생활 리듬을 평상시처럼 유지해야 합니다. 집에만 있다보면 밤새 인터넷, TV 등을 보게 되고 늦게 자고 늦게 일어나기 쉽습니다. 자고 깨는 시간을 평상시 직장에 출퇴근하던 때처럼 잘 유지하는 것이 좋습니다. 그리고 밤에 너무 많은 음식을 먹으면 체중이 늘 뿐 아니라 소화기에도 문제가 생길 수 있으니 규칙적인 식사가 중요합니다. 즐거운 여행을 다녀오더라도 우리 몸은 시차 등으로 인해 신체적으로 스트레스를 겪습니다. 그런데 지금처럼 재택근무를 하거나 실내 생활을 많이 하게 되면서 낮잠을 자는 등 생활 리듬이 깨지면, 몸의 스트레스는 상승합니다.

밖에 잘 나가지 않고 실내에만 있으면 햇볕을 쬐지 않아 밤낮이 바뀌고 우울한 기분이 더 심해집니다. 오전 8~9시쯤 실내가 아닌 탁 트인 외부 공간에 잠시 나가 볕을 쬐고 오는 것도 좋습니다. 그게 부담스럽다면 거실 창 옆에 앉아서 쬐는 방법도 있습니다. 유리창을 통해 들어오는 빛도 밖에서 햇볕을 쬐는 것과 마찬가지로 기분을 낮게 하거나 수면 유지에 도움을 줍니다.

코로나19 뉴스에 대한 잦은 노출은 부정적인 영향을 미칩니다. 중요한 정보는 얻어야겠지만 하루 종일 코로나19 뉴스와 정보에 노출되는 것은 피해야 합니다. 언제든지 나 또는 내 가족이 감염될 수 있다는 불안감이나 공포감을 자아낼 수 있죠. 마스크를 쓰고 손 위생에 주의하면 감염을 예방할 수 있다는 사실을 명심하고 인터넷에 떠도는 가짜뉴스에 현혹되지 않도록 해야 합니다.

재택근무를 하게 되는 이들은 일과 일상생활의 경계가 불분명해지면서 일상의 주기가 흐트러지곤 합니다. 회사 내 자신의 위치에 따라서 스트레스의 종류도 달라지는데, 평사원이라면 재택근무를 하면서 상사 눈치를 더 보게 되고, 임원들은 회사의 실적이 악화되므로 앞날을 예측 못해 혼자 마음을 다스려야 하는 부담감이 생깁니다. 게다가 재택근무를 하는 와중에 집안일에 신경 쓰지 않는다고 다른 가족 구성원으로부터 불평을 들을 수도 있습니다. 특히 이 문제는 남편에게만 국한된 것이 아니라 워킹맘 또는 부부가 동시에 재택근무를 할 때 더 심각해집니다.

효율적으로 일하기 위해서는 평소에 회사 다니던 때와 동일하게 수면 시간 등의 일과를 가져야 하고, 출근하지 않음으로써 생기는 여유 시간을 계산한 후 배우자와 합의해 집안일을 분담하는 것이 좋습니다. 동시에 각자 일을 하는 시간과 생활 습관을 존중해주는 것도 필요합니다. 특히 우리나라 사람들은 늦게까지 일하고 집에 돌아오는 것에 익숙해 가족과 시간을 보내는 것 자체를 어색해하곤 하는데, 식사를 함께하고, 정해진 시간에 가볍게 산책하며, 가족의 새로운 일상을 만든다는 마음가짐이 도움이 될 것입니다. 마음 건강에 도움을 주는 여러 활동, 예를 들어 친구를 만나서 수다를 떤다거나 동호회 활동이나 체육활동 등을 하지 못하는 것도 고립감과 불안의 원인이 됩니다. 이때 직접 만나지는 못하더라도 전화나 문자를 통해 서로의 안부를 묻고 인사를 나눠보는 것도 좋겠지요.

페스트가 유럽을 휩쓴 시기에는 유대인이나 집시 등이 전염병을 퍼뜨렸다 하여 집단학살을 저지른 역사가 있는데 우리도 전염병을 이유로 소수 집단을 소외시키는 심리를 갖기 쉽습니다. 코로나19 바이러스에 노출된 이들에 대해 동정심과 관심을 가지고 객관성을 유지하려고 노력하지 않으면 우리 역시 가해자가 될 수 있습니다.

앞서 설명한 바와 같이 확진자들이 주위 사람을 감염시켰다거나, 가족을 돌보지 못하거나, 질병으로 자신의 업무를 제대로 처리하지 못하면 주위 사람에 대해 죄책감을 가질 수 있습니다. 특히 격리자들의 경우, 외부와의 단절로 인해 소외감과 우울감이 심해질 수 있습니다. 이럴 때 전화 통화만으로도 큰 힘이 될 수 있습니다. 격리되어 쉬니까 편하겠다는 시각은 사실이 아니니 힘들어하고 있을 사람에 대한 혐오 또는 비난 대신 응원과 격려를 부탁드립니다.

4부

예민성을 잘 극복한 사람들

이 장에는 9명의 상담, 진료 사례가 실린다. 이들은 3부에 나오는 31명의 상담 의뢰자와 유사하게 매우 예민한 성격의 소유자들이지만, 그러한 성격으로 인해 자기 분야에서 일가를 이루며 크게 성공했다는 점에서 남달라 별도로 다룬다.

1. 예민해서 성공한 요식업계 대표

50대의 상준씨는 처음에 작은 식당을 시작했다가 지금은 대형 레스토랑 여러 개를 안정적으로 경영하고 있는 성공한 인물이다. 그가 운영하는 식당들은 남다른 맛과 인테리어로 젊은 층에게 특히 인기를 끌고 있다. 아내와 두 딸을 둔 그는 사업이 궤도에 올라서자 다른 사업 아이템들도 구상 중이다.

매너 좋고 부드러운 그는 일과 가정 모두에서 성공한 듯 보이지만, 사실 과거에 그는 안 해본 아르바이트가 없고 대학 등록금도 부모에게 지원받지 못했으며, 어렸을 때 아버지 사업이 망해서 집 안에 있는 모든 가구와 집기에 빨간딱지가 붙었던 일도 겪었다.

상준씨 성격의 남다른 특징을 꼽자면, 에너지가 매우 높다는 것이다. 며칠간 밤새면서 일해도 피곤하지 않고 문제를 다 해결한 뒤에 잠을 잔다. 한편 그는 무척 예민하고 완벽주의적 성격이기도 해 식당이 조금만 더러워도 참지 못한다.

성공한 사업가들은 상준씨처럼 상대를 꿰뚫어보는 날카로운 능력을 갖고 있으며, 결정을 내릴 때는 과감하고 단호하게 한다. 그러면서 사람을 대할 때는 항상 부드러운 표정을 짓는데, 놀라운 것은 그의 내면은 늘 예민하고 불안하다는 것이다. 현재 그의 화두는 이런 예민한 마음을 어떻게 잘 관리할 것인가이다.

💬 전문의의 조언

병원에서 성인종합심리검사를 해본 결과 상준씨는 대단한 에너지를 가진 것으로 나타났습니다. 경조증이라고 할 정도로 에너지가 높은 상태를 잘 유지하고 있지요. 그가 사업에 성공하고 늘 새로 도전할 일을 찾는 것도 높은 에너지와 관련 있습니다. 동시에 그는 예민성도 높아서 다른 사람들이 쉽게 넘기는 것을 예사로 보지 않고 집요하게 따져듭니다. 에너지가 높은 사람들은 자신감이 넘쳐서 앞뒤 안 돌아보고 큰 사고를 치기도 합니다. 다행히 상준씨는 예민한 성격을 겸비해 꼼꼼히 따져보기 때문에 웬만해서는 실수를 하지 않습니다.

에너지가 굉장히 높은 이들은 '위험을 감수하는 행동'을 하곤 합니다. 예컨대 무리한 투자, 도박, 음주, 약물, 외도를 하지요. 다른 사람의 조언은 거의 흘려듣고 자기 결정이 절대적으로 맞는다고 생각합니다. 이때 중요한 점은 스스로 자기 에너지를 평가해서 만약 에너지가 높다고 판단되면, 다른 사람의 조언을 받아들여 결정을 내릴 때 보수적으로 해야 한다는 것입니다.

사장의 잘못된 결정 한 번, 즉 '오너 리스크'로 회사 전체가 커다란 위험에 빠지는 일은 흔히 일어납니다. 물론 우려 때문에 중요한 결정을 모두 미룬다면 이런 태도 역시 회사의 발전에 도움이 되지 않겠지요. 중요한 결정을 내리는 것은 다음의 두 가지가 충족되었을 때 하는 게 좋습니다. 첫째, 자신이 하는 일이 왜 필요하고 어떤 결과를 가져올지에 대해 다른 사람들이 충분히 설득되었는가? 둘째, 에너지가 안정된 상태인가? 흥분하거나 화나서 어쩔 줄 모를 때 결정하는 것은 대체로 후회를 불러일으킵니다.

자신의 상태를 예민하게 평가할 수 있는 안목을 지니는 게 가장 중요합니다. 예를 들어 도움이 안 된다고 여겨지면 손해를 조금 보더라도 '손절'해버리는 과감한 결단이 필요합니다. 현재 손해를 보는 것 때문에 마음이 약해져서 계속 끌려들어가면 결국 더 큰 손해를 보고 말 겁니다. 특히 도박, 음주, 외도 문제로 에너지가 소모되면 큰 손실을 입는 데다 예민한 마음이 더욱 심해지는데 이때는 판단력이 상실되어 위험한 일이 발생할 수 있으므로 주위의 도움이 꼭 필요합니다. 주식이나 투자도 무리하게 하면 도박이라고 볼 수 있습니다.

자신의 에너지가 과다하게 늘어난다면 새로운 일보다 현재 하고 있는 일을 더 잘하는 데 투자할 것을 권합니다. 예를 들어 현재 매장이 안고 있는 문제들을 확인하고, 더 좋은 메뉴를 만들어보는 것입니다.

성공한 사람들의 특징 중 하나는 가정이 매우 안정되어 있다는 것입니다. 에너지의 일부를 가족과 함께하는 시간에 들여보세요. 가족이 안정되어야 가정사에 소모하는 에너지가 줄고 예민한 마음도 집에 오면 저절로 누그러집니다. 에너지가 높은 사람들이 행여 '외도 문제'를 일으키면 이는 생각보다 더 심각한 결과를 가져오며, 한번 무너진 부부간의 신뢰는 웬만해선 회복되기가 힘듭니다.

한 가지 방법을 알려드리고 싶습니다. 평소 에너지를 적절히 소모해야 이런 일이 일어나지 않을 텐데, 골프나 테니스 등의 운동으로 에너지를 방출하는 건 어떨까요? 반려견을 키우거나 혹은 자원봉사를 하는 것도 좋을 것입니다.

✦ 상담 이후

다행히 상준씨는 상담 이후에 자신을 더 잘 이해하게 되었다. 그가 요즘 집중하는 것은 에너지를 적절한 수준으로 유지하는 일이다. 특히 자신이 다른 사람들보다 위험을 감수하는 행동을 할 우려가 많다는 것을 깨닫고 리스크를 떠안을 만한 일을 벌일 때는 주위 조언에 귀를 기울인다. 그는 예전에 '독불장군'이라 불렸는데, 요즘에는 여러 사람의 의견을 듣고 종합하면서 180도 달라졌다는 소리를 듣는다. 요즘은 페미니즘에 대한 의식이 높아지고 사회적 개선으로 인해 특히 여성들이 느낄 만한 민감한 의식에 더 주의를 기울이고 문제가 될 만한 일은 철저히 예방한다. 가족들과의 관계도 더 좋아지면서 그것이 사업에 긍정적인 에너지로도 작용하고 있다.

2. 알코올 중독 아버지를 극복하고 사회복지사로

신해씨는 45세 여성으로 사회복지사로 널리 인정받고 있다. 그녀가 하는 일은 결코 쉽지 않은데, 알코올 중독으로 치료받는 사람들의 재활과 금주를 유지하도록 돕는 것이다. 대단한 점은, 한 번도 힘들어하는 기색 없이 늘 부드러운 표정과 미소로 자기 일에 임한다는 것이며, 표창장을 받은 적도 여러 번 있다.

신해씨는 사회복지사를 시작할 때부터 알코올 중독 환자들에게 유독 큰 열정을 보였다. 환자들이 재활 치료 후 사회생활에 제대로 복귀하도록 프로그램을 직접 제안했고, 지역 공장의 사장들을 만나 설득함으로써 취업을 성사시킨 적도 여러 번이었다. 자신이 담당하는 환자가 아파서 입원한 적이 있는데 병원비를 못 내자 자기 통장을 헐어 비용을 대신 지불했고, 병원에 직접 방문해 간병을 하기도 했다. 주위 동료들은 신해씨의 열정에 감탄했지만, 어느 순간부터는 도를 넘어서는 것이 아닌가 느끼기도 했다.

번아웃은 신해씨 같은 사람한테 찾아오기 쉬운 증상이다. 공사 구분 없이 자신을 전적으로 쏟아붓는 일을 하다가 그녀는 어느 날 완전히 탈진해버렸다. 일을 하던 중에 갑자기 눈물이 맺히더니 멈추질 않았다. 신해씨는 급작스레 "일을 그만두겠다"고 말해 동료들을 깜짝 놀라게 만들었다. 사실 그녀가 해왔던 일들은 사회복지사의 업무를 훨씬 넘어서는 것이었고, 자기 생활이라고는 거의 없는 사람처럼 보였다.

신해씨는 남들에게 이야기하지 못했지만, 동굴처럼 컴컴하고 암흑 같은 가정에서 자란 역사가 있다. 아버지는 건설 현장 일용직 노동자로 알코올 중독자였다. 술을 먹고 들어오면 엄마를 때렸고, 두 딸에게 소리를 질렀으며, 살림을 부쉈다. 엄마는 한없이 무기력해 딸들이 당해도 보호막이 되어주지 못했고, 그 자신도 부당한 폭력에 물리적으로든 언어로든 한 번도 맞서지 못했다. 신해씨는 어려서부터 이런 가족은 없느니만 못하다고 생각했고, 엄마와 동생을 자신이 구해야겠다는 책무의식도 느꼈다. 한번은 신해씨가 아빠한테 대들었는데, 곧바로 머리채를 잡혀 방바닥에 내동댕이쳐졌다. 알코올성 치매인지 아빠는 술 취해 폭력을 휘두른 이튿날, 전날 일은 아무것도 기억하지 못했다.

대학에 진학하면서 신해씨는 지방에서 서울로 올라왔고, 그 후로는 아빠를 한 번도 만나지 않았다. 어느 날 엄마가 전화를 걸어왔다. "아버지가 간경화증으로 살날이 얼마 안 남은 것 같다. 너보고 미안하다고 말하고 싶다더라." 하지만 신해씨는 절대 그를 용서할 수 없었고, 임종을 지키지도 않았을뿐더러 장례식장에 가지도 않았다.

그 후 신해씨는 알코올 중독 환자를 돕는 사회복지사를 직업으로 택했다. 죽음에 직면한 아버지를 끝내 한번 쳐다보지도 않은 죄책감이 마음속에 한번 자리잡더니 줄지 않았고, 그 마음이 환자들에게 고스란히 전이되어 항상 그들 옆에 있지 않으면 죄짓는 느낌이 들었다. 그것이 한계를 넘어서자 신해씨는 마침내 이 지경에까지 이른 것이다.

🗨 전문의의 조언

누구나 저마다의 트라우마를 가지고 있습니다. 그중 특히 예민한 사람은 트라우마를 경험한 경우가 더 많습니다. 트라우마는 극복하기 쉽지 않지만, 과거의 트라우마로 인해 현재가 지배당하지 않도록 터닝 포인트를 마련해 직면하는 용기를 내야 합니다.

트라우마는 잘만 극복하면 자신의 일을 수행하는 데 남다른 에너지가 될 수 있지만, 회피하거나 방향을 잘못 잡으면 신해씨가 경험한 것처럼 에너지가 고갈되는 상황에 이릅니다. 직장을 구하거나 배우자를 택하는 중요한 결정을 할 때 과거의 트라우마는 커다란 영향을 미치게 됩니다.

어린 시절 부모님과의 관계는 그 사람의 인간관계에 평생 큰 영향을 줍니다. 신해씨가 알코올 중독 아버지로부터 폭력을 경험하면서도 대학에 진학하고 알코올 중독인 다른 사람을 도와주는 일을 하게 된 것으로 미루어보면, 신해씨는 '회복탄력성'이 큰 사람이라는 걸 알 수 있습니다.

회복탄력성Resilience

인생의 큰 시련 속에서도 좌절하지 않고 기존보다 더 나은 방식으로 재기할 수 있는 개인의 능력으로, 역경을 극복하는 긍정적인 힘을 뜻한다. 시련을 극복하면서 얻은 교훈을 다른 사람을 돕거나 자신의 일을 하는 데 활용한다. '그렇게 어려운 일도 극복했는데 지금 상황 정도는 극복할 수 있을 거야' 하는 자신감을 갖는 경우 회복탄력성이 높아진다. 자신이 겪은 시련의 원인이 된 사람들이나 사회에 대해 분노를 만들지 않고 이 경험을 승화하여 새로운 업적을 낸다. 미국 전역 군인들 연구에 의하면 사람들과 연결성이 좋고social connectedness, 긍정적이며 감사하는 마음을 가진 사람들에게서 회복탄력성이 높게 나타나고 자살 생각이 감소한다.[1]

신해씨가 가진 회복탄력성은 늘 짓는 부드러운 표정과 미소에서 드러납니다. 신해씨는 항상 사람들을 만나는 것이 즐겁다고 했지요. "내가 돕는 사람들이 큰 힘을 얻는 게 내 행복이다. 내가 그들을 도우면 나처럼 고통을 받는 가정이 줄어들 것이다"라면서요. 이제는 환자들을 위한 노력이 자신의 한계선을 넘지 않도록 주의를 기울여야 합니다. 직장에서 정해진 규칙을 숙지하고 그 안에서 자기 역할을 하며 추가로 일이 필요할 때는 직장 상사와 상의해서 결정하는 것이 좋습니다.

신해씨 아버지와 같은 알코올 중독과 그로 인한 폭력의 양상은 마치 1980년대 이야기인 것 같지만 그로부터 40년이 지난 지금도 여전히 수시로 벌어지고 있습니다. 아버지의 알코올 중독이 자식에게 전해지고, 아버지의 폭력성이 자식에게 전달되는 것은 오늘날에도 흔합니다. 가정폭력 문제와 알코올 중독은 혼자만의 힘으로 해결이 안 되는 경우가 많습니다. 온 가족이 하나로 힘을 모아야 하고 치료도 반드시 병행하는 것이 좋습니다.

◆ 상담 이후

신해씨는 자신의 트라우마를 잘 조절하는 중이다. 자기 에너지를 다 쏟아부으면서 알코올 중독자들 옆에 붙어 있는 것이 자신의 트라우마로 인한 것임을 알게 되었고, 중독자들을 돕는 일에 개인적인 책무의식을 심하게 갖지 않도록 노력하고 있다. 자신이 혼자 결정하기 힘든 일이 생기면 꼭 상사나 동료들과 상의하고, 의학적 치료가 필요한 대상 중독자들은 인근 정신건강의학과 병의원과 협력해 약물치료를 병행할 수 있도록 조치를 마련해두었다. 하마터면 사회복지사 일을 그만두고 골방 속으로 틀어박혀 더 큰 죄책감에 빠질 뻔했는데, 상담을 계기로 극단적 선택들을 피하고 더 나은 사회복지사가 되어 활약하고 있다.

3. 죽음에의 충동을 극복한 펀드매니저

상진씨는 45세 남성으로 투자금융업계에 몸담고 있다. 투자하는 곳마다 수익을 내어 성공 신화를 쓰고 있는 그는 이제 자기 회사를 세울 생각을 하고 있다.

주변 사람들은 모르지만 10대와 20대 시절은 그에게 흑역사다. 매우 예민한 성격이었던 그는 중고등학교 시절 친구가 거의 없었고 주로 혼자 게임만 했다. 이런 아들을 못마땅하게 여겨 부모가 혼을 냈지만, 상진씨는 게임을 하지 않으면 불안했고 마음이 붕 뜬 것 같았다. 학교에 가면 가장 끔찍한 것은 친구들 눈을 똑바로 쳐다보지 못한다는 점이었다. 그는 말하는 것도 극도로 꺼려 친구들 앞에 서거나 선생님께 지적당해 아이들 시선이 자신한테 집중되면 죽고 싶다는 생각이 들기까지 했다. "숨이 멎는 것 같고 온몸의 피가 머리까지 솟구치는 느낌이었다"고 한다. 다행히 공부 머리는 좋아 대학에 무난히 들어갔는데, 대인관계와 생활 패턴은 그대로 유지되어 그의 곁에는 사람 그림자도 얼씬거리지 않았다.

그러다가 대학 때 온몸의 힘이 빠질 정도로 마음이 끌리는 여학생을 발견했다. 게임으로 단련된 그는 컴퓨터를 잘 다루었던 터라 그 실력을 이용해 그 여학생이 수강하는 과목들을 다 알아냈다. 수강 신청을 거기에 맞춰 했고, 드디어 어느 날 수업 후 단둘이 밥 먹을 기회가 주어졌다. 하지만 은둔형에 친구도 없는 그에게 일이 잘 풀릴 리 없었다. 밥을 먹는데 가슴이 두근거리고 떨려 상대와 눈을 못 맞췄고, 결국 말 몇 마디 제대로 못한 채 헤어졌다. 그 후로는 그녀를 만날 용기가 나지 않고 죽고 싶은 생각만 들었다. '나 같은 인간은 살 자격이 없다'는 자책은 시간이 흐를수록 점점 더 깊어졌다.

상진씨는 갓난아기 때 엄마와의 분리 불안이 굉장히 심했다. 유치원에 갈 때도 안 떨어지려고 해 엄마가 엄청나게 고생했다. 유치원에서 소변을 못 가린 일도 자주 있었는데, 선생님께 말하지 않고 집에 와서야 엄마한테만 털어놓았다. 타인과 눈은 못 마주쳐도 수학과 컴퓨터에 남다른 재능을 보였고 머리도 좋은 편이다. 그래서 투자금융 분야에서 대단한 실적을 올리고 있지만, 지금처럼 소심한 성격에서 벗어날 방법은 전혀 알지 못한다.

💬 전문의의 조언

대인관계를 힘들어하는 이들 중에는 사람을 만나는 일에는 서툴지만 컴퓨터나 스마트폰 등 IT 기기를 다루는 데는 남다른 능력을 보이는 사람들이 있습니다. 마치 시력이 떨어지는 사람이 뛰어난 손가락 감각을 갖는 것과 같은 이치입니다. 문제는 대인관계를 잘 맺지 못하면 다른 능력도 모두 빛을 발하지 못한다는 데 있습니다.

사실 직장을 구하고, 배우자를 만나고, 일하는 것 모두 타인과의 관계와 아주 긴밀하게 연결돼 있죠. 그것을 안 하려면 '가내수공업'을 해서 사는 수밖에 없습니다. 상진씨는 관계 맺는 법을 배울 기회를 거의 갖지 못했고 이 때문에 능력이 빛을 발하지 못할 뻔했습니다. 하지만 용기를 내어 스스로 정신건강의학과를 찾았지요.

'눈을 맞추는 것'은 대인관계에서 기본입니다. 마스크를 쓰고 다녀도 사람을 알아보는 데 지장은 없지만 눈을 가리면 사람을 구분하기 힘듭니다. 눈은 그 사람의 상태를 파악할 수 있게 해주지요. 화가 났는지, 피곤한지, 즐거운지, 내 이야기에 집중하고 있는지는 눈을 보면 알 수 있습니다. 아기는 어머니와 눈을 맞추면 웃음을 짓는데 이를 '사회적 미소'라고 합니다. 어머니로부터 비롯되는 아기의 사회적 미소는 곧 대인관계 훈련의 시작점이 됩니다.

눈을 맞추고 이야기하기 위해서는 편한 사람들과 먼저 연습을 하는 게 좋습니다. 상진씨는 집에서 어머니나 여동생과 이야기할 때는 눈 맞춤에 전혀 문제가 없었지만 불편한 사람을 만나면 저절로 눈을 피하거나 이야기 중에 자기도 모르게 고개가 바닥을 향했습니다. 가족 외에는 '내가 좋아하는 것에 함께 관심을 기울이는 사람'들과 눈을 맞추는 연습부터 시작해야 합니다.

상진씨는 투자 분석에 관심이 있으니 똑같은 관심사를 가진 친구들과 만나 이야기하는 것부터 해보지요. 눈을 맞추고 이야기를 하면 교감이 생기고 친구가 하나둘 늘어납니다. 많은 사람과 연결되면 죽고 싶은 생각도 없어지는데 이것을 '연결성'이라고 합니다. 만났을 때 기쁘고 편한 사람이 점점 늘어나면서 상호작용을 하게 되고 죽고 싶은 생각에 몰입하는 시간도 줄어듭니다.

특히 배우자를 고를 때 자신의 부족한 부분을 채워주는 사람을 만나면 큰 울타리가 만들어집니다. 이것을 '안전기지secure base'라고 하는데,[2] 아이 때 어머니가 했어야 할 역할을 배우자가 대신하는 것입니다.

상진씨가 주의할 것은 자신이 가지고 있는 공격성입니다.

'나는 화가 나면 앞뒤 가리지 않고 폭발해요.'

'다른 사람이 내 말에 동의하지 않으면 화가 나요.'

'내 차 앞에 누가 끼어들거나 새치기를 하면 한 대 치고 싶어요.'

'항상 긴장되어 있는 것 같아요.'

자신에 대한 공격성인 죽고 싶은 충동이 사라지는 반면에 타인에 대한 공격성이나 분노가 폭발할 수 있습니다. 따라서 주위에 적이 생길 수 있으므로 여기에 주의를 기울이고 항상 친절하며 합리적인 태도로 사람들을 대하는 것이 좋습니다. 자신의 주장이 옳더라도 타인의 의견을 경청하는 태도를 가지려고 노력해야 합니다.

상진씨가 병원을 처음 찾은 것은 사람들을 만나면 눈을 제대로 못 맞추겠고 죽고 싶은 생각이 자주 들 때였다. 그는 담당 선생님과 치료를 시작하고 3개월 뒤부터 다른 사람들과 자연스럽게 눈을 맞출 수 있게 되었다. 또 의사의 권유대로 투자 분석 동아리에 가입했는데, 이 동아리는 눈이 번쩍 뜨일 정도로 재미있는 데다 친구들이 하는 말도 하나같이 귀에 쏙쏙 들어와 박혔다. 관심사가 같은 사람들끼리 모이자 상진씨는 제 능력을 발휘할 수 있었다.

친구들 사이에서도 차차 인정을 받자 죽고 싶은 생각은 옅어졌다. 그룹 메시지 등으로 친구들과 연결성을 더 많이, 더 강하게 갖게 되면서 이것이 자존감을 높이고 자살 충동을 줄이는 방법임을 깨달았다. 지금 상진씨는 유명한 펀드매니저가 되어 잘 지내고 있다. 예전에 좋아하던 여대생과 헤어지고 나서 이성관계는 잘 맺고 있을까? 지금 그는 이미 기혼인데, 마음에 꼭 맞는 아내를 만났다. 특히 아내의 성격이 매우 안정적인 편이라 상진씨의 분리 불안을 줄여주는 동반자가 되고 있다.

4. 무대공포증을 극복한 첼리스트

수미씨는 30세의 미혼 여성으로 어릴 적부터 워낙 예민하다는 이야기를 듣고 자랐다. 남에게 싫은 소리 한번 안 하고 지내올 만큼 소심한 성격이기도 했다. 현재 직업은 오케스트라의 첼리스트로, 예중, 예고, 음대를 졸업하고 평생 첼로와 함께했기 때문에 무대에 오르는 것은 일상처럼 자연스러운 일이었다.

굴곡 없는 인생을 유지할 거라 생각했는데 최근 젊은 지휘자가 부임하면서 문제가 불거졌다. 새로 온 지휘자는 이전 지휘자와 달리 성격이 강한 데다 말을 직설적으로 했다. 게다가 자신이 머릿속으로 그려둔 이상적인 음악상이 있어 단원들의 연주가 거기에 맞지 않으면 밤늦게까지 연습을 시키는 일이 다반사였다. 누가 봐도 문제는 지휘자에게 있었지만, 오케스트라를 떠난 것은 몇몇 단원들이었다. 팀장이나 부서장의 성격이 안 좋아 아무리 조직 구성원과 불화를 일으켜도 항상 그만둬야 하는 쪽은 억울하게도 아래 직원들이다. 그때 단원들이 같이 나가자고 했지만 수미씨는 버텼다. 그랬더니 스트레스가 점점 쌓여 아침마다 머리카락이 엄청나게 빠지는 데다 한숨을 자주 쉬게 되었다.

그러던 어느 날, 큰 연주를 앞두고 무대 위에서 연습 중이었는데 갑자기 손이 떨리기 시작하더니 제어가 안 되었다. 공연은 이미 시작됐는데 여전히 손이 떨리고 팔이 마음대로 움직이지 않았다. 관객이나 다른 단원들이 눈치챌 정도는 아니어서 겨우 공연은 마쳤지만, 그날 이후로 연습을 하거나 무대에 서는 일이 두렵기만 하다.

🗨 전문의의 조언

소심한 사람들은 자기 속마음을 윗사람에게 털어놓기 힘들어합니다. 학창 시절부터 선생님과 만나면 머릿속이 하얘지면서 아무 말도 못하고, 성인이 되어서도 늘 참고 견딥니다. 하지만 힘든 것을 참는 데도 한계가 있지요. 우리 몸이 더 이상 버티지 못하면 이는 곧 신체 증상으로 바뀌어 나타납니다. 수미씨의 손이 떨리고 팔이 마음대로 움직이지 않는 증상은 정도와 부위만 다를 뿐 많은 사람이 겪고 있습니다. 이것을 신체화somatization라고 하는데, 스트레스가 쌓여서 몸에 이상이 오는 것이지요. 검사를 아무리 해봤자 정상 소견으로 나옵니다.

수미씨가 동료들과 상의해서 문제의 핵심이 어디에 있는지 확인해

본 것은 정말 용기 있는 행동입니다. 만일 자신만 스트레스를 받고 동료들은 모두 괜찮다면 새로 온 젊은 지휘자가 원인이 아니라 자신에게 문제가 있는 것일 수 있습니다. 반면 다른 동료들도 모두 같은 생각이라면 지휘자와 함께 문제를 해결해야 합니다. 이때 중요한 것은 새로운 젊은 지휘자의 권위를 인정해주면서 단원들의 의견을 받아들이도록 말을 순화해서 접근해야 한다는 점입니다. 지휘자가 어떻게 바뀌어야 자신을 비롯한 동료들에게 도움이 될 수 있는지 구체적으로 생각하고 만나는 것이 좋습니다. 즉 자신이나 지휘자를 위해서가 아니고 오케스트라 전체, 조직을 위해서 도움이 되는 방향을 제시하는 것이 좋습니다.

만일 그렇게 이야기했는데도 지휘자가 받아들이지 않고 자기 고집을 계속 견지한다면 윗사람으로서의 자격이 없는 것으로 생각할 수 있습니다. 그런 경우는 강하게 의견을 개진하기보다 시간 간격을 두고 지휘자가 마음 편하고 기분 좋을 때 다시 대화를 시도해보는 것이 좋습니다.

수미씨 역시 훌륭한 첼리스트로서뿐만 아니라 조직의 문제를 차근차근 해결하는 능력을 가지고 있다면 향후 자신의 능력을 더 인정받을 수 있을 것입니다.

✦ 상담 이후

수미씨는 결국 큰 결단을 내렸다. 단원들의 의견을 취합해 자신이 직접 지휘자와 이야기를 나눠보겠다고 한 것이다. 당연히 크게 긴장되어 지휘자를 만나기 전부터 손이 떨리고 팔도 마비되는 것만 같았다. 지휘자 방의 문고리도 겨우 열 정도였다. 꽤 긴 시간 서로가 자신의 입장을 솔직히 밝히고 상대의 의견도 경청하면서 두 사람은 간극을 좁힐 수 있었다. 지휘자는 자기 경험이 짧고 미숙했다며 사과했고, 수미씨도 웃으면서 나올 수 있었다. 수미씨에게 이런 경험은 처음이었다. 즉 자기주장을 남에게 관철시킨 것은 난생처음으로, 이 일로 인해 오히려 지휘자와 마음이 더 잘 맞게 되었다.

얼마 후 지휘자는 더 큰 오케스트라로 자리를 옮겼는데, 예상치 못하게 수미씨에게 함께 가자는 제안을 했다. 지휘자와 함께한 수미씨는 이후 큰 공연장에서 연주하는 일류 첼리스트가 되었고, 크게 긴장하는 일 없이 무대 공연들을 이어나가고 있다.

5. 우울증을 극복한 기계 부품 회사 대표

이번에는 회사를 꼭 정리해야겠다 싶을 만큼 호성씨는 우울증이 깊다. 70세의 나이에 현재 기계 부품 회사를 운영하고 있는 그는 젊을 때부터 성실하고 근면해 바닥에서부터 치고 올라와 견고한 회사를 일구었다. 하지만 하룻밤 만에 찾아오는 불운은 흔히 시간이 쌓아온 탑을 무너뜨리고 폭풍우가 휩쓸고 가듯 모든 것을 조각내고 짓밟는다. 그에게도 이와 같은 불운이 닥쳤는데, 6개월 전 한 공장 직원이 근무 중 사고를 당하면서 시작되었다.

직원이 입은 부상은 심각했고, 그의 가족은 회사를 상대로 손해배상과 사과를 요구했을 뿐 아니라 끊임없는 비난의 말들을 쏟아냈다. 젊었다면 이런 일을 극복할 수 있었을지 모르겠지만, 나이 든 그는 "내가 평생 일해서 얻은 게 고작 이런 건가" 싶어 자괴감에서 헤어나오지 못했다.

회사는 생각도 하기 싫어 결국 모두 정리하기로 마음먹었다. 그 후로 호성씨는 너무 예민해져 전화벨이 울리기만 해도 깜짝 놀라고, 수면 장애도 생겨 새벽 2시가 넘어서야 잠이 든다. 잠들어도 한 시간 간격으로 깨고, 회사를 정리하다가 직원들 반대로 멱살을 잡히는 꿈을 꾸기도 했다.

호성씨는 워낙 완벽주의적인 성격으로 모든 것을 자기가 결정해야 하는 편이다. 공장의 세세한 부분까지 하나하나 직접 꼼꼼하게 챙겼고 직원들한테도 세심하게 신경 썼다. 이런 일은 엄청난 에너지가 있었기 때문에 가능했고, 직원들도 이런 호성씨를 좋아했다. 하지만 최근에 입사한 젊은 세대들과 호성씨는 잘 맞지 않았다. 일하는 스타일과 사고방식에 현격한 차이가 있어 어느 한쪽이 양보하지 않으면 안되었는데, 젊은 직원들은 자기 의견을 당당하게 표출하는 세대라 호성씨는 자기 자신을 근본부터 되돌아볼 수밖에 없었다.

이런 상황을 견디는 것은 대표로서 쉽지 않았고, 호성씨는 자기 일에 대한 회의감마저 들었다. 그런 와중에 직원까지 크게 다쳐 우울증은 심각해졌다. 그는 적당히 일하느니 아예 회사를 접는 게 낫겠다며 극단적인 생각에서 벗어나지 못하고 있다.

💬 전문의의 조언

우울증이 왔다는 것은 지금까지 하던 방법으로는 더 이상 몸과 마음이 버티지 못하는 한계 상황에 도달했다는 뜻입니다. 이때 도움을 받고 그것을 토대로 자신이 현재까지 해오던 방식을 변화시키려는 노력이 요구됩니다. 우울증을 앓는 사람들이 가장 먼저 하는 일은 직장을 그만두거나 하던 일을 정리하려는 것입니다.

저는 오히려 직장을 그만두거나 일을 정리하기 전에 치료부터 받기를 강하게 권합니다. 일은 그만두면 다시 구하기 힘듭니다. 에너지가 많은 데다 성실하게 살아온 사람들은 집 안에만 있으면 답답함을 느껴 이차적인 우울증을 다시 겪게 됩니다. 평생 쌓아온 노력이 한꺼번에 사라지므로, 본인에게도 문제지만 같이 일하는 직원이나 사회적으로도 큰 손실을 입게 됩니다.

악몽을 많이 꾸는 것은 평소 그 꿈의 내용처럼 스트레스를 받고 있다는 의미입니다. 꿈 내용이 강해져서 각성될 때마다 깜짝 놀라면서 잠을 깨지요. 이때 수면제를 복용하는 것은 큰 도움이 되지 않습니다. 수면제를 먹으면 잠은 더 빨리 오지만 장기적으로 기억력 저하나 인지 기능 저하, 낙상 등의 문제를 유발하고, 충동이 늘기도 합니다.

수면제를 먹고 난 이튿날 아침에 자신도 모르는 행동을 해서 낭패를 보는 이들도 있습니다. 아침에 비몽사몽 중에 의식하지 못한 채 전화해서 화를 내고 횡설수설하는 이들을 봤습니다. 중요한 바이어나 거래처에 연락해 이런 일을 벌이면 나중에 뒷수습하느라고 애를 먹지요. 우울증에 관해 정확한 치료를 받아야 이런 일을 방지할 수 있습니다. 우울증으로 잠이 안 오는데 수면제만 복용하는 것은 폐렴으로 열이 나는데 해열제만 복용하는 것과 마찬가지입니다.

나이가 들면 모든 일을 자기가 다 할 수 없는 상황에 직면하는데,

이때 고집을 내려놓고 권한을 이양해야 합니다. 중요한 결정을 할 때도 젊은 직원들과 상의하는 것이 좋습니다. 우울증이 오면 더 예민해져서 고집도 더 세집니다. 다른 사람의 이야기를 듣고 전문가의 조언을 받아야만 고비를 잘 넘길 수 있습니다.

✦ 상담 이후

천만다행으로 부상당한 직원은 치료받은 뒤 몸을 회복하고 업무에 복귀했다. 불행의 씨앗이 될 뻔한 일이 잘 수습된 것이다. 그 직원이 '여러모로 배려해주셔서 감사하다'며 대표실로 인사차 들렀는데, 이때 호성씨는 식은땀이 나고 말이 잘 나오지 않았다. 이런 상태를 방치하는 것은 더 큰일을 불러올 수 있겠다는 판단하에 호성씨는 가족과 상의해 정신건강의학과 진료를 받기로 했다. 곧 뇌 MRI 촬영을 했는데 다행히 이상이 없었고, 검사 끝에 우울증으로 진단이 내려졌다. 한국 사회에서 일가를 이룬 남성이 자신의 우울증을 인정한다는 것은 쉽지 않아 호성씨도 처음에는 잘 받아들이지 못했지만, 차차 현실을 인식하고 치료를 받기로 마음먹었으며 회사 정리는 치료 후 다시 생각해보기로 했다. 호성씨의 우울증은 약물과 상담 치료를 병행하면서 크게 호전을 보였다. 그리고 지금은 혼자서 모든 것을 다 관리하는 것은 불가능하다는 점을 인정하고 조직의 유연성에 초점을 맞춰 아래 세대에게 권한을 이양했다. 그런 뒤 회사는 규모를 더 키우며 성장 가도를 달리고 있다.

6. 시선공포증을 극복한 학원 강사

35세의 동욱씨는 원래 다른 사람의 눈을 똑바로 쳐다보지 못하는 시선공포증이 있었다. 고등학교 2학년 때 생겼는데, 처음에는 낯선 사람과만 눈을 못 맞추다가 대학 때부터는 같은 과 친구들의 눈도 정면으로 보지 못했고, 부모님의 시선도 피했다. 심지어 그는 거울에 비친 자기 얼굴을 보면 눈이 의식되어 곧바로 고개를 돌려버렸다.

시선을 처리하기 어려워 눈을 치켜뜨게 되자 주변 사람들은 그에게 "화난 것 같다" "예민해 보인다"며 불만을 드러냈고 오히려 그를 더 피했다. 가족이나 친구 누구로부터도 호감을 사지 못하고 지지도 얻지 못한 그는 점점 자신감을 잃었다. 여전히 눈은 항상 아래로 향하거나 고개를 15도 정도 돌려서 옆쪽을 보기도 했다. 누구나 알 듯이 사람과 사람의 관계는 눈을 마주보는 데서 시작된다. 그런데 이 기본적인 것을 못하는 동욱씨는 결국 사람을 만나는 게 자신 없어졌고, 극심한 우울증으로 빠져들었다.

그렇다면 고등학교 2학년 때 그에게 대체 어떤 일이 일어났던 걸까. 같은 반에 유난히 동욱씨의 외모를 놀리는 친구가 한 명 있었다. 다른 애들까지 그 친구에게 합세해 동욱씨 외모를 비하했고, 어느새 동욱씨는 '왕따'가 돼버렸다. 학교 가는 것은 소름 끼치도록 싫었고, 그 친구를 쳐다보기만 해도 불안해 그때부터 동욱씨는 남과 눈을 맞출 수 없게 되어버렸다.

🗨 전문의의 조언

눈을 마주하고 이야기하는 것은 대인관계에 있어 가장 중요한 부분입니다. 눈을 맞춰야 상대방을 기억하기 쉽고 감정적인 교류를 할 수 있기 때문이지요. 다른 사람이 자신을 어떻게 생각할지에 대해 걱정을 많이 하는 이들은 보통 눈을 똑바로 마주하지 못합니다. 그래서 치켜뜨거나 옆으로 보는 것이지요.

눈을 치켜뜨면 눈 아래로 흰자가 많이 보이고 검은자위는 위쪽으로 가려집니다. 그러면 대화하는 상대방은 이를 공격적이라고 느낄 수 있습니다. 예로부터 우리나라에서는 이런 눈을 삼백안三白眼이라고 했습니다. 눈을 정면에서 바라봤을 때 왼쪽, 오른쪽, 아래쪽 흰자위가 보이는 눈을 일컫지요.

시선공포증은 스스로 인식하고 노력해야만 줄어들 수 있습니다. 긴장하면 더 심해집니다. 예를 들어 다른 사람들 앞에서 발표하거나 면접 볼 때 더 극심하게 나타나기 때문에 자신의 능력을 최대한으로 드러내지 못합니다. 어릴 때 끊임없이 스스로 노력해야 하는 이유이지요.

먼저 거울을 보고 눈의 아래쪽 흰자위가 보이지 않도록 고개를 조절해보세요. 눈동자가 눈의 가운데에 위치하려면 고개를 조금만 들면 됩니다. 당연히 좀 거북한 느낌이 들 수 있습니다. 거울에 비치는 자신의 눈도 부담스러울 수 있고요. 그래도 눈을 맞추면서 미소를 지어보세요. 어떤 미소가 자연스러운지 한번 관찰해보시고요.

거울을 보고 꾸준히 연습한 뒤 부모님이나 형제, 친한 친구들과 이야기하면서 눈을 맞추는 연습을 해보면 좋습니다. 눈을 잘 맞추는지 상대방으로부터 피드백을 받으면 더 좋고요. 고개가 돌아가거나 치켜뜨게 되면 다시 노력해서 맞춰봅니다. 편한 사람에서부터 처음 보는 사람들까지 점차 대상을 늘려나갑니다. 눈을 맞추는 게 가능하고 편해지면 사람들을 만나는 것도 조금씩 편해지고 더 많은 사람을 만날 수 있습니다.

여기서 가장 중요한 포인트는 생각과 행동이 바뀌어야 마음도 바뀐다는 것입니다. 사람들의 시선을 피해서 고립되면 결국 혼자 지내게 됩니다. 그런 생활을 오래하면 외부에 나가는 일이 두렵고 위협적으로 느껴져 때로 TV나 인터넷에 나오는 무서운 사건들을 보면서 자신이 밖에 나가지 않는 것을 합리화하게 됩니다.

✦ 상담 이후

  남들에게는 밥 먹고 잠자는 것처럼 너무나 자연스러운 눈맞춤을 동욱씨는 피나는 노력을 기울여서야 해낼 수 있었다. 동욱씨가 시선공포증을 극복하게 된 계기는 아이러니하게도 학원 강사가 되면서부터다. 처음에는 학원 강사를 할 수 있을까 걱정됐지만 학생들이 자기보다 어리다고 생각하니 좀더 쉽게 눈을 맞출 수 있었다. 그러나 덩치 큰 학생들과 만나면 고등학교 때 일이 생각나 다시 눈을 맞추기 힘들었다. 노력에 노력을 거듭해서 웃으면서 조금씩 눈을 맞추는 연습을 했더니 결국 모든 학생들과 눈을 맞추는 것이 가능해졌다. 반복과 연습밖에는 달리 길이 없다고 생각해 동욱씨는 그런 학생일수록 피하지 않고 반복해서 웃는 표정을 지었다.

  동욱씨는 이제 학생들 눈을 하나하나 맞추면서 수업하는 강사가 되었다. 그래야만 지식과 감정의 전달이 잘 된다는 사실을 깨달았기 때문이다. 시선공포증이 점점 줄어들더니 이제는 얼굴이 편안해 보인다는 이야기를 듣는다. 특히 동욱씨는 타인의 눈치를 많이 보는 성격이었기 때문에, 이것을 자원으로 돌려 오히려 수업 내용을 더 충실하게 준비하고 한 명의 학생도 불만족을 느끼지 않도록 더 꼼꼼히 다뤄나갔다. 결국 예민함은 그에게 큰 자산이 되어 지금은 강남에서 인기 강사로 활약하고 있다.

7. 음주 후 발생하는 충동조절장애를 극복한 음식점 사장

45세의 대호씨는 결혼해서 가정을 꾸렸고 현재는 음식점을 운영하고 있다. 식당 매출은 늘 높아 그는 돈을 꽤 많이 벌어들였으며, 지금은 2호점까지 준비하고 있다. 대호씨를 아는 이들은 하나같이 그가 베풀 줄 아는 좋은 사람이라고 평가한다. 하지만 그와 술을 같이 먹은 뒤에는 대호씨에 대한 인상을 손바닥 뒤집듯 180도 바꾼다. 즉 '술 마시면 개가 된다'는 모욕적 평가는 그에게 늘 꼬리표처럼 따라붙는다. 대호씨가 괴로운 것은 술 먹고 한 행동이 잘 기억이 안 나서이기도 하지만, 필름이 끊긴 중간중간에 떠오르는 기억들은 스스로 생각해도 너무 창피해서 숨고 싶다.

그는 아버지와 꼭 닮았다. 아버지도 애주가에 '두주불사'하는 유형으로, 술만 먹으면 필름이 끊겼고, 자리에 함께한 사람들과 목소리를 높이면서 언쟁을 벌였다. 아버지 주위 친구분들도 결국 하나둘 곁을 떠나갔다.

대호씨는 이런 증세가 최근 들어 더 심해졌다. 술 먹고 들어온 날은 아내에게 폭언을 했고, 집 안의 물건을 손에 잡히는 대로 집어던졌다. 길 가던 사람과 시비가 붙어 경찰서에서 조서를 쓴 일도 있고, 음주 단속에 걸려 면허가 정지된 일도 있었다. 남편의 폭력 속에서 꼼짝없이 당했던 아내는 최후 통보를 해왔다. "당신하고 사는 것은 하루하루가 고통이다. 더 이상 못 살겠으니 이혼하자."

그는 여태 한 번도 이혼을 생각해본 적이 없었다. 게다가 요즘 술만 먹으면 우는 그의 버릇 때문에 친구들도 그를 피하고 있었다. 그는 당장 식당 매출도 신경 써야 하는데, 자기 자신이 혐오스러운 것은 물론이고 주변 사람들도 떠나 무너질 것만 같았다. 아무래도 병원 치료를 받아야 할 것 같다.

🗨 전문의의 조언

대호씨의 가장 훌륭한 점은 '내 음주 습관에 문제가 있다' '나는 알코올 중독자다'라는 사실을 받아들인 것입니다. 치료를 하겠다는 것도 스스로 결정했지요. 검사 결과 대호씨는 알코올 중독으로 '알코올 유발성 탈억제'[3] 성향을 가지고 있는 것으로 확인됐습니다.

우리나라 국민 중 술을 한 잔이라도 마셔본 경험이 있는 성인 1만 명을 대상으로 연구를 진행한 적이 있는데, 그중 5.96퍼센트에서 알코올 유발성 탈억제가 있는 것으로 나타났습니다. 알코올은 우리 뇌의 전두엽을 억제하는 중추신경 억제제의 특성을 가지고 있습니다. 많이 마시면 뇌가 억제되어 졸린 것이 보통입니다. 그런데 어떤 사람들은 다른 뇌 부위보다 전두엽 억제가 과도하게 일어납니다. 그러면 충동을 조절하는 전두엽의 기능이 떨어져 충동 조절이 어려워지지요.

이런 사람들은 술 외에 수면제, 중추신경 억제제를 복용해도 비슷한 현상을 보입니다. 내시경을 하려고 수면마취를 하는데 깰 때 욕을 하거나 소리를 지르는 등 탈억제가 잘 되는 경향을 나타냅니다. 알코올 도수가 높은 술을 마실수록 증상은 더 심해집니다. 그런데 술을 먹으면 스스로 알면서도 통제를 할 수 없어 '브레이크 없는 전차'처럼 점점 더 도수가 높은 술을 마시게 됩니다.

'필름이 끊긴다'는 것은 알코올 유발성 기억장애로, 영어로는 블랙아웃black-out이라고 합니다. 블랙아웃이란 음주 중에 있었던 일을 기억하지 못하는 현상입니다. 술을 마신 후 어떻게 집에 돌아왔는지 기억나지 않거나 기억이 가물가물해 어떤 일이 있었는지 모를 때를 말합니다. 이러한 블랙아웃 현상은 짧은 시간 동안 많은 양의 술을 마시는 사람에게 흔히 나타나고 잦은 술자리, 피곤한 상태에서의 음주, 공복 시 음주 등이 위험성을 더 높인다고 알려져 있습니다.

블랙아웃이 있는 동안 자신도 모르는 행동을 해서 법적인 문제를 일으키거나 교통사고를 당할 수도 있으므로 반드시 주의해야 합니다. 그리고 블랙아웃이 계속되는데도 음주를 지속하면 '알코올 유발성 치매'까지 앓을 수 있습니다. 알코올로 인한 독성으로 '베르니케-코르사

코프 증후군'도 생길 수 있는데, 이는 뇌의 퇴행성 질환입니다. 주로 건망증이나 기억이 잘 나지 않는 부분을 스스로 지어내서 말하는 작화증, 말초신경장애, 운동 실조증 등의 증상으로 나타납니다. 또 술을 많이 마시다가 갑자기 중단하면 알코올 금단 섬망으로 헛것이 보이거나 심하게 손을 떨 수 있기 때문에 이런 경우는 치료를 받으면서 알코올을 중단해야 합니다.

술을 마시면 비타민 B1인 티아민이 결핍됩니다. 티아민 결핍이 생기면 불안, 초조, 두통, 피로, 식욕 부진, 체중 감소 등 우울증과 유사한 증상이 나타날 수 있습니다. 알코올은 티아민의 흡수를 감소시키고 배설을 증가시키므로 알코올 중독이 되면 티아민 결핍이 생길 수 있습니다. 티아민을 복용하면 알코올로 인한 독성을 예방하는 데 도움이 되며, 금주를 한 뒤에도 티아민을 유지하는 것이 좋습니다.

알코올 유발성 탈억제나 블랙아웃도 대호씨처럼 가족력을 띠는 경향이 있습니다. 아버지나 할아버지에게서 같은 일이 있었던 것이지요. 알코올 문제는 가정폭력으로 이어지곤 해 아내나 자녀들에게 정서적으로 엄청나게 악영향을 미칩니다. 그런데 아이들은 부모의 그런 모습을 싫어하면서도 결국 배우는 게 문제입니다. 스스로 노력해야만 알코올 문제가 다음 세대로 이어지는 것을 막을 수 있습니다.

✦ 상담 이후

알코올 중독을 끊는 것은 정말 쉽지 않은 일인데, 대호씨는 자발적으로 치료에 들어갔다. 아이가 배울 수 있고 또 아내와의 이혼 위기를 넘기려면 그 방법밖에 없다는 절박함에 마음을 강하게 먹었던 것이다. 그는 치료를 하는 와중에 사람들과 만날 일이 있으면 되도록 낮시간에 약속을 잡았고, 저녁 시간 약속이라도 사람들에게 금주 사실을 알리면서 자신의 치료를 도와달라고 부탁했다. 사람들도, 대호씨도 차츰차츰 술을 먹지 않고 대화하는 것에 익숙해져갔다. 술 마시기를 중단하자 건강이 몰라보게 회복되었고, 일에 집중하면서 음식점이 크게 번창하게 된 것은 물론 아내와의 관계도 많이 회복되었다. 집 안을 난장판으로 만들고 폭력적 성향을 보인 것은 배우자에게 씻을 수 없는 상처이므로, 앞으로 시간과 정성을 더 들여 예전 관계를 완전히 되찾으려고 노력하는 중이다.

8. 사차원적 사고로 작가가 된 사람

자기만의 세계가 강한 사람들을 시쳇말로 '사차원'이라고 한다. 미드 「빅뱅 이론The Big Bang Theory」에는 괴짜인 네 명의 과학도가 나오는데 이들이 바로 사차원의 전형적인 유형이다. 30세의 은아씨도 대학 시절 별명이 '사차원'이었다. 그녀는 늘 혼자 다니면서 공상에 빠져 있었는데, 젊은 여대생답지 않게 '사후세계' '영혼' '환생' 같은 주제를 좋아했고, 보통 사람들이 잘 보지 않는 어려운 영화를 보거나 철학책 읽는 것을 즐겼다.

부모는 조금 보수적인 편이어서 딸이 정신 차려 공무원이나 회사원이 되길 바랐다. 은아씨가 공부를 열심히 하지 않은 것은 아니었는데, 문제는 공부 주제가 대체로 현실세계와는 관련 없는 것이어서 부모님과 자주 갈등을 일으켰다는 것이다.

은아씨는 드라마 작가나 영화 작가가 되기를 꿈꾸었고 같은 꿈을 가진 친구들과 친하게 지냈다. 사차원끼리 통한 것이다. 하지만 이 친한 친구들조차 은아씨한테 혀를 내둘렀다. 이유인즉슨, 그녀의 아이디어가 좋긴 하지만 너무 현실적이지 못하다는 것이었다. 가족과의 의견 차이야 그렇다 치더라도, 친구들조차 이런 반응인데 은아씨는 어떻게 해야 할까.

💬 전문의의 조언

창의적인 사람은 자기만의 세계가 강한 '사차원'으로 보일 수 있습니다. 하지만 그들은 남이 생각하지 못한 아이디어를 내고 보지 못하는 현상을 관찰하는 사람일 수도 있습니다. 즉 조금 엉뚱해 보이지만 남다른 부가가치를 창출하는 이런 부류가 더 큰일을 할 수 있지요. 오늘날은 '사차원'인 사람들이 오히려 더 중요한 시대이기도 합니다.

가끔 TV에 남들이 고등학교 때 푸는 미적분을 초등학교 때 마스터하고 한자 수만 자를 외우는 영재라 불리는 아이들이 나오는데, 사실 이들은 영재하고는 거리가 멉니다. 아스퍼거라고 해서 한 가지 일에만 몰두해 그 일에는 남다른 재능을 보이지만 대인관계는 거의 맺지 못하지요. 즉 창의적인 것과는 거리가 멀다고 할 수 있습니다.

영재는 다른 사람이 할 수 있는 일을 더 어릴 때 하는 것이 아니라 남들이 생각하지 않은 새로운 생각을 하는 이들을 가리킵니다. 은아씨는 사차원으로 불리고 엉뚱한 생각을 많이 했지만, 남다른 이야기를 짜고 작품을 만들어내는 데는 놀라운 능력을 발휘했습니다. 영재는 바로 이와 같은 부류에서 나옵니다.

은아씨가 성공하려면 사차원적인 생각을 하더라도 다른 사람의 피드백을 받고 이를 수용해서 자기 작품에 반영할 수 있는 유연성을 지녀야 합니다. 자신이 항상 옳다는 고집만으로는 절대 발전할 수 없습니다. 유연성이 부족하면서 사차원인 사람들은 혼자 고립되다보니 자신을 인정해주는 '사이비' 집단에 현혹되곤 합니다.

은아씨의 경우 전문 교육 기관에서 배우면서 형식을 잘 맞춰 풀어가보면 어떨까요? 이미 독창적인 주제와 차별점을 지니고 있으니 현실성만 갖추면 될 것입니다. 자신의 창의적인 생각을 버리고 남의 생각을 따라 하는 것은 좋은 선택이 아닙니다. 하지만 그 분야에서 일을 하는 사람들이 꼭 갖추어야 할 기본적인 방법은 익혀야 자신의 꿈을 펼칠 수 있습니다.

성공한 사람들은 좋은 아이디어를 많이 냅니다. 아이디어는 다이아몬드 원석 같은 것이어서 많은 사람의 손을 거쳐야 아름다운 보석으로 태어납니다. 많은 사람을 만나고 그 사람들의 생각과 이야기를 들어보세요. 한 부류의 사람들만 만나면 생각의 '유연성'이 떨어집니다. 자신이 어떤 좋은 생각을 해냈다 하더라도 항상 주위의 이야기를 폭넓게 듣고 결정을 하는 습관이 큰 도움이 될 것입니다.

✦ 상담 이후

은아씨는 자기 꿈을 이루겠다는 동기나 목표 의식이 강해서였는지 상담 이후 친구들 말을 귀담아듣기 시작했다. 현실지향적인 주변 사람들의 사고방식에 반감이 들지 않은 것은 아니지만, 그런 감정이 들 때마다 자신을 위한 조언이라 생각하고 그들의 의도와 충고를 흘려보내지 않으려 노력했다. 사고의 충돌에서 양보하는 것은 자아의 일부를 내주는 것이므로 쉽지 않았지만, 수용력을 키우다보니 결국 더 큰 자기 자신을 형성할 수 있었다.

또한 상담가의 조언에 따라 글 쓰는 전문 교육 기관을 찾아간 것은 인생에서 일대 전환기가 되었다. 좋은 선생을 만나 타고난 글쓰기 실력을 더 잘 가다듬을 수 있었고, 마침내 극본 공모에 응모해 당선되었다는 소식을 전해왔다.

지금 은아씨는 사차원적인 면모가 많이 순화되고 오히려 스태프들과 토론하고 이야기하는 것을 즐긴다. 자신이 만든 글이 영화나 드라마로 만들어지려면 이들과의 소통이 절실하다는 사실을 잘 알기 때문이다. 또한 다른 사람들의 조언을 잘 새겨 작품에 반영하는 것을 작품 창작의 필수적인 한 과정으로 여기게 되었다.

9. 거식증을 극복한 액세서리숍 대표

정원씨는 35세의 여성으로 1년간 월경을 하지 않아 최근에 산부인과 진료를 받았다. 자궁이나 난소에는 문제가 전혀 없는데 체중이 너무 적어 월경이 나오지 않는 것 같다는 게 의사의 소견이었다. 정원씨는 170센티미터로 비교적 큰 키이지만 몸무게는 45킬로그램 정도로 매우 마른 체형이다. 하지만 그녀 스스로는 허벅지 군살이 너무 많다고 여기며 자신이 말랐다는 것을 전혀 인정하지 않았다.

정원씨의 식사 거부는 날이 갈수록 심해졌고, 남편의 걱정도 날로 늘어갔다. 식사를 전혀 하지 않고 환자용 식품만 마시더니 급기야 체중이 40킬로그램까지 떨어졌다. 심각한 것은 체중이 빠지면서 월경이 그친 것뿐만 아니라 간, 신장 기능도 훼손되어 걷는 것조차 힘들어하고 있다는 사실이다. 간혹 음식을 삼키면 목에 걸려 넘어가지 않는 느낌이 들어 무척 힘들어한다.

알고 보니 그녀에게는 심리적으로 커다란 충격을 받은 일이 있었다. 남편이 직장 동료와 외도를 했는데, 그 사실을 정원씨가 알게 된 것이다. 남편이 바람을 피운 사실을 알게 되면서 크게 다툼이 일었고 계속해서 남편이 다시 바람을 피우지 않을까 하는 생각 때문에 극심한 스트레스를 받았다고 한다. "그 뒤로 역겨워서 식사를 할 수가 없었어요. 제가 밥을 못 먹으니까 남편이 이제야 저한테 관심을 갖기 시작하더라고요. 그래도 여전히 남편의 말을 믿을 수가 없고, 조금만 늦게 연락이 와도 자꾸만 의심이 들어요."

정원씨는 상태가 심각해져 결국 정신건강의학과에 입원해 치료를 하기로 했다.

☜ 전문의의 조언

거식증으로 고생하는 사람은 많습니다. 거식증은 식사를 못하는 이유와는 달리 마른 체형에도 불구하고 그 사실을 인정하지 않으며 자기 신체를 왜곡되게 파악하는 상태를 가리킵니다.

거식증이란?
—

① 신체에 대한 이미지가 왜곡되어 있고, 몸이 굉장히 말랐음에도 뚱뚱하다고 인식한다. 특정 부위의 작은 신체 문제를 크게 왜곡하여 집착한다.
② 체중 증가에 대하여 극심한 공포를 느끼고 과도하게 걱정한다.
③ 스스로 금식을 해 체중이 정상보다 현저하게 낮다.
   BMI(Body Mass Index) = 체중(kg) / 키(m)^2

BMI 16~16.99 미만: 중등도Moderate
BMI 15~15.99: 중증Severe
BMI 15 미만: 매우 심함Extreme

예) 체중 45킬로그램, 키 170센티미터이면, $45/(1.7)^2$ = 15.57 (중증)

거식증을 경험하는 이들은 흔히 가족관계에 문제가 있습니다. 가령 어머니가 간섭을 심하게 하거나 남편과 갈등을 겪는 식이지요. 보통 관심을 많이 받으려 하는 성격적 특징과 관련하여 나타나며, 식사를 통해 다른 가족들을 조정하려는 태도를 보이기도 합니다.

정원씨가 거식증을 극복하기 위해 가장 중요한 것은 '거식증'이라고 진단한 정신건강의학과 의사의 판단을 잘 받아들이고 가족들도 여기에 모두 협조하는 것입니다. 식사에만 관심을 가지면 결국 식사를 통해 자신의 불만을 표출하고 다른 사람들을 조정하는 경향을 보일 수 있으니 온 가족이 협동하여 관심을 주는 것이 필요합니다.

거식증은 그대로 방치하면 건강에 큰 위협이 될 수 있습니다. 어떤 이에게는 식사를 거부하는 거식증과 한꺼번에 많이 먹는 폭식증이 번갈아 오기도 합니다. 이런 경우 의도적으로 토하거나 설사약 등을 자가로 복용하기도 합니다. 거식증, 폭식증은 반드시 정신건강 전문의의 치료를 받길 권합니다.

정원씨는 남편의 과거 외도 사실보다 자신의 몸에 온전히 집중하기로 마음먹었다. 가장 소중한 것이 자신임을 깨달았기 때문이다. 의사와 긴밀히 상담하고, 딸, 친정부모님, 나아가 남편의 도움으로 정원씨는 자신이 병적인 집착 현상을 보인다는 것을 인정하게 되었다. 그 과정이 물론 담담하거나 쉽게 이뤄지지는 않았지만, 가족들과 함께하는 시간을 늘려가면서 정원씨는 본래의 모습을 조금씩 되찾을 수 있었다.

지금 정원씨는 치료를 받고 약 50킬로그램의 체중을 유지하면서 정상적인 생활을 하고 있다. 웃는 표정과 미소도 살아나면서 이전의 활력을 되찾았다. 다행히 체중 증가와 함께 생리가 다시 시작되어 월경 주기를 정상으로 회복했고, 간과 신장 기능도 회복세를 보이는 중이다.

정원씨는 요즘 액세서리 전문점을 운영하고 있다. 가게가 잘되어 체인점도 여러 곳을 낼 정도로 번창하고 있다. 음식에 대한 집착이 없어지고 대신 액세서리의 매력에 푹 빠졌다. 스스로 생각하기에 앞으로 다시 체중에 집착할 일은 없을 것 같다. 목에 걸리는 이물감도 불안에서 비롯된다는 것을 알게 되었고, 불안 증세가 가라앉으면서 막힌 느낌도 많이 사라졌다. 몸도 마음도 완전히 옛날만큼 회복되길 기대해본다.

5부

나의 예민함을 업그레이드하자

1. 예민함의 천칭

유명인부터 일반인까지 이 책에서는 수많은 매우 예민한 사람들의 사례를 소개했다. 예민한 이들은 다른 사람이 느끼지 못하는 감각을 느끼고 각성 수준이 높기 때문에 뇌가 그것을 감당하기 힘들어하는 경우가 생긴다. 이처럼 견디지 못하는 상태가 지속되면 우울증, 불안증, 불면증 등으로 나아갈 수 있다.

예민한 사람과 그렇지 않은 사람이 만나서 카페에서 대화할 때 예민한 사람은 상대편이 하는 말 외에 그 사람의 말투, 표정, 카페 분위기, 주위에 앉은 사람들의 시끄러운 소리 모두를 신경 쓴다. 인풋이 너무 많다고 할 수 있다. 반면 예민하지 않은 사람은 상대편이 하는 말에만 신경을 쓸 것이다.

만일 예민한 사람이 가진 에너지가 다른 사람보다 2배 많다고 하자. 200이라면 이것을 다 감당하고도 남을 것이다. 하지만 다른 스트레스 때문에 신경을 쓰고 있다면 이 에너지는 100, 50으로 줄어든다. 다른 스트레스에도 민감할 것이므로, 가령 직장에서 받는 스트레스나 가정 내의 스트레스에 모두 예민할 것이다.

예민한 사람이 가진 에너지가 자신이 하는 일에 온전히 쓰일 수 있다면 다른 사람이 보지 못하는 깊은 생각을 하고 창의적인 아이디어를 낼 수 있어서 곧장 업적으로 연결된다.

앞서 소개한 스티브 잡스, 아이작 뉴턴, 윈스턴 처칠, 로베르트 슈만과 같은 위인이 아니더라도 성공한 CEO, 직장에서 인정을 받거나 학업 성취가 좋은 사람들 중에서도 예민한 사람이 많다. 잡스의 아이폰 개발, 뉴턴의 사과, 처칠의 블랙독, 슈만의 작곡 등을 보면 그들은 자신의 예민성을 투사하거나 상징화하는 방법을 잘 사용해왔다.

예민성이 스스로 조절하기 어려울 정도로 커지면 항상 긴장 상태에 있기 때문에 사람들과 잘 만나지 않거나 밖에 나가지 않는 것으로 조절하려 한다. 직장에 다니는 사람이라면 대인관계를 거의 맺지 않고 주어진 일만 하게 된다. 그러다가 어쩔 수 없이 대인관계를 맺어야하거나 밖에 나가야 할 때는 예민성이 아주 심해진다.

예민성이 심해지면 마치 시험 전날이나 큰일을 앞둔 사람처럼 긴장이 증가하고 두근거리면서 잠이 오지 않으며 짜증이 는다. 이런 일이 계속되면 결국 정신 건강에 문제가 생겨 매사에 의욕이 없고 우울하며 불안해진다.

예민성이 높은 사람은 자신의 예민함을 잘 관리해야 한다. 어쩔 수

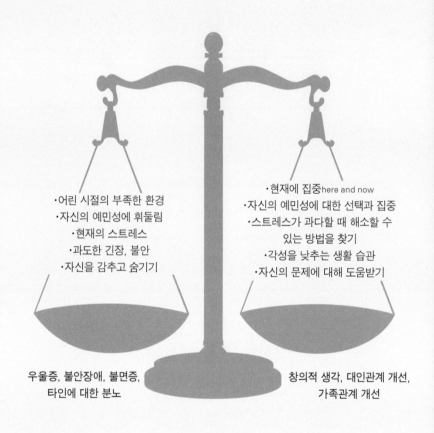

•어린 시절의 부족한 환경
•자신의 예민성에 휘둘림
•현재의 스트레스
•과도한 긴장, 불안
•자신을 감추고 숨기기

•현재에 집중here and now
•자신의 예민성에 대한 선택과 집중
•스트레스가 과다할 때 해소할 수
  있는 방법을 찾기
•각성을 낮추는 생활 습관
•자신의 문제에 대해 도움받기

우울증, 불안장애, 불면증,
타인에 대한 분노

창의적 생각, 대인관계 개선,
가족관계 개선

그림 15. 예민함의 천칭

없이 예민성이 높은 사람들이 있다. 가족이나 부모님 모두 예민성이 높은 가족력이 있거나 어린 시절에 큰 사고, 학대 등의 트라우마를 경험한 이들이다. 이런 사람들은 자신의 예민성이 한도를 넘지 않도록 더욱 잘 관리할 필요가 있다(그림 15).

무조건 사람들과의 만남을 피하고 밖에 나가지 않는다고 해서 능사가 아니다. 다른 사람들과 부딪쳐도 예민하지 않도록 잘 조절하는 것이 중요하다. 처칠의 '블랙독'처럼 자신만의 '예민한 마음'을 잘 다루는 연습을 해보자.

2. 좋은 표정과 말투를 만들어보자

예민한 사람들은 다른 이들의 표정이나 말투에 항상 민감하다. 하지만 정작 자신에 대해서는 많이 생각해보지 않는다. 편안하고 자신감 있는 사람들은 표정에서도 그런 느낌이 들고 말투도 듣기 쉽게 차분하고 안정적이다. 외모를 가꾸기 위해 피부 클리닉에 가거나 성형수술까지 받지만 정작 자신의 인상을 결정하는 표정이나 말투를 바꾸기 위해 노력하는 이는 드물다.

우울하고 예민하면 가장 흔히 하는 행동이 미간을 찌푸리는 것이다. 이것을 '오메가 사인'이라고 하는데 그리스 글자의 오메가와 모양이 비슷해서 붙은 이름이다(그림 16). 미간에 오메가 사인이 나타나는 것은 오랜 시간 예민하게 생각하고 자신도 모르게 찌푸리는 것이 반복되었기 때문이다. 평소 거울을 보면 없지만 대화 시 긴장을 하거나 예민해지면 나타날 수 있다.

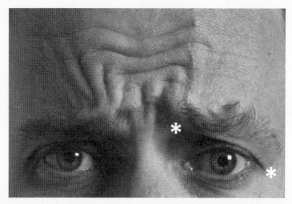

그림 16. 오메가 사인[1]

편안하고 안정된 사람들은 눈 가운데가 주름지기보다는 웃을 때 양쪽 눈가에 주름이 오고, 듣는 사람도 편안하게 느낀다. 표정이 풍부하고 편안하게 미소 짓는 느낌을 주게 된다. 표정을 바꾸기 위해서는 노력이 필요한데, 양쪽 손가락을 눈썹 위에 누르고 양쪽 귀 방향으로 당겨서 찌푸린 미간을 펴보자. 그리고 거울을 보면 훨씬 부드러운 인상이 되어 있을 것이다. 미간을 펴기 위해서는 피부 주름 클리닉을 가기보다 자신의 마음을 바꾸는 것이 더 중요하다.

표정이 좋은 예로 백종원 대표와 배우 김혜자씨를 들 수 있다. 편안하고 안정적인 인상이며 부드러운 표정이 웃을 때 잘 나타난다. 표정이나 인상이 좋은 사람들을 마음속에 떠올리면서 자신의 표정을 바꿔보면 좋을 것 같다. 거울을 보면서 입꼬리를 조금 올리며 잔잔한 미소를 지어보자. 사람들과 만날 때 그 표정을 짓는 연습을 반복하면 인상이 조금씩 바뀌기 시작한다. 미간을 찌푸리는 버릇을 하지 않도록 같이 노력하면 좋다.

말투도 중요하다. 인상이 좋은 사람들을 보면 말을 천천히 하고 상대방이 알아듣기 쉽게 배려해준다. 영어를 빨리 말한다고 영어를 잘하는 게 아닌 것처럼 우리나라 말도 잘하는 사람과 못하는 사람이 있다. 잘하는 사람일수록 알아듣기 쉽고 편안하게 말한다. 우리말에는 여느 나라 말과 달리 존댓말이 많다. 이 때문에 말투에 더 민감해질 수 있다.

자신보다 어리거나 위치가 아래인 사람에게도 아주 친해지기 전에는 항상 존댓말을 쓰는 것이 좋다. 식당에서 마주치는 종업원이나 안내해주는 사람처럼 처음 만나는 사람에게도 항상 존대를 하는 것이 바람직하다. '언니' '빨리 가지고 와'처럼 상대방이 불편한 언어를 계속 쓰다보면 자신도 모르게 그 때문에 화를 입을 수도 있다. 같이 있는 사람들도 불편하고 당신의 교양을 의심하게 된다.

영어나 어려운 단어를 많이 사용하는 것도 좋은 습관이 아니다. 그런 단어를 써도 잘 이해할 만한 사람들이면 괜찮지만, 그렇지 않은 사람들에게 계속 이런 말을 하는 것은 자신의 낮은 자존감을 드러내지 않기 위해서 포장하는 것처럼 보인다. 편안하고 안정된 사람일수록 상대방에 맞춰서 잘 알아듣도록 배려하는 말을 한다.

본격적인 대화 전에 칭찬할 것이 없는지 생각해보는 것도 좋다. 미용실에 가서 머리를 새로 하지는 않았는지, 새 옷을 입고 오지는 않았는지, 새로운 액세서리를 하지는 않았는지, 만나는 장소의 인테리어가 좋은지, 음식이나 커피가 맛있는지 등등 만나서 생각나는 좋은 느낌을 먼저 말하고(미소와 함께) 대화를 시작하면 훨씬 부드러워진다.

이때 피할 것은 상대방이 괴로워하거나 숨기고 싶어하는 것을 끄집어낸다든가 자기 자랑으로 시작하는 것이다. 그렇게 하면 처음부터 편하게 이야기할 분위기가 흐트러져 적절하지 않다. 처음에는 부드럽게 워밍업을 하는 대화로 시작하고 점차 중요한 내용을 이야기하는 것이 서로의 의견을 나누는 데 도움이 된다.

대화할 때는 눈을 잘 맞추는 것이 좋다. 눈을 서로 맞춰 어색해질 때에는 미소를 지어 보이는 것도 도움이 된다. 상대방에 대해서 이야기할 때는 눈을 맞춰야 자신의 진심이 잘 전달된다. 한편 눈을 맞출 때 너무 치켜뜨거나 눈을 부라리면 상대방이 부담을 느낄 수 있으므로 과장하지 않도록 하자.

자신이 가장 자신 있는 표정과 말투를 연습해보는 것이 좋다. 표정이 바뀌면 생각이 바뀌고 대인관계도 바뀐다. 말투가 바뀌면 그 사람의 교양이 더 풍부해지고 배려심이 생긴다. 예민한 이들은 다른 사람의 표정과 말투를 살피는 데 집착하고 그로부터 영향을 많이 받지만 정작 자신의 것을 가꾸는 데는 신경 쓰지 않는다. 따라서 다른 사람의 표정이나 말투는 되도록 신경 쓰지 말고 반대로 자신의 표정이나 말투를 반복해서 연습하며 부드럽게 만들도록 노력하는 것이 좋다.

3. 머리의 위치를 똑바로 해보자

예민한 사람들은 자신도 모르게 시선을 똑바로 하지 못할 때가 많다. 그 때문에 고개를 숙이기도 하고 얼굴을 시계 방향 또는 시계 반대 방향으로 5~10도 정도 돌리기도 한다. 혹은 얼굴을 좌우 방향으로 5~10도 돌려서 보기도 한다. 스마트폰을 보는 습관 때문에 거북목처럼 머리를 앞으로 빼기도 한다. 우리 목은 똑바로 있으면 4~5킬로그램 정도의 힘을 받지만 15도 앞으로 기울어지면 12킬로그램, 30도일 때 20킬로그램, 60도 기울어지면 27킬로그램의 힘을 받게 된다.

사진을 찍을 때는 의식적으로 똑바로 하기 때문에 사진만 봐서는 잘 모를 수 있다. 가족이나 자신을 오래 본 사람에게 물어보는 것도 방법이다. 거울에 비친 자기 얼굴과 눈을 보면 자기도 모르게 고개가 돌아가는 것을 느낄 수 있다. 어린 시절부터 머리 위치가 똑바르지 않다면 사시 같은 눈의 선천성 이상이나 사경증 같은 목의 근육 이상을

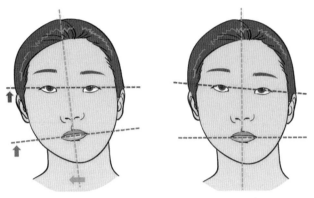

그림 17. 머리의 위치-하악의 비대칭 때문에 머리를 기울여 보상함[2]

생각해볼 수 있지만 아닌 경우가 더 많다.

거울을 보면서 목을 똑바로 하고 머리 위치를 어깨 중간으로 해서 목뼈를 세워보자. 목 주위의 근육이 머리 위치 때문에 만성적으로 긴장하지 않도록 하는 것이 중요하다. 컴퓨터를 하거나 스마트폰을 볼 때 또는 책을 읽을 때도 머리 위치를 중앙으로 해서 목뼈와 목의 근육이 부담되지 않도록 해보자. 뒷목의 근육이 아프고 눌렀을 때 통증이 더 심해지면 머리 자세가 좋지 않을 가능성이 높다.

오랜 기간 머리 위치가 잘못되어 있으면 목뼈만이 아니라 허리에도 무리가 가서 디스크가 오기 쉽다. 목 근육에 간 무리로 통증이 생기면 머리에도 통증이 와 만성 긴장성 두통이나 편두통을 일으킬 수도 있다. 또, 얼굴이 머리 위치를 보상해서 비대칭성을 만들 수 있다. 눈꼬리나 입꼬리가 좌우 비대칭이 되기도 한다. 턱이 한쪽으로 돌아간 사람들도 얼굴의 대칭성 유지를 위해 무의식적으로 턱을 돌려 눈을 중심선상에 놓게 된다(그림 17). 그렇게 되면 고개를 갸우뚱하게 되는 습관이 생기는데 자신도 모르게 계속 머리의 위치가 기울어지게 된다.

예민한 이들은 사람을 만날 때 긴장하면 평소에 연습한 자세를 잊어버리고 다시 머리와 고개가 돌아가곤 한다. 편안하게 몸을 이완하고 시선을 똑바로 하면서 고개를 어깨 가운데로 잘 맞추는 연습을 의식적으로 해보자. 두통이나 허리 통증은 흔히 잘못된 머리 위치 때문에 발생한다. 특히 뒷목의 근육이 머리를 당기느라 장시간 긴장함으로써 통증이 일어난다.

사람들을 만날 때뿐만 아니라 긴장하면 특유의 머리 움직임이 생긴다. 가장 흔한 것이 운전할 때다. 이때도 다른 사람들보다 긴장을 많이 해서 머리 움직임이 생긴다. 운전하면서 거북목을 하거나 고개를 돌리고 하는 이들도 있는데, 그러면 장시간 운전으로 피로감을 일으켜 안전 문제가 발생할 위험이 있다.

어떤 이는 머리를 떨며, 심지어 손까지 떤다. 긴장하거나 커피, 녹차, 홍차 등 카페인 음료를 마시면 더 떨린다. 이런 사람들을 자세히 살펴보면 움직이는 데는 별지장이 없다. 손이 떨리는 것 때문에 '파킨슨병'이 아닌가 걱정하는데 보통 파킨슨병은 한 손을 더 떨기 때문에 차이가 있다. 그리고 돈을 세듯이 엄지와 검지가 더 많이 떨린다. 이들의 가족 중에는 머리나 손을 떠는 사람이 있다. 이것은 '본태성 진전'이라고 하며, 대체로 머리 신경에는 별문제가 없다. 예민한 사람은 본태성 진전이 있을 때 더 큰 불편을 느끼는데, 치료되는 병이므로 진단을 잘 받으면 된다.

직장에서 컴퓨터를 보면서 오랜 시간 근무해야 한다면 컴퓨터 모니터의 위치와 높이를 조절해보자. 자신의 머리가 어깨 중앙에 와도 편안하게 모니터를 볼 수 있도록 조절하면 피로를 크게 줄일 수 있다. 모니터를 너무 밝게 하면 눈이 부시거나 안구건조증이 생긴다. 이때 눈부심을 방지하기 위해 고개를 들거나 돌리게 되어 다시 목 근육에 무리가 간다.

머리 위치가 바로 되어 있으면 대화할 때 편안한 느낌을 주고 보는 사람도 머리 위치를 편하게 둘 수 있다. TV를 보면서 출연자들의 머리 위치를 유심히 살펴보면 흥미로울 것이다. 아나운서는 머리 위치가 똑바로 되어 있고 눈의 시선도 바르다. 반면 다른 출연자들은 머리 위치가 제각각이며 일반인이라면 더 심하게 돌아가 있곤 하다. 아나운서처럼 머리 위치와 시선에 대한 교육을 잘 받으면 바뀔 수 있다는 사실을 알려주는 것이다. 오늘부터 머리 위치를 똑바로 하는 것을 행동에 옮겨보자.

4. 예민한 위장을 달래보자

예민한 사람은 긴장하면 위경련이 일어나거나 설사를 한다. 실수하면 안 되는 직업을 가진 조종사, 운전사, 방송인들 중에서 예민한 위장 때문에 고생하는 사람이 많다. 이들은 탈이 났을 때 일을 중단하기 어려운 상황에 있으므로 항상 주의를 기울여야 한다. 찬 음식을 먹거나 음식에 조금만 이상이 있어도 다른 사람은 다 괜찮은데 자신한테만 문제가 생긴다면 외식할 때도 긴장하게 된다.

우리 위장은 뇌와 밀접하게 연결되어 있는데 이것을 '뇌-장 축'이라고 한다.[3] 뇌와 장은 서로 신호를 주고받으며 장에 있는 수많은 미생물과도 연결되어 있다. 예민하거나 우울증, 불안장애가 있는 사람은 흔히 기능성 장 질환, 과민성 대장 증후군을 앓는다. 자폐증 등의 정신 질환도 장과 관계있다는 연구 결과들이 나오고 있다.

우리 장에 있는 미생물들은 장 안에 들어 있는 음식물을 분해하는 역할을 하면서 사이토카인 등의 면역 물질이나 코르티솔 같은 스트레스 호르몬, 뇌신경 자극을 통해서 뇌에 많은 영향을 준다.[4] 반대로 예민한 뇌는 이런 물질을 분비하도록 명령해 장에 있는 미생물의 생태계에 영향을 주고 이로 인해 위장의 움직임에까지 영향을 미친다.

뇌-장 축을 조절해서 위장을 편하게 할 뿐 아니라 예민한 마음을 안정시키게 하려는 연구들이 현재 활발하게 이뤄지고 있다. 유산균을 통해서 마음을 편하게 하고 동시에 과민성 대장 증후군을 치료하려는 연구도 진행되어 조만간 치료제가 나올 것으로 전망된다.

예민한 사람은 다음 날 시험, 발표, 면접 등 중요한 일이 있을 때는 며칠 전부터 자신이 자주 즐겨 먹어서 '검증된 음식'으로 식사하는 것이 좋다. 긴장한 상태에서는 찬 음식, 우유, 회 등이 제대로 소화되지 않고 장이 잘 움직이지 않는다. 식사를 하고 나서는 쉬면서 소화될 때까지 복부를 따뜻하게 하는 것이 좋다.

예민한 사람은 스트레스 호르몬인 코르티솔을 만성적으로 많이 분비하곤 한다. 코르티솔은 부신피질에서 생성되는 스테로이드 호르몬의 일종으로, 외부 스트레스에 맞서 분비되는 물질이다. 신체가 최대의 에너지를 만들어낼 수 있도록 하는 과정에서 혈압과 포도당 수치를 높이기도 한다. 코르티솔이 만성적으로 올라가면 내장이 있는 복부에서 지방 축적이 일어나 복부비만을 유발한다.

내장에 지방이 많이 축적되어 복부 CT로 보면 장의 단면이 둥글게 보이지 않고 지방에 눌려 납작하게 보인다. 음식물이 장을 통과할 때

좁아져 있는 장을 넓히면서 가야 하기 때문에 움직임이 떨어지고 쉽게 설사나 변비가 일어날 수 있다. 복부비만에 비해 팔다리는 가늘어지고 이로 인해 근력이 떨어져 운동을 안 하게 되는 것도 장의 움직임을 떨어뜨릴 수 있다.

예민한 사람은 내장 지방과 복부비만을 줄이기 위해 유산소 운동을 꾸준히 하길 권한다. 편안한 호흡을 지속하면서 할 수 있는 조깅, 에어로빅, 줄넘기 등의 운동이 좋다. 복부 지방을 태우는 데는 조금 힘들 정도로 꾸준히 운동해야 효과가 있다. 출퇴근 때 대중교통을 이용해 걷거나 주말에 규칙적인 운동을 하는 것이 좋다.

5. 완전히 쉬는 능력

쉰다는 건 우리 몸과 정신이 완전히 이완되어 편안한 상태가 되는 것을 의미한다. 단지 일을 안 하거나 가만있는 것을 넘어선 것인데, 대표적으로 수면을 꼽을 수 있다. 하지만 자는 것 외에도 완전히 쉬는 능력을 갖는 것은 예민성을 줄이는 데 매우 중요하다.

예민한 사람은 집에서 쉬는 것 같지만 쉴 새 없이 스마트폰을 만지고 웹 서핑을 하거나, 카카오톡, 페이스북 등 개인 SNS 계정, 유튜브 등 동영상 검색을 한다. 검색하다보면 눈이 피곤해지고 필요 없는 기사들을 보게 되며 다른 사람의 계정에 '좋아요'를 누르게 된다. 사실 일하는 것보다 이런 것 때문에 더 피곤을 느끼곤 한다.

국내 혹은 해외여행을 가려 해도 준비하고, 예약하고, 익숙지 않은 장소에서 숙박하는 것이 또 다른 스트레스로 작용한다. 장시간 비행기를 타는 것과 시차 적응이 안 되는 것도 피로를 증가시킨다. 구경하기 위해 줄을 서야 하고 기후도 잘 맞지 않을 때가 많다.

아무 일도 안 하고 누워 있으면 걱정이 몰려오기 시작한다. 남편이나 아내 걱정, 자녀 걱정, 어제 만난 사람들과 있었던 일 생각 등 누워 있어도 쉬는 것 같지 않다. 사람 몸이 컴퓨터라면 잠시 전원을 오프하고 싶다는 생각이 들기도 한다. 언제나 머리가 잘 쉬지 못하는 듯한 느낌이 들기 때문이다.

우리 몸은 스트레스를 받으면 교감신경계가 활성화되고, 이에 따라 긴장호르몬인 카테콜아민catecholamine을 혈액 속으로 분비한다. 카테콜아민에는 도파민, 에피네프린, 노르에피네프린이 있다. 카테콜아민이 분비되면 전신 근육이 수축되고 심장이 빨리 뛴다. 뇌에서는 편도체를 활성화시켜 위험에 대한 반응을 강화하며 동시에 기억력과 집중력을 떨어뜨린다.

온몸의 근육이 긴장하면 혈액이 몸의 심부로 모이고 심장박동이 빨라지기 때문에 카테콜아민은 전신으로 빠르게 전달된다. 이때는 가슴 호흡이 답답해짐과 동시에 심장 뛰는 소리가 느껴질 정도로 심장 박동이 빨라진다. 그리고 치매가 온 것처럼 기억력이 떨어져서 방금 들은 것도 기억나지 않는다.

이때 몸이 완전히 쉰다면 교감신경계의 활성이 감소하고 부교감신경이 활성화되면서 근육이 이완되고 심박동이 감소한다. 계속 쉬지 않고 교감신경계가 활성화된 긴장 상태가 이어진다면 온몸의 근육 경직으로 전신적인 통증이 발생하고 혈압이 상승하는 데다 기억력이 떨어지는 문제가 생긴다.

완전히 쉬기 위해서는 자신이 무슨 일을 할 때 생각이 단순해지고 몸의 근육이 이완되며 심장이 안정되고 호흡이 편안해지는지 파악해야 한다. 대체로 내 업무와는 전혀 다른 일이 도움이 된다. 예를 들어 가정주부라면 집 안에서 하지 않는 일이 좋고, 회사원이라면 자기 업무와 유사한 일이 아닌 것이 좋다. 뇌 가운데서 쓰지 않는 뇌, 근육 중에서는 쓰지 않는 근육을 활용하는 것이 좋다.

예를 들어 하루 종일 사무실에 앉아서 서류 작업을 하는 사람이 쉴 때 인터넷을 하거나 게임을 하면 충분히 쉬는 게 아니다. 인터넷이나 게임이 생각을 단순화시키거나 몸을 이완시키는 경우는 많지 않다. 반대로 하루에 30분씩 자전거를 탄다면 어떨까? 주로 앉아서 머리 쓰는 일을 하는 사람에겐 이 편이 훨씬 더 적절할 것이다.

하지만 여유 시간이 많지 않고 짧은 시간 동안 이완해야 한다면 아래의 '긴장 이완 훈련'을 해보길 권한다. 특히 항상 긴장 속에 노출돼 있고 만성불안과 불면, 공황장애가 있는 이들에게 큰 도움이 될 것이다. 호흡과 근육 이완을 통해서 누구나 쉽게 긴장을 낮출 수 있다.

긴장 이완 훈련

먼저 편안한 의자에 앉아보세요. 등받이가 있고 머리를 받쳐줄 수 있는 의자가 좋습니다. 의자에 앉아 눈을 감고 온몸의 힘을 빼보세요. 엉덩이는 조금 앞으로 해서 의자 등받이와의 사이에 공간이 조금 생기도록 해주세요. 팔은 아래로 내려 중력에 몸을 맡겨봅니다.

아랫배로 천천히 복식호흡을 해보세요. 아랫배로 숨을 들이마셔서 배에 맨 벨트가 꽉 끼도록 하고요. 숨을 내쉴 때는 마치 수영장에서 쓰는 고무 튜브에서 바람이 빠지는 것처럼 천천히 코로 공기를 빼주세요. 배가 홀쭉해진 후에는 다시 공기를 배로 들이마시도록 합니다. 이것을 '긴장 이완 훈련'이라고 합니다. 하나, 둘, 셋……. 서른 번 정도 호흡하고 나서 눈을 떠보세요.

어떤가요? 전보다 더 편안해지고 긴장이 이완된 느낌을 받게 될 겁니다. 충분하지 않다면 몸의 힘을 덜 뺐을 가능성이 있습니다. 긴장을 빼는 데 좀더 익숙해지도록 해야 할 것입니다.

우리 몸도 달래고 안정시켜줘야 계속 자신의 명령이나 의도대로 행동할 수 있다. 마음이 안정될 때까지 한번 완전히 쉬어보자. 마음이 편해지고 근육이 축 늘어질 만큼 스스로를 이완시킬 수 있다면 다시 일이나 공부를 시작할 때 더 좋은 능력을 발휘할 수 있다. 오래 앉아 있는다고 좋은 성과를 내는 것은 아니다.

6. 자존감 관리

생일이 되면 모두 모여서 케이크에 불을 붙이고 생일 축하 노래를 부른다. '당신은 사랑받기 위해 태어난 사람⋯⋯.' 태어난 날을 축하한다는 것은 그 사람의 존재가 소중하고 우리와 함께 있어서 기쁘다는 마음을 나누는 것이다. 가족의 생일을 축하하고 선물을 주는 것은 자존감self-esteem의 근원을 만든다.

자존감은 '자아존중감'이라고도 하며 자신이 사랑받을 만한 가치가 있는 소중한 존재이고 어떤 성과를 이뤄낼 만한 유능한 사람이라고 믿는 마음이다. 살다보면 누구나 실패와 좌절을 겪게 된다. 야단을 맞고 시험에 떨어지기도 하며, 뜻하지 않은 갈등을 겪기도 한다. 그때 자존감이 충분하지 않다면 예민해지고 좌절하며 심하면 죽고 싶은 생각이 들기도 한다. 자존감이 낮은 사람은 스스로에게 더 가혹한 벌을 내릴 때가 많다.

자존감의 가장 중요한 근간은 어릴 때 형성된다. '안전기지secure base'의 형성과 '적당한 좌절optimal frustration'[5]의 경험이 자존감 형성에 중요하다. 두 경험 다 어릴 때 부모님, 특히 어머니로 인해 겪게 되지만 다른 보호자도 마찬가지 역할을 할 수 있다.

안전기지는 유명한 존 볼비의 '낯선 상황 실험'에서 알 수 있다. 14개월 된 아기와 엄마를 방 안으로 들어오게 하고, 아기가 장난감을 가지고 놀게 한다. 엄마가 조용히 방을 나가면 아기는 패닉 상태에 빠지고 장난감에 더 이상 관심을 보이지 않으며 엄마를 찾으려고 운다. 엄마가 다시 들어오면 안아달라고 한 뒤 안정을 되찾으면 다시 장난감을 가지고 논다.

아기는 엄마에게 애착이 형성되어 있고 엄마는 아이를 위한 '안전기지' 역할을 한다. 안전기지가 없다면 세상을 탐구하지 못하고 자존감이 낮아 늘 예민한 상태가 된다. 어머니가 있다 하더라도 충분한 애착이 서로 이뤄지지 않는다면 안전기지가 형성되지 않고 낮은 자존감에서 벗어나기 힘들다.

우리나라 의과대학 학생 7000명을 대상으로 의과대학 학생의 자살 충동과 관계된 요인을 연구한 적이 있다. 의과대학 학생들은 학업 관련 스트레스를 많이 받아 처음에 이것이 가장 중요한 원인일 거라 생각했지만, 실제 연구 결과 자살 충동과 관련 있는 것은 어린 시절 부모와의 관계였다. 그중에서도 '정서적 학대emotional abuse'가 가장 큰 영향을 미치는 것으로 나타났다.[6] 정서적 학대란 방임이나 차별 등 정서적으로 고통을 받는 것을 말한다.

'엄마 아빠 사이가 안 좋았어요. 어릴 때 항상 두 분이 다투는 것을 보고 자랐어요.'
'부모님이 관심 있는 것은 오로지 성적뿐이었고 못하면 심하게 야단을 맞았어요.'
'의대생이 되니 주변 친구들이 다 공부를 너무 잘해서 저는 뒤처지는 것 같아요.'
'힘들면 곧잘 죽고 싶은 생각이 들어요.'

적당한 좌절은 인생의 어려운 점을 극복해나가기 위해 필요한 자존감을 키워준다. 부잣집 딸의 예를 들어 설명해보자. 사업으로 성공한 집안의 외동딸로 자란 아이가 있었는데, 창업주인 할아버지는 그 손녀를 몹시 예뻐했다. 아이에게 비서를 붙여서 항상 따라다니도록 했고 백화점 진열대의 물건을 아이가 보기만 하면 가격에 상관없이 물건을 사서 방에 넣어주었다. 방에 물건이 쌓여 더 이상 공간이 없을 정도가 되면 상자를 열어보지도 않은 채 어떤 물건들은 내다 버렸다.

그 아이는 나중에 어떻게 됐을까? 할아버지의 회사가 어려워져 이전처럼 원하는 물건을 사줄 수 없게 되자 심각한 열등감과 자존심 저하를 겪었다. 또한 이전에 자신을 좋아하던 사람들이 더는 관심을 안 보이자 외모에 집착하기 시작했다. 얼굴과 전신 성형을 거듭하다가 결국 다른 사람을 의식해 집 밖에도 나오지 못한 채 혼자 지내는 신세가 되었다.

십대에 벼락스타가 된 가수 이야기를 해보자. 많은 사람이 관심을 보이고 자신의 일거수일투족이 기사화되는 상황이 처음에는 낯설겠지만 곧 적응된다. 하지만 인기가 떨어지고 사소한 실수로 인해 비난을 받으면 급격한 자존감 하락을 겪게 된다. 안전기지로 생각했던 팬들마저 점점 등을 돌리고, 적당한 좌절이 아닌 급격한 좌절을 겪어 심각한 우울증에 빠진다. 하지만 자신의 인기와 상관없이 도움을 줄 수 있는 친한 친구들이 있거나, 신기루 같은 인기보다는 자신이 보여줄 수 있는 음악에 관심을 갖는다면 위기에서 좀더 수월하게 벗어날 수 있다.

성인이 되어서도 마찬가지다. 배우자나 자식이 안전기지가 되면 좋겠지만 오히려 그 반대일 때가 많다. 혹은 자기 어머니가 안전기지가 되면 좋겠지만 그들도 이제 나이를 먹어 그런 역할을 하기 어려워진다. 이때 어릴 적부터 만나온 친구나 혹은 종교 공동체, 마을 공동체가 그 역할을 할 수 있다. 또는 자신이 만나서 상담받는 주치의 선생님이 그런 사람이 될 수도 있다.

자신에게 안전기지가 되는 인물이 누구인지 잘 생각해보자. 머릿속에 떠오르는 바로 그 사람을 평소에 잘 대하는 것이 좋다. 항상 좋은 관계를 유지하면서 서로 자존감을 북돋운다. 내 자존감이 중요한 것처럼 상대방의 자존감 유지도 중요하다. 배우자라면 서로의 역할을 존중하고 자존감을 낮추는 행동은 삼가야 할 것이다.

적당한 좌절은 어린 시절에 자존감을 만들고 마음의 맷집을 키우는 데 중요하다. 가풍이 있는 집안일수록 아이에게 모든 것을 다 해주지 않고 적당한 좌절과 성취감을 얻도록 도와준다. 어릴 때부터 적당한 좌절을 안정적으로 경험한 사람들은 자신의 좌절을 극복하기 위해서 새로운 도전을 하길 즐긴다. 하지만 좌절만 있어서는 안 된다. 잘한 일에는 보상이 뒤따라야 하는데, 칭찬이나 안아주는 것만으로도 충분할 수 있다.

성인이 되어서도 마찬가지다. 어느 정도의 좌절은 견디고 넘어갈 준비가 되어 있어야 한다. 만일 내가 견딜 수 없는 심각한 좌절을 맞닥뜨리게 된다면 안전기지의 도움이 필요하다. 그리고 부모나 친구 혹은 주위 사람의 도움으로도 해결되지 않는다면 전문가의 도움을 받는 데 주저하지 말자.

7. 대인관계에서의 대화 팁

예민한 사람들이 가장 힘들어하는 것은 대인관계인데, 이는 타인과 만나면 지나치게 긴장하기 때문이다. 별것 아닌 이야기나 농담에도 긴장하다보면 표정이 굳어지고 식은땀을 흘리게 된다. 그러면 이야기하는 상대편도 부담을 갖기 마련이다.

예민한 사람은 연상을 잘한다. 예민할수록 다른 사람의 행동이나 말이 자신과 관련 있다고 생각한다. 그러면 대화하는 중에 자신이 말실수를 하지 않을까 염려하며, 상대방의 표정이 안 좋아지면 내가 말을 잘못한 건 아닌가 걱정한다.

만나서 대화한 것을 얼마나 기억하는지 떠올려보자. 한 달 전에 만나서 대화를 나눴다면, 만난 사람과 장소는 기억나지만 무슨 대화를 나눴는지 떠올려보면 대부분 잘 기억나지 않는다. 중요한 이야기를 하거나 그 내용을 적어놓은 것이 아니라면 기억이 안 나는 것이 정상이다. 1년 전에 만나서 이야기한 적이 있다면 스마트폰 일정을 보고 누구를 만났었는지 생각해내는 것만으로도 훌륭한 기억력이다.

우리 뇌는 대부분 중요하지 않은 것을 잊는 능력을 가지고 있다. 중요한 것만 장기기억으로 넘어가는데, 즉 그 당시 놀랐거나 집중한 것만 여기에 해당된다. 잊어버리는 능력을 지니고 있다는 것은 놀랍고도 감사한 일이다. 치매처럼 단기기억을 잃어버리는 것과는 다르며, 필요 없는 기억을 자연스럽게 잃어버리는 것은 때로 매우 중요하다.

예민한 사람은 남들이 쉽게 잊어버리는 필요 없는 것들을 지나치게 오래 기억한다. 내가 뭐 하러 부엌에 왔는지, 양치질을 했는지, 휴대전화를 어디에 두었는지와 같이 꼭 필요한 기억을 잘 하지 못해서 걱정한다. 다른 걱정을 많이 하기 때문에 집중력이 떨어져 생기는 결과이므로 대개 치매와는 무관하다.

사람들과 대화할 때 지금 말한 것이 결국은 '잊어버릴 내용'이라는 것을 생각하면 좋다. 한편 다른 사람을 비난하거나 뒷말을 하는 것은 좋지 않다. 예민한 사람은 보통 그런 말을 잘 하지 않지만 어쨌든 상대방은 그 내용을 오래 기억하기 때문이다.

말의 내용보다는 서로 만나서 이야기를 나눈 감정이 더 중요하다. 다시 만나면 낯선 느낌은 사라지고 편안한 느낌을 받는데 이미 얼굴이 익숙해져서 그런 것이다. 이것은 언어적 기억과는 다르며 우리 뇌에는 사람의 얼굴을 구분하는 영역이 따로 있다.

예민한 이들은 안정된 사람과의 대면 연결성connectedness을 만들면 도움이 된다. 메신저로 연결해놓는 것도 좋지만 만나서 얼굴을 익히고 메신저를 이용하는 편이 관계 형성에 더 도움이 된다.

대화할 때는 표정과 말투에 신경 쓰지 않는 것이 중요하다. 예민한 사람은 어릴 때부터 눈치를 살피는 데 익숙해서 상대방이 혹시 불편해하지 않는지, 화가 나진 않았는지 시시각각 신경을 쓴다. 대화하는 데 필요 없는 에너지를 낭비하는 것이다. 사실 어떤 사람의 표정이나 말투는 평소 그의 성격이나 그날의 상태에 따라서 많이 좌우되고, '나' 때문이 아닌 게 대부분이다. 이것을 자신 때문이라고 생각하면 밤에 잠이 안 오고 계속 그 이유를 고민하게 된다. 아무리 고민해도 답은 나오지 않고 불면을 유발할 뿐이며, 피곤이 이어지면 오히려 다음에는 사람을 만날 엄두를 내지 못하게 된다.

다른 사람의 시선을 신경 쓰지 말자. 만나는 사람에 집중하고 그 외 다른 사람이 나를 어떻게 보는지는 염두에 두지 않는 것이 좋다. 우리 주변에 명품 가방, 구두, 옷에 신경을 과도하게 쓰는 사람들이 있는데, 그들은 타인을 대할 때 선입견을 가지고 판단하므로, 그들의 말에는 크게 신경 쓰지 말도록 하자.

대인관계를 맺을 때는 대화에만 집중하는 것이 좋다. 예민해서 처음 보는 사람과 대화하는 걸 힘들어하는 이들도 메신저상에서는 자기 의사를 잘 표현한다. 예민한 사람은 대면해서 대화하는 것도 메신저로 대화하는 것처럼 하면 좋다. 즉 이야기를 나눌 때 상대의 말을 잘 듣고 나서 이에 반응하고 미소 짓는 것이 중요한 포인트다.

전화나 메일, 메신저에 답장이 늦더라도 자신을 무시하거나 싫어한다고 생각하지 말자. 그들은 다른 사람들에게도 마찬가지로 행동하거나 혹은 다른 일로 답장이 늦어지는 것이다. 자신과 관련되어 있다고 생각할수록 예민해진다.

8. 자는 것보다는 깨는 것에 집중하라

예민한 사람은 잠이 안 와서 고생을 많이 하고, 잠이 든다 해도 자주 깬다. 수면 검사를 받으면 수면 무호흡이나 하지불안증후군 등의 진단을 받기도 하지만 그것이 잠이 안 오는 가장 주된 이유는 아니다. 매우 예민한 사람이 쉽게 잠들지 못하는 이유는 불을 끄고 자려 하면 더 각성되고 그날 일들이 생각나서 뇌가 깨어나기 때문이다. 마치 시험 전날 잠이 안 오는 것이나 낮에 친구와 말다툼한 뒤 밤에 그 생각이 꼬리에 꼬리를 물고 이어져 잠이 안 오는 것과 유사하다.

물론 예민하지 않은 사람도 쉽게 잠들지 못할 수 있지만, 예민한 사람의 경우 침실에 들어가면 잠이 오지 않을까 하는 두려움을 갖게 된다는 점이 다르다. 머릿속으로 잠자는 데 좋다는 것은 다 해본다. 양이 울타리를 넘는 상상을 해보는데 1000마리까지 세고 결국 잠을 이루지 못한 뒤 출근한 예민한 사람을 본 적도 있다.

먼저 일반적으로 잠을 잘 자는 데 좋다고 널리 알려진 '수면위생'에 대해 알아보자. 매우 예민한 사람에게도 수면위생 관리는 도움이 된다. 잘못된 수면 습관을 고치고 좋은 습관을 들이는 것이 수면위생이다. 큰 원칙을 보면 밤에 자기 전에는 자극이 되는 것을 피하고 항상 일정한 생활 리듬을 갖도록 노력하는 것이다.

수면위생의 관리[7]

1. 같은 시간에 잠자리에 들고 정해진 시간에 일어나도록 하는데, 특히 정해진 시간에 일어나는 것이 더 중요합니다. 아침에 잠이 깨면 바로 일어납니다. 일어나서 밝은 빛을 쬐면 잠을 깨는 데 도움이 됩니다.

2. 낮 시간에 규칙적으로 운동을 합니다. 주로 햇빛이 비치는 시간대에 30분에서 1시간 정도 산책하는 것이 좋습니다. 또한 취침 직전에는 격렬한 운동을 피해야 하는데, 이는 운동 자체가 자극이 되어 잠드는 데 방해가 되기 때문입니다.

3. 커피, 홍차, 녹차, 핫초코, 콜라, 자양강장제 등 카페인이 든 음료나 초콜릿 등을 피합니다.

4. 낮잠은 자지 않습니다. 낮잠을 자면 야간에 잠이 잘 오지 않기 때문입니다.

5. 저녁에 과식을 하지 않습니다. 과식 자체가 자극이 되어 잠들기 힘들어집니다. 잠자리에 들기 전 따뜻한 우유 한 잔이나 치즈 등을 먹는 것은 도움이 됩니다.

6. 저녁 7시 이후에는 담배를 피우지 않습니다. 담배를 피우면 정신적으로 흥분해서 잠들기 힘듭니다.

7. 침대는 수면 이외의 목적으로 사용하지 않습니다. 예를 들어 침대에서 책을 보거나 TV를 보지 않도록 합니다.

8. 술은 숙면을 취할 수 없게 하여 잠자는 도중에 자주 깨어나게 하므로 절제합니다.

9. 잠자리에 누워 10분 정도 지났는데도 잠이 오지 않으면 자리에서 일어나 다른 장소로 가서 책을 읽거나 라디오를 듣는 등 비교적 자극이 적은 일을 하다가, 잠이 오면 다시 잠자리로 가서 눕습니다.

10. 잠자리에 들 때나 밤중에 깨어났을 때는 일부러 시계를 보지 않습니다. 시계를 보면 잠을 자지 못한 것에 대해 걱정하게 되고, 걱정하면 긴장되어 잠이 더 오지 않습니다. 따라서 침실, 화장실, 거실에서 시계를 치우는 것이 좋습니다.

매우 예민한 사람이 잘 자려면 명심해야 할 가장 중요한 점은 '항상 같은 시간에 일어나기'다. 우리 몸은 아침에 깨면서 생체 리듬이 시작된다. 주말에도 항상 같은 시간에 일어나다보면 나중에는 알람시계 없이 초까지 맞춰 같은 시각에 깬다. 그런데 이때 다시 잠을 자거나 누워 있으면 소용없다. 보통 오전 6시 30분이나 7시 정도에 깨는 것이 좋다. 직장 출근 시간에 따라서는 조금 더 일찍 깰 수도 있다.

일어난 뒤에는 잠을 완전히 깨야 한다. 잠을 완전히 깨면 밤에 잠

그림 18. 거실 창으로 들어오는 빛 쬐기

이 잘 든다. 비몽사몽으로 오전을 지내면 밤에 머리가 더 각성되고 생생해진다. 잠을 완전히 깨는 데 가장 좋은 방법은 '빛'이 눈으로 들어가게 하는 것이다. 시간이 된다면 오전 8시나 9시부터 30분 정도 집 밖에서 걷는 것이 좋다. 출근 때문에 어렵다면 걸으면서 빛을 쬐어도 되고 집이나 직장에서 창가에 앉아 있는 것도 도움이 된다(그림 18).

이때 빛을 쬐면 비타민 D 흡수에도 도움이 될 수 있다. 다만 매우 예민한 사람들이 빛을 쬐는 중요한 이유는 눈으로 빛이 들어가 뇌를 깨우는 것이 중요하기 때문이고 비타민 D 흡수 때문은 아니다. 하지만 비타민 D도 햇볕을 통해 얻을 수 있다면 골다공증을 예방하거나 기분이 호전되는 데 도움이 된다. 다만 창문을 통해서 들어오는 빛은 뇌를 깨우는 데는 도움이 되지만 비타민 D 합성에 도움이 되는 자외선은 대부분 차단된다. 따라서 창문을 열고 빛을 쬐거나 실외에서 산책을 하면 뇌도 깨우고 비타민 D도 얻는 데 도움이 될 수 있다.

잠을 깨기 위해 보통 커피를 마시는데 출근하자마자 오전에 한 잔 정도 마시면 좋다. 카페인에 몹시 예민한 사람은 안 마시는 것도 좋으며, 오후에는 카페인 음료를 피하고 둥굴레차나 보리차 등을 마시도록 한다.

밤에 누워서 잠이 잘 오지 않으면 오늘 있었던 일이나 내일 할 일을 생각하기보다는 예전의 여행 추억이나 즐거웠던 경험을 눈을 감고 떠올려보면 잠이 온다. 유튜브를 보는 사람도 있는데 게임이나 무서운 영상을 접하면 자극을 더 많이 받아 결코 도움이 안 된다.

매우 예민한 사람은 눈알을 좌우로 반복해 움직이면 긴장이 풀어지고 잠이 잘 오는 특징이 있다. 이것을 EMDR이라고 한다. 안구운동 민감소실 및 재처리 요법Eye Movement Desensitization and Reprocessing, EMDR은 1987년 미국의 프랜신 샤피로 박사에 의해 개발된 치료 방법이다.8 예민한 사람들은 눈을 좌우로 움직이는 눈 운동이 수면을 시작하는 데 도움이 될 수도 있다. 누구나 수면 중에 꿈을 꾸는 렘수면을 경험하는데 렘수면이 오면 눈을 좌우로 굴리는 현상이 나타난다. 어린아이들은 렘수면이 많아서 잘 때 눈을 좌우로 굴리는데 이것은 정상적인 행동이다.

한 가지 개인적인 팁을 주자면, 예민한 사람 중에는 밤에 유튜브로 동영상을 볼 때 축구, 테니스, 야구, 반려동물처럼 공이나 사물이 빠르게 움직이는 영상을 보면 쉽게 잠이 든다고 하는 이들이 있다. 눈이 영상에 나오는 공이나 사물을 좌우로 빠르게 따라가면서 긴장이 이완되고 잠이 오기 시작하는 것이다. 영상에서 나오는 소리는 조용해야 하고 한국어보다는 영어로 듣는 것이 각성을 낮추는 데 더 도움이 된다. 단, 승부에 집착하거나 긴장을 유발하는 영상, 무서운 영상을 보는 것은 피하면서 수면 습관을 잘 들이도록 하자.

9. 자신의 방어기제를 이해하자

하버드 의대 정신건강의학과의 조지 베일런트 교수는 성인 814명을 전 생애에 걸쳐서 연구해 『행복의 조건』9이라는 책을 펴냈다. 서로 다른 능력과 배경을 가진 세 집단을 연구 대상으로 삼았는데, 먼저 하버드대학 법대 졸업생, 두 번째로 중산층 출신의 아이큐 140 이상 되는 여성 천재 집단, 세 번째로는 대도시 중심부 지역의 저소득층 고등학교 중퇴자 집단이다.

그는 신체적·정신적으로 건강한 노화를 예견하는 일곱 가지 주요한 행복의 조건을 꼽았다. 첫 번째는 인생의 고통에 대응하는 '성숙한 방어기제'이고, 이어서 교육, 안정된 결혼생활, 금연, 금주, 운동, 알맞은 체중이었다. 50대에 이르러 그중 대여섯 가지 조건을 충족했던 하버드 졸업생 106명 중 절반은 80세에도 '행복하고 건강한' 상태였고, 7.5퍼센트만이 '불행하고 병약한' 상태였다. 반면 50대에 세 가지 미만의 조건을 갖추었던 이들 중 80세에 '행복하고 건강한' 상태에 이른 사람은 아무도 없었다.

방어기제는 감정적 상처로부터 마음의 평정심을 지키기 위해 자신도 모르게 무의식적으로 스스로를 보호하는 마음의 방어 작용을 말한다. 방어기제는 누구나 가지고 있으며 그 사람의 성격적인 특성과 관련 있다.[10]

지그문트 프로이트의 막내딸 안나 프로이트는 아버지의 업적을 정리하고 구체화하여 사람의 마음이 어떻게 외부의 수많은 감정적 상처로부터 자신을 방어하는지 정리해놓았다.[11] 마음의 평정을 깨트리는 사건들이 내적·외적으로 발생할 때, 그 불안감은 자신을 위협하게 되며, 이때 불안을 처리하고 마음의 평정을 회복하기 위해 반복적으로 사용하게 된다.

베일런트는 방어기제를 '성숙도'에 따라 4단계로 분류했는데,[12] 단계가 올라갈수록 더 성숙한 것으로 봤다. '성숙한 방어기제'를 사용하는 것이 행복하고 건강한 상태에 이르는 가장 중요한 요소임을 밝힌 것이다. 미국정신의학회의 진단 기준 4판DSM-IV에서는 이를 일부 수정해 아래와 같이 제시했다.[13]

1. 자기애적 방어기제Narcissistic defenses

① 부정Denial

현실에서의 고통을 인식하지 않기 위해 처음부터 그런 일이 없었던 것처럼 무의식적으로 행동하는 것이다. 스스로는 인식하지 못한다.

예) 인터넷 쇼핑으로 비싼 옷을 구입하고는 택배를 받으면 자신은 구입한 적이 없다고 한다.

② 왜곡Distortion

자신의 내부적인 욕망에 의해 현실을 고쳐서 행동하는 것이다. 스스로는 인식하지 못한다.

예) 경제적으로 어려우면서 자신의 SNS에는 부잣집인 것처럼 꾸민 뒤 명품 사진을 올린다.

③ 투사Projection

자신의 결점, 받아들일 수 없는 행동에 대한 책임을 타인에게 돌린다.

예) 자신이 잘 안되는 이유를 부인 탓, 부모 탓, 국가 탓으로 돌린다.

2. 미성숙한 방어기제Immature defenses

① 행동화acting out

무의식적인 소망이나 충동이 감정을 동반해 의식에 떠오르는 것을 피하기 위해 말이나 행동으로 표현한다. 그렇지만 왜 화가 나고 때리는지는 잘 설명하지 못한다.

예) 음식점에서 음식을 늦게 가져오는 종업원에게 자신을 무시한다며 화를 낸다.

② 차단blocking

일시적으로 생각하는 것을 억제하는 것이다. 억제하는 동안 긴장은 증가한다.

예) 배우자와 어제저녁에 말다툼한 것이 기억나지 않는다. 다만 배우자를 보면 화가 많이 난다.

③ 건강염려증hypochondriasis

현재 상황을 회피하거나 관심을 받기 위해 자신의 병을 과장하거나 강조한다.

예) 내가 암에 걸리지 않을까 걱정한다. 관심을 가져주면 증상이 줄어든다. 병원에 가서 검사를 받으면 정상이다.

④ 내재화introjection

대상을 비판 없이 그대로 수용하는 것이다.

예) 사이비 종교 교주의 말을 무비판적으로 수용한다.

⑤ 수동-공격적 행동passive-aggressive behavior

다른 사람에 대한 공격성이나 불만을 그대로 표현하지 못하고 제대로 일을 하지 않는 것이다.

예) 아들에게 공부하라고 야단을 쳤더니 공부는 안 하고 스마트폰만 만지작거린다.

⑥ 퇴행regression

현재의 발달 단계보다 이전의 발달 단계로 되돌아감으로써 현재의 위치나 성숙도를 후퇴시킨다. 두려움과 고통이 많은 사람에게서 흔히 나타난다.

예) 동생이 태어난 아이가 어린 아기처럼 되는 것. 부모님에 대한 사랑을 동생이 빼앗는다면서 관심을 되찾으려는 행동을 한다.

⑦ 신체화somatization

우울, 불안 등의 정신적인 문제가 신체적인 증상으로 나타나는 것이다.

예) 전신 통증이 있는데 검사상 뼈나 근육에는 이상이 없다. 스트레스를 받으면 더 아프다.

3. 신경증적 방어기제Neurotic defenses

① 통제controlling

자신의 불안감을 줄이고 내적 갈등을 해결하기 위해서 주변에 있는 대상이나 사건을 과도하게 조정하고 이용한다.

예) 애인의 사생활을 통제하고 스마트폰의 내용을 확인해 다른 사람을 사귀고 있지 않은지 감시한다.

② 전치displacement

힘이 없어 위협이 되지 않는 사람이나 사물에게 적대감, 폭력 등 공격적인 정서와 행동을 표출한다.

예) 배우자와 싸우고 나서 자녀들에게 화풀이를 한다.

③ 외부화externalization

자신의 욕구나 기분, 태도, 사고를 외부 세계나 외부 대상에 있는 것으로 지각한다.

예) 내가 기분이 우울하니 길 가는 사람들의 얼굴이 모두 우울해 보인다.

④ 억제inhibition

의식적으로 욕구나 생각 또는 감정 등을 억눌러버리는 것. 억압과는 달리 의식적이라는 차이가 있다.

예) 나를 무시한 사람 때문에 화가 나지만 참는다.

⑤ 지식화intellectualization

경험하고 싶지 않은 강한 감정을 분리시킨다. 위험한 감정과 충동을 실행에 옮기지 않고 지적 활동에 묶어두려는 노력이다.

예) 자신을 괴롭히는 친구를 때리고 싶은 충동을 전쟁 게임으로 해소한다.

⑥ 고립isolation

바람직하지만 성과가 없을 것 같은 정서적 낭비를 억제하기 위한 방어기제다. 상실, 실망 등에서 자신을 보호하기 위해 기대와 노력을 포기함으로써 방패를 만드는 것과 같다. 박탈된 상태에서 성장을 해왔거나 오랜 기간 좌절을 겪은 사람들에게서 많이 나타난다.

예) 남편이 바람을 많이 피우는데, '남자는 다 그런 거야'라고 감정 없이 이야기를 한다.

⑦ 합리화rationalization

자신의 문제 행동에 대해 그럴듯한 이유를 만들어내 받아들일 수 있을 만큼 합리적이고 이성적인 내용으로 재해석한다. 자기애적 방어기제 중 부정과 혼합되어 사용되곤 한다.

예) 내가 시험 전에 공부를 하나도 하지 않고 노는 것은 직전에 열심히 하기 위해서 긴장을 푸는 것이다.

⑧ 해리dissociation

의식에서 갈등을 분리시켜 감정을 의식하지 못하게 한다.

예) 폭행을 당한 사람이 그 사실 자체를 기억하지 못하고 그런 일이 없었다고 한다.

⑨ 반동형성reaction formation

받아들일 수 없는 충동, 감정, 생각이 의식에서 반대 방향으로 나타나는 것이다. 불안을 막기 위해서 흔히 사용한다.

예) 시어머니를 몹시 싫어하는 며느리가 수시로 어머니의 안부를 묻기 위해 전화하고 목소리를 들어야 안심을 한다.

⑩ 억압repression

현실에서 받아들이기 힘든 충동이나 욕망을 의식의 세계로 나오지 못하게 무의식으로 밀어내는 것이다. 억압되어 있던 것들은 꿈이나 농담, 말실수로 종종 나타난다. 죄책감, 수치심, 자존심이 상하는 경험일수록 억압을 사용하게 된다.

예) 자신이 싫어하는 사람의 이름이 잘 기억나지 않는다.

4. 성숙한 방어기제Mature defenses

① 이타주의altruism

타인을 돕는 일로 대신해서 만족감을 얻는 것. 자신이 욕구를 직접 충족하는 대신 다른 사람이 충족할 수 있도록 도와주고 대리 만족을 느끼는 것이다.

예) 자신이 어린 시절에 고생하며 자랐는데 고아원에서 자원봉사를 하면서 어려운 아이들을 돕는다.

② 예측anticipation

미래에 있을 불편함이나 갈등을 미리 내다보고 현실적으로 준비하는 것이다. 장기적 관점에서 무엇을 미리 준비해야 하는지 아는 능력이다.

예) 부모님의 건강이 좋지 않은 사람이 부모님과 같은 병에 걸리지 않기 위해 미리 건강검진을 하고 관리를 한다.

③ 금욕주의asceticism

현실에서 경험할 수 있는 욕망의 충족과 쾌락을 없애고 금욕을 통해 만족을 얻는 태도를 말한다.

예) 술로 인해서 사고를 많이 일으킨 사람이 금주를 하면서 술을 마시고 싶을 때마다 명상을 한다.

④ 유머humor

불쾌하고 기분 나쁘거나 화가 나더라도 불쾌감이나 무안을 주지 않고 농담으로 웃으면서 넘어가는 태도다.

예) 배우자가 자신을 다른 사람과 비교하는 말을 들어서 화가 나더라도 표현하지 않고 웃으면서 넘어간다.

⑤ 승화sublimation

사회적으로 용인되거나 바람직한 목적을 추구해 무의식적인 욕망을 충족하는 행동이다.

예) 모든 여성에게 사랑받고 싶은 생각이 있는 사람이 아름다운 여성용 옷을 디자인해서 판매한다.

⑥ 억제suppression

의식 차원에서 느껴지는 충동과 갈등을 축소하거나 조절하는 것이다.

예) 자기도 모르게 죽고 싶은 생각이 드는 사람이 운동을 하면서 생각을 조절하고 건강에도 도움을 받는다.

베일런트가 이야기한 건강한 노화를 예견하는 일곱 가지 주요한 행복의 조건 가운데 성숙한 방어기제, 교육, 안정된 결혼생활, 금연, 금주, 운동, 알맞은 체중이 예민한 사람에게는 더 중요하다. 예민한 사람은 자기애적 방어기제나 미성숙한 방어기제, 신경증적 방어기제를 자신도 모르게 사용해서 대인관계와 가족관계에 문제를 일으키고 또다시 예민한 상황에 처하는 악순환을 겪기 쉽다. 베일런트에 의하면 50대 이후 사람의 삶을 결정하는 가장 중요한 변수는 47세 무렵까지 만들어놓은 인간관계라고 했다. 우리에게 일어났던 과거의 불행한 일들이 우리 미래를 결정하는 것이 아니다. 현재의 노력을 통해서 미래를 바꿔나갈 수 있다.

내가 어떤 방어기제를 자주 쓰고 있는지 잘 생각해보자. 예민한 사람은 자기 주변이 자신이 원하는 방향으로 진행되도록 '통제'하며 자신의 문제를 직면하지 않은 채 남 탓을 하면서 '합리화'하곤 한다. 불안할 때마다 배우자와 아이들에게 화를 내기도 하는 '전치'를 하고 불안한 이유를 잘 생각하지 못한 채 '억압'하는 일이 많다. 다른 사람들과 잘 어울리지 않고 혼자 지내면서 자신의 문제를 '고립'시켜 누구나 다 그런 것이라고 생각한다.

편안하고 건강한 삶을 유지하기 위해서는 성숙한 방어기제로의 전환이 요구된다. 모든 것을 자신이 다 조절할 수 없고 각자 스스로 하도록 자율성을 주고 배려하는 것이 필요하다. 자신의 문제를 바라보고 바꾸고 변화하려 애써야 한다. '화'가 나는 것이 다른 사람의 탓보다는 자신의 문제에서 비롯되는 것이 아닌가 내면을 점검하며 직접적으로 부딪치지 않는 여유와 유머를 가져야 한다. 혼자 지내기보다는 사람들과 어울리면서 바람직한 방향으로 예민성을 승화시켜야 한다. 자신의 예민성을 관리하는 구체적인 방법을 실천에 옮겨보는 것이 좋다.

10. 내가 좋아하는 것과 싫어하는 것

내가 어떤 일을 좋아하고 어떤 일을 싫어하는지를 잘 알면 자신의 예민함을 다루는 데 도움이 된다. 하지만 내가 해보지 않은 일을 좋아하는지 싫어하는지 알기란 쉽지 않다. 직업도 여러 가지를 가져보기 쉽지 않고 친구나 이성도 여러 부류의 사람을 만나는 것은 현실적으로 어렵기 때문이다.

먹거나 마시는 것은 누구나 쉽게 할 수 있다. 입을 통해 맛을 느끼고 위가 가득 차서 포만감을 느낄 때 기분이 가장 좋다면 예민할 때마다 반사적으로 먹거나 마시게 된다. 포만감을 느끼면 예민한 것이 줄어들긴 하지만 건강을 유지하는 데는 좋지 않은 방법이다. 이것 외에 내가 좋아하는 것에는 또 무엇이 있을까?

좋아하는 일을 하면 마음이 편해지고 시간 가는 줄 모른다. 좋아하는 일이 돈을 벌게 해주고 건강에도 도움이 된다면 더할 나위 없겠지만 그렇지 않더라도 예민성을 줄일 수만 있다면 큰 도움이 된다. 먹거나 마시는 것을 대체할 만한 좋아하는 일이 생긴다면 그 시간 동안 우리 몸과 마음은 안정을 찾고 예민성도 줄어든다.

예를 들어 시간을 잘 지켜서 적당한 시간 동안만 게임에 몰두한다면 도움이 될 수도 있다. 하지만 게임에서 오는 강한 자극과 성취감을 일상생활에서는 얻기 쉽지 않다. 게임 하는 시간이 계속 늘어나고 에너지를 빼앗겨서 일상생활에 지장을 주기 마련이다. ADHD가 있는 산만한 사람들이 오히려 게임에는 더 집중을 잘하는 것은 게임의 강한 자극 및 만족의 즉시성과 관련 있다.

책을 읽거나 영화를 관람하거나 산책하는 것을 좋아한다면 어떨까? 좋아하는 일을 하면 예민성이 감소하고 기분이 편안해지는지 잘 따져봐야 한다. 두 가지를 다 충족시킨다면 내가 좋아하는 것이면서도 동시에 예민할 때 마음을 가라앉히기 위해 할 수 있는 것이 된다.

내가 싫어하는 것이 공부, 운동, 시험이라면 어떨까? 꼭 해야만 하는데 하기 싫다면 난감해진다. 이때는 싫어하는 것 중에서도 좋아하는 부분을 찾아보도록 해야 한다. 공부를 싫어하는 사람이라도 그중 조금 흥미를 느끼는 분야가 있을 것이다. 가령 수학은 정말 싫은데 역사는 좋아하는 식이다. 이런 사람은 예민해지거나 에너지가 떨어질 때는 역사를 공부하고 에너지가 좋을 때는 수학을 공부하는 것이 맞다.

운동을 몹시 싫어한다면 어떤 운동이 그나마 맞을지 생각해보자. 어떤 운동이든 싫다면 마음에 맞는 코치나 그룹을 찾을 수도 있을 것이다. 내가 구기 종목을 좋아하는지 혼자 하는 피트니스를 더 좋아하는지, 아니면 요가처럼 정적인 것을 더 선호하는지 생각해보자. 운동은 의무감이 아닌 재미를 느끼는 요소가 되어야 한다.

시험을 앞두고 있다면 어떨까? 아무리 공부해도 성적이 오르지 않거나 시험에서 떨어지면 누구든 공부와 시험을 싫어하게 된다. 공시생인데 시험에서 여러 번 떨어지면 집중이 안 되고 책만 봐도 예민해질 것이다.

싫어하는 것인데 꼭 해야 한다면 중간중간에 좋아하는 것을 넣어서 에너지 소진을 막아야 한다. 에너지가 바닥난 상태에서 책상에 오래 앉아 있는 것은 효과를 내지 못한다. 틈틈이 산책하고 가벼운 책을 읽으며 좋아하는 일로 에너지를 충전하는 시간을 마련하는 것이 낫다. 시간을 잘 정해서 하고, 미리 계획을 짜놓는 게 낫다. 자기 몸이 견딜 수 있도록 강약을 조절하는 것이 기억력과 집중력에도 도움이 된다.

11. 가족은 어떤 존재인가?

예민한 사람이 앞으로 잘 지낼 수 있을지를 판단하는 데는 그 가족을 살펴보는 것이 참고가 된다. 그중에서도 배우자가 가장 중요하다. 배우자가 예민한 것을 자극하는 성향의 소유자라면 내 예민성도 앞으로 더 심해질 가능성이 높은 반면, 이해하고 지지해주는 성격이라면 상황은 긍정적으로 점쳐진다.

모든 일은 시간을 들여야 점점 익숙해지고 잘할 수 있게 된다. 일을 하듯 가족에게도 시간과 노력을 들여야 앞으로 내 예민성에 도움을 주는 가족을 만들어갈 수 있다.

처음 배우자를 만날 때부터 준비해보자. 물론 사람과 사람이 끌리는 것은 준비한다고 되는 일이 아니다. 하지만 큰 그림이 있으면 선택에 도움이 된다. 내가 매우 예민한 사람인데 배우자도 매우 예민한 사람이라면? 내가 감정 기복이 몹시 큰데 배우자도 그에 못지않게 심하다면 어떤 문제가 생길까? 사람은 자신과 비슷한 성향의 사람이나 정반대 성향을 지닌 사람에게 끌릴 수 있다.

예를 들어 젊고 소심한 여성이 이성의 폭력적인 성향에 끌릴 수 있는데, 힘센 남성들이 자신을 지켜줄 것 같다는 생각이 들기 때문이다. 만일 그 남성이 자신에게도 폭력이나 폭언을 행사한다면 초기에 바로 관계를 끊어야 한다. 데이트 폭력은 결국 가정폭력으로 이어지며, 그 성향은 대개 대를 이어온 것이라 쉽게 고쳐지지 않는다. 술을 먹고 폭력을 행사하거나 폭언하는 것도 마찬가지로, 한 번 하면 점점 더 심해진다.

한편 어떤 남성들은 외모를 가꾸는 데 치중하고 감정 기복이 심한 여성에게 매력을 느낀다. 명품 가방을 SNS에 자랑하고 특정 각도로 사진을 찍어서 올린 뒤 '좋아요'를 누르도록 만드는 데 능한 여성인데, 이런 사람과 교제하려면 내 월급의 상당 부분을 가방과 구두에 투자할 것을 각오해야 한다.

매우 예민한 사람은 안정적인 상태의 다정다감한 상대를 만나는 것이 더 좋다. 폭력적인 성향의 사람과 교제하는 것은 절대로 추천하지 않는다. 안정적인 태도인가 아닌가는 그 사람이 좋아하는 것과 싫어하는 것을 잘 살펴보고 함께 이야기를 나눠보면 알 수 있다. 다정다감한 성격은 가족, 동료, 반려견에 대한 태도로 미루어 알 수 있다.

결혼하고 나면 가정에 꼭 시간을 들여야 한다. 좋은 가정을 만들기 위한 필수 요건으로, 매일 아이들과 함께 시간을 보내거나 함께 놀고 책을 읽어주는 것이다. 아이들과 어릴 때 형성한 애착은 아이들이 편안한 성격으로 자라도록 도와주고, 안정적인 대인관계를 형성하는 데 뒷받침이 되어준다.

아이를 조기에 유학 보내거나 기러기 아빠가 될 예정이라면 아이에게 더 많은 시간을 들여야 한다. 충분한 애착 없이 외국으로 가면 아이와의 관계는 끊어지고 말 것이다. 배우자도 마찬가지로, 시야에서 멀어지면 마음도 멀어진다. 애착이 잘 형성된 아이들은 부모가 오면 기뻐하고 함께 시간을 보내려고 하며, 이것이 잘 안 된다면 남남이 될 위험에 놓일 것이다.

배우자나 가족 때문에 예민함을 느끼는 사람들은 가족의 문제점을 보기 전에 자신이 그만한 시간과 노력을 그들에게 들였는지 돌아봐야 한다. 생업이 바빠 여태 그러지 못했다면 지금이라도 시작해보길 권한다. 짧은 시간이라도 가족과 함께하면서 서로 즐겁고 편안해지도록 한다면 모두에게 좀더 나은 결과를 가져올 것이다.

12. 내 과거는 어떠했는가?

예민한 사람은 과거의 기억으로부터 영향을 많이 받는다. 문제는 이들의 경우 현재의 감정에 따라서 과거 기억의 왜곡이 크다는 것이다.

가장 기억이 잘 나는 어린 시절을 회상해보자. 몇 살까지 기억나는지 가만히 눈을 감고 생각해보자. 초등학교 입학식이 기억나는가? 유치원을 다녔던 기억이 나는가? 더 일찍이라면 동생이 태어난 날이 기억나는가? 하지만 보통 사람들은 유치원 이전의 일은 잘 기억하지 못한다. 그 전의 시절이 기억나는 것은 대개 자신의 어릴 때 사진을 보고 상상 속에서 만들어내는 것이다.

인간은 무의식중에 가지고 있는 기억이 있다. 예를 들어 뱀이나 박쥐를 보고 공포를 느끼는데, 뱀과 박쥐를 처음 보는 아이도 마찬가지 반응을 보인다. 이것은 우리 선조 때부터 오랜 시간 내려온 공포가 유전자에 내재되어 위험을 피하는 역할을 하게 된 것이 아닌가 싶다. 이는 또한 감염병을 막는 데도 역할을 한 것으로 보인다.

누구나 갖고 있는 기억은 아니지만 어린 시절의 경험을 무의식 속에 가지고 있는 이들도 있다. 어릴 때 처음 유치원에 가는데 엄마와 떨어져 모르는 사람들과 같이 있는 것이 두려워 울었다는 경험을 이야기하는 사람이 있다. 본인은 잘 기억나지 않지만 어머니는 또렷하게 당시를 기억한다. 그런 사람 중 지금도 남편이 늦게 들어오거나 아이가 조금이라도 늦으면 지나치게 두려워하고 계속 연락을 하는 이들이 있다.

나는 기억하는데 다른 사람이나 가족은 잘 기억하지 못하는 일도 있다. 예민한 사람들은 이런 기억이 많은 편이다. 예민하면 과거의 기억이 더 생생하게 생각나고 현재의 예민성에 의해서 과거 기억이 수정되어 더 극적으로 바뀐다. 어릴 때 도둑이 들어서 집에 있는 물건을 훔쳐갔는데, 지금도 늘 두 번 세 번 문단속을 하고 밖에 나가서도 집에 도둑이 들지 않았는지 스마트폰으로 CCTV를 연결해 즉각 확인한다.

어떤 기억은 사실이 아닌데 사실로 믿는 사람도 있다. 초등학교 때 문구점에 갔는데 인형이 너무 예뻐서 주인 몰래 가지고 가다가 걸려서 부모님이 불려온 경험을 한 환자가 있다. 그런데 부모님은 그런 사실이 없고 당시 문구점 주인에게 물어봐도 그런 일은 없었다고 했다. 문구점 주인은 간혹 아이들이 물건을 가지고 가는 일이 있어도 조용히 달래지 부모님까지 불러서 혼내는 일은 절대 없다고 했다. 나중에 확인해보니 환자는 자신이 좋아하는 드라마에 나오는 장면을 마치 직접 경험한 것처럼 착각한 것이었다.

이처럼 나의 과거 기억은 부정확한 데이터로, 현재 자신이 가지고 있는 감정의 변주에 의해 각색되고 현재의 판단에 의해서 크게 변한다. 컴퓨터 하드디스크에 저장한 동영상과는 다르다. 가령 과거 기억 속의 배우자가 자신에게 잘못하고 괴롭힌 기억밖에 없다면, 이는 현재 미운 감정이 들어서 그런 기억만 강화한 것일 가능성이 높다.

과거의 기억은 과거대로 의미가 있고 간직해야 하지만 그 기억에서 나오는 감정에 현재의 내가 휘둘리면 안 된다. '지금 여기'가 가장 중요하다.

13. 미래는 어떻게 될 것인가?

예민한 사람은 미래에 대해서 걱정을 많이 한다. 예를 들어 내가 오늘 운전하다가 교통사고를 당하면 어쩌나 하는 걱정을 한다고 가정해보자. 걱정돼서 안전벨트를 단단히 매고 운전을 안전하게 한다면 자신에게도 좋은 일이다. 하지만 그 걱정이 과도해지면 예민성이 증가하고 오히려 사고 위험이 더 높아진다.

미래가 어떻게 될지는 아무도 알 수 없고 변수는 너무나 많다. 미래에 대한 걱정을 떨쳐버리지 못한다면 미래보다는 오히려 지금이 불안한 상태일 수 있다. 지금이 불안하다면 내가 처한 상황에서 무엇이 그런 심리를 일으키는지 생각해봐야 한다. 어제 받은 건강검진 결과가 염려되는가, 아니면 아이들이 받을 시험 성적이 걱정되는가? 이런 걱정이 내가 교통사고를 당할 것 같은 걱정으로 바뀌어 즉각적으로 느껴진다.

'지금 여기'에 집중하는 것은 예민한 사람에게 매우 중요하다. 한 달 앞을 걱정하면 한 달 치 걱정이 더 쌓이고 1년 치를 걱정하면 1년 치 걱정이 더 쌓인다. 죽을 때까지를 걱정하면 예민한 사람은 '죽음에 대비하는 걱정'까지 하게 된다.

14. 나의 가치는 무엇일까?

나는 한 나라의 국민이고 한 가족의 구성원이며, 배우자이거나 친구이거나 학생이다. 수많은 사람과 네트워크를 이루며 살고 있다. 네트워크 이론에 의하면, 몇 단계만 거쳐도 자신과 미국 대통령이 연결되어 있다고 한다. 거미줄처럼 연결된 관계망 속에서 나는 우리 사회의 한 구성원으로 자리를 잡고 있다.

네트워크가 줄어들수록 다른 사람과의 관계는 감소되고 소외된 느낌을 갖게 된다. 네트워크가 풍부한 사람일수록 현대 사회에서 가치 있는 사람이라는 느낌을 갖게 된다. 요즘에는 페이스북, 트위터, 카카오톡, 인스타그램 등의 SNS를 통해서 네트워크를 형성하기도 한다.

스스로의 가치가 높다고 생각하는 사람은 주위 평가나 시선에 큰 의미를 부여하지 않는다. 그러니 고립되지 말고 여러 사람과 네트워크를 형성하며 이야기를 나눠보자. 네트워크를 잘 형성하는 이들은 다른 사람의 이야기와 경험에 관심을 갖고 주의 깊게 듣는다. 잘 듣고 공감 능력이 높은 사람은 관계를 잘 맺기 마련이다.

내가 가지고 있는 명품 옷, 가방, 신발, 고급 차 등으로 내 가치를 만들려고 한다면 당연히 좋은 선택일 수 없다. 이런 것들은 끊임없이 타인과의 비교를 불러일으켜 아무리 투자해도 만족하기 힘들다.

외모에 어느 정도 관심을 갖는 것은 괜찮다. 하지만 이것이 과해 성형수술에 집착한다면 이 역시 자신의 낮은 자존감 때문은 아닌지 돌아봐야 한다. 거울을 보면 항상 불만족스러운 부분이 보이게 마련이다. 그래서 다른 사람들이 자신에게 관심을 덜 갖는 것이 자기 신체의 불만족스러운 부분 때문이라고 생각하게 된다. 하지만 이는 자기 자신의 가치를 잘못 형성한 데서 비롯된 것이다. 외모나 보이는 것에 예민한 태도를 줄이고 자기 마음을 직면하도록 하자.

다른 사람의 뒷말을 하거나 욕을 하면서 주위 관심을 끄는 것도 좋은 방법이 아니다. 다른 사람을 욕하면 이를 듣는 상대는 결국 내 욕도 하지 않을까 싶어 당신을 경계하게 된다. 결국 욕한 사람의 귀에까지 그 이야기가 들어가며, 이는 자신을 네트워크 속에서 고립시키는 결과를 낳는다.

네트워크를 만들기 위해서는 내가 좋아하는 것을 잘 알고 그것을 함께하는 것이 좋다. 당장은 손해를 보는 것 같지만 자신이 가지고 있는 것을 베푸는 것도 좋다. 다른 사람의 좋은 면을 보고 칭찬해주는 것 역시 도움이 된다.

배우자의 가치를 높여주는 것도 도움이 된다. 잘하는 것을 칭찬해주고 이전과 달라진 점을 언급하면 서로 가치를 높일 수 있다. 예를들어 '전보다 더 건강해 보인다' '아이들을 위해서 노력을 많이 한다' '전보다 덜 예민해진 것 같다'고 말하는 것은 배우자의 역할을 존중해주는 것이므로 그 가치를 높이는 데 큰 효과를 발휘한다. 즉 작은 변화가 큰 차이를 만들어내는 것이다.

15. 적을 만들지 말라

주위에 자신을 싫어하고 공격하는 '적'이 있다면 매우 피곤한 일이다. 특히 예민한 사람은 적의 영향을 더 많이 받아, 의심이 많아지고 다른 사람들도 내 적이 되지 않을까 경계하게 된다.

대상에게 저의가 숨겨져 있다고 판단해 끊임없이 자기중심적으로 의심하는 증상을 편집증paranoia이라고 하는데, 한번 의심하기 시작하면 모든 행동이나 말이 의심스러워진다. 또 적이 많아지면 모든 사람이 자신을 공격하지 않을까 편집증적으로 생각하게 된다.

적을 만들지 않으려면 다른 사람을 무시하거나 비하하는 행동은 삼가는 것이 좋다. 다툼이 될 것 같으면 조금 손해를 보더라도 양보하도록 한다. 특히 예민한 사람은 소송이나 법적인 대응을 피하는 게 좋다. 당장은 손해를 보는 것 같아도 길게 보면 필요 없는 에너지 소모를 줄여 다른 일에 쓸 시간을 벌 수 있다.

다른 사람에게 어쩔 수 없이 싫은 소리를 해야 할 때는 어떻게 하면 그 사람이 내가 이야기한 것을 잘 받아들일 수 있을지 먼저 생각해볼 필요가 있다. 단어나 문장을 좀더 완곡하게 사용하는 것도 도움이 된다. 직설적인 표현이나 말투는 말의 내용보다 더 공격적으로 느껴지므로, 부드럽게 이야기해야 그 사람이 내 이야기를 듣고 변화할 수 있다.

예를 들어 "○○님의 생각은 어떠신지요?" "수고하셨습니다. 다음에도 잘 부탁드립니다" "○○님이 좋은 아이디어를 내주시면 일을 진행하는 데 큰 도움이 될 것 같습니다"로 말을 바꾸어보면 어떨까? 상대를 존중하면서도 부드럽게 이야기하면 좋은 관계 유지에도 도움이 되고, 대화에 긴장이 줄어들어 편한 분위기를 만들 수 있을 것이다.

16. 감각의 마법

우리 뇌는 많이 사용하는 부위의 뇌신경의 연결성이 강화되면서 더 쉽게 반응을 한다. 가령 시각장애인은 시력 대신 손가락 감각이 크게 발달하면서 점자를 읽을 수 있다. 일반인은 손가락으로 점자를 식별하기가 무척 어렵다. 골프 선수도 거의 무한에 가깝게 연습하면 자신의 스윙으로 공이 날아가는 거리를 일정하게 만들 수 있다.

매우 예민한 사람은 특히 다른 사람의 표정이나 말투에 몹시 민감하게 신경을 쓴다. 예민한 감정을 읽을 수 있도록 뇌신경의 연결성이 강화된 것으로, 타인의 감정을 민감하게 파악하거나 적용해야 하는 것이 필요한 직업이면 도움이 될 수 있겠지만 일반인들은 대인관계를 맺는 데 크게 방해가 된다.

예민한 사람은 대화하는 도중 호흡 곤란을 겪는다는 말을 많이 한다. 표정이나 말투에 신경 쓰다보면 상대가 화를 내거나 말투가 통명스러워질 때 왜 그런지 더 신경 쓰다가 긴장이 증가한다. 긴장이 높아지면 숨 쉴 때 공기가 잘 들여마셔지지 않는 것 같고 어지러운 느낌이 든다.

실제 대화를 할 때 메신저로 대화한다고 생각하고 해보면 도움이 된다. 메신저 대화가 편한 이유는 내용 이외에 비언어적 내용이 전달되지 않기 때문이다. 같은 내용을 전화통화로 하면 무척 부담스럽게 느껴지고, 직접 만나서 이야기를 나누면 더 거북한 것은 음성, 표정, 말투 등 여러 가지를 동시에 신경 써야 하기 때문이다.

매우 예민한 사람은 다른 쪽 감각을 더 발달시키는 편이 좋다. 이를테면 대화하는 사람의 상태를 배려하는 데 감각을 집중하면 좋다. 대화하는 중에 상대방의 표정이 좋지 않다면 '나하고 이야기하는 것이 좋지 않은가?'라고 생각하기보다는 '오늘 무슨 힘든 일이 있어서 피곤한가보다' '어제 술을 많이 마셔서 숙취가 있나보다'라고 생각하는 것이다.

우리 뇌는 자주 쓰는 부위의 연결성이 강화되기 때문에 계속 노력하면 효과를 발휘한다. 대화할 때 그 사람의 눈치를 많이 보는 것보다는 배려하는 자세를 취하면 예민성을 줄이는 데 도움이 될 것이다.

6부

걱정을 정리해보자

1. 걱정을 네 가지로 정리해보자

예민한 사람들은 항상 걱정이 많다. 자신뿐만 아니라 가족들 걱정을 하느라 하루 종일 고민에 빠져 있다. 걱정은 꼬리에 꼬리를 물어, 걱정을 너무 많이 하는 것이 그들의 걱정일 정도다.

인터넷과 스마트폰의 발달, TV 채널의 증가로 사람들은 이전보다 훨씬 더 쉽게 많은 정보를 얻는다. 하지만 이것이 자신에게 맞는 정보인지 확인하기는 점점 더 어렵다. 정보의 특성상 대중의 관심을 끌려고 하기 때문에 더 자극적으로 과장해서 제공되곤 한다. 관심이 많아질수록 조회 수가 높아지고 광고 수입이 되기 때문이다.

지구 반대편에서 일어나는 일은 새벽에 연락이 오기 때문에 해외 관련 비즈니스를 하거나 해외에 가족을 둔 사람들은 밤에도 걱정하면서 소식을 기다려야 한다. 밤에도 어둡지 않고 항상 빛이 있어 자극이 되는데, 밤의 빛 공해를 Artificial light at night(ALAN)이라고 한다. 스마트폰, TV의 LED에서 나오는 푸른빛은 뇌를 자극해 밤에 각성 상태를 만든다. 커피, 카페인 등의 음료수도 우리 몸을 계속 각성되게 만든다.

그러다보니 걱정이 너무 많고 마치 뒤죽박죽으로 옷이 가득 차 있는 장롱처럼 복잡하게 얽혀 있다. 자신이 품고 있는 걱정을 마음의 장롱에 잘 정리해서 넣어보자. 정리하면서 필요 없는 걱정은 버릴 수 있으면 더 좋을 것이다.

다음에 나오는 단계에 따라서 내가 가지고 있는 걱정들을 정리해보자. (직접 해볼 수 있도록 부록에 테스트지를 따로 실었다.)

단계 1. 걱정 리스트 만들기

현재 내가 가지고 있는 걱정들을 심한 정도에 따라서 적어보세요. 그 후 네 가지
항목 중 하나를 선택해 점수를 심한 정도에 따라서 1~5점으로 매겨봅시다.
(1점: 경미한 걱정, 2점: 조금 걱정이 됨, 3점: 보통, 4점: 걱정이 많이 됨, 5점: 매우
심하게 걱정됨)

걱정 정도	내가 가진 걱정들	지금 당장 해결이 필요한 일	피할 수 없는 일	닥쳐서 걱정해도 될 일	일어날 가능성이 낮은 일
		1~5점	1~5점	1~5점	1~5점
1	자녀가 새로운 친구들과 잘 어울려야 할 텐데	3			
2	자녀가 수능을 잘 봐야 할 텐데			2	
3	직장 상사를 내일 만나야 하는데 괴롭다		3		
4	내일 출근하기가 괴롭다		2		
5	체중이 너무 는다	3			
6	암에 걸리지 않을까 걱정된다				3
7	대출 이자가 걱정된다		2		
8	아이가 교통사고를 당하지 않을까 걱정된다				3
9	집에 도둑이 들지 않을까 걱정된다				4
10	가스 폭발 사고가 나지 않을까 걱정된다				2
	총점의 합	6	7	2	16
	모든 항목 걱정의 총합	31			

- 지금 당장 해결이 필요한 일의 점수가 높은 경우

: 지금 너무 많은 일을 동시에 하고 있습니다. 일을 줄여 선택과 집중을 할 필요가 있어 보입니다. 모두 다 해야 한다면 가족이나 다른 사람과 일을 나누어 분산시키도록 해야 합니다.

- 피할 수 없는 일의 점수가 높은 경우

: 현재 하는 일이 힘들고 괴로운 경우입니다. 피할 수 없는 일 가운데서 점수가 가장 높은 일이 자신을 가장 힘들게 만들고 있습니다. 이것부터 해결해봅시다.

- 닥쳐서 걱정해도 될 일의 점수가 높은 경우

: 미리 걱정하는 일이 많은 분입니다. 그때가 되면 상황이 변할뿐더러 아직 변수도 많이 남아 있습니다. 지금 걱정해봐야 그때 가면 또 변할 것입니다. 그 일은 그때 가서 신경 쓰도록 합니다.

- 일어날 가능성이 낮은 일의 점수가 높은 경우

: 이 점수가 높은 사람이야말로 진짜 예민한 성격입니다. 필요 없는 걱정으로 에너지를 낭비하고 있습니다. 정기적으로 1년에 하루 이 걱정을 하고 대책을 세우는 날을 정해봅시다. 여유 있는 날이 좋습니다.

- 총점이 20점 이상으로 높다면

: 걱정 리스트에서 향후 가장 쉽게 없앨 수 있는 게 무엇인지 보고 하나씩 없애봅시다. 예) 집에 도둑이 들까 걱정된다→문의 보안장치를 교체한 뒤 삭제

- 지금 당장 해결이 필요하다면 해결 방법을 만들어보자.

단계 2. 내가 가진 걱정 가운데 지금 당장 해결이 필요한 일

지금 당장 해결이 필요한 일을 단계 1에서 가져와 적어보세요. 그 후 두 가지 항목 중 하나를 택해 심한 정도에 따라 점수를 1~5점으로 매겨봅시다.

걱정 정도	내가 가진 걱정 가운데 지금 당장 해결이 필요한 일	내가 혼자 할 수 있는 일 1~5점	의논이 필요한 일 1~5점
1	자녀가 새로운 친구들과 잘 어울려야 할 텐데		3
2	체중이 너무 는다	2	
	총점의 합	2	3
	모든 항목 걱정의 총합	5	

- 의논이 필요한 일의 점수가 높은 경우

: 혼자 하는 걱정이 많은 사람으로 자신의 걱정을 남과 나누면 줄어들 수 있습니다. 가족이나 친구들에게 자신이 가진 걱정을 이야기해보세요.

- 내가 혼자 할 수 있는 일의 점수가 높은 경우

: 일을 시작하지 못한 채 걱정만 하고 있습니다. 행동으로 옮길 용기가 필요합니다.

단계 3. 내가 가진 걱정 가운데 지금 당장 해결해야 하는데 의논이 필요한 일

지금 당장 해결해야 하는데 의논이 필요한 일을 단계 2에서 가져와 적어보세요. 그 후에 상의해야 할 사람의 이름을 적고 필요성에 따라서 1~5점으로 매겨봅시다. 상의한 후에 결정된 최선의 해결 방법을 적어봅시다.

| 걱정 정도 | 내가 가진 걱정 가운데 지금 당장 해결해야 하는데 의논이 필요한 일 | 상의해야 할 사람 | | 해결 방법 |
		남편 1~5점	아이 1~5점	
1	자녀가 새로운 친구들과 잘 어울려야 할 텐데	2	2	남편, 자녀와 상의해서 새로운 친구들을 집으로 초대해 놀게 한다

– 상의해야 할 사람과 만나서 해결 방법을 만들어 적어보자. 그러고 나서 그대로 시행해보자.

단계 4. 내가 가진 걱정 가운데 지금 당장 해결해야 하는데 나 혼자 할 수 있는 일

지금 당장 해결해야 하는데 나 혼자 할 수 있는 일을 단계 2에서 가져와 적어보세요. 시급성(시급하지 않으면 1점, 매우 시급하면 5점), 비용(비용이 거의 들지 않으면 1점, 비용이 매우 많이 들면 5점), 시간(시간이 거의 들지 않으면 1점, 시간이 매우 많이 들면 5점)을 각각 1~5점으로 매겨봅시다. 그리고 최선의 해결 방법을 적어봅시다.

걱정 정도	내가 가진 걱정 가운데 당장 해결해야 하는데 나 혼자 할 수 있는 일	시급성 1~5점	비용 1~5점	시간 1~5점	해결 방법
1	체중이 너무 는다	2	2	3	식이 요법을 하고 피트니스 센터를 나간다

- 시급성이 높은 일부터 바로 시작하고, 그 후 비용과 시간을 고려해 가능한 해결 방법을 찾아보자.

걱정을 정리해보면 지금 당장 해결이 필요한 일이 무엇인지 알 수 있다. 그런 걱정을 어떤 방향으로 해결할 수 있는지 생각해보고 최선의 방법을 찾는 것이 중요하다. 해결 방법이 결정되었으면 뒤도 돌아보지 말고 그대로 시행하는 것이 좋다. 결정하기 어려운 것은 대개 어떤 방법으로 하든 큰 차이가 없다. 그렇다면 시간을 끌지 말고 한쪽으로 결정해버려 걱정하는 시간을 줄이는 게 오히려 더 낫다.

2. 만나면 불편한 사람 vs. 편안한 사람

하버드대에서 진행한 성인발달연구는 역대 최장에 걸친 인생에 대한 연구로, 75년간 724명의 인생을 추적해서 '행복한 삶의 비밀'을 파헤쳤다. 1939~1944년 하버드대학에 입학했던 268명과 보스턴에서 가난하게 자란 456명을 대조군으로 하여 평생을 관찰했다.[1] 이 연구는 30년간 조지 베일런트 교수가 연구책임자로 있었고 현재는 로버트 월딩거 교수가 진행하고 있다.

월딩거 교수의 결론은 좋은 관계가 우리를 건강하고 행복하게 만든다는 것이다. 인간관계를 맺는 것은 유익하고, 고독은 해롭다는 것이다. 즉 가족, 친구, 이웃 등과의 사회적 연결이 더 긴밀한 사람일수록 더 행복하고 신체적으로도 건강하며 더 장수하는 것으로 나타났다.[2] 인간관계의 질이 무엇보다 중요하며 편안하고 친밀한 인간관계가 잘 형성돼 있으면 몸뿐 아니라 뇌도 보호해주어 기억력이 더 선명하고 오래가는 것으로 나타났다.

친밀한 인간관계를 잘 유지하기 위해서는 자신의 인간관계를 돌아보고 좋은 인간관계를 이어나가기 위해 노력해야 한다. 예민한 성격은 인간관계의 형성에 지장을 줄 수 있는데, 만나면 불편하고 힘든 사람을 계속 만나야 한다면 예민해질 수밖에 없다. 반대로 만나면 편안한 사람이 주위에 많다면 인간관계가 즐거울 것이다.

먼저, 내가 만나면 불편한 사람이 누구인지 생각해보자. 배우자나 자녀, 원가족이나 친구 중 한 명일 수도 있고 직장 동료나 상사일 수도 있다. 불편하다면 그 이유를 한번 생각해보자. 말하는 내용, 말투, 표정, 잘난 체하는 태도 중 어떤 것이 자신을 불편하게 만드는가?

불편한 사람들을 떠올리는 것이 오히려 더 스트레스를 줄 수도 있지만 내 예민함이 어디서 기인하는 것인지 확인해볼 수 있다. 불편한 사람과 편안한 사람이 누구인지 잘 생각해보면 자신의 예민함이 어떤 특징을 지니는지 그 단서를 찾을 수 있다.

단계 1. 내가 만나면 불편한 사람과 그 이유

내가 만나면 불편한 사람을 불편한 순서대로 적어보세요. 각각의 사람을 생각하면서 불편한 이유를 떠올려봅시다. 불편한 정도를 말하는 내용, 말투, 표정, 잘난 체로 나눠서 각각 1~5점으로 점수를 매겨봅시다.

불편한 정도	만나면 불편한 사람	불편한 이유			
		말하는 내용 1~5점	말투 1~5점	표정 1~5점	잘난 체 1~5점
1	김미자	2	3	5	2
2	박미연	2	4	4	1
3	이정민	1	3	3	2
4	김정수	2	4	4	1
5	김태영	2	3	4	2
6	정영자	2	1	3	2
7	김민정	2	3	2	1
8					
9					
10					
	총점의 합	13	21	25	11
	모든 항목 걱정의 총합	70			

- 내가 만나면 불편한 사람과 이유를 다 적었으면 이번에는 내가 만나면 편안한 사람을 떠올려보자.

단계 2. 내가 만나면 편안한 사람과 그 이유

내가 만나면 편안한 사람을 편안한 순서대로 적어보세요. 각각의 사람을 생각하면서 편안한 이유를 떠올려봅시다. 편안한 정도를 말하는 내용, 말투, 표정, 겸손으로 나눠서 각각 1~5점으로 점수를 매겨봅시다.

편안한 정도	만나면 편안한 사람	편안한 이유			
		말하는 내용 1~5점	말투 1~5점	표정 1~5점	겸손 1~5점
1	이영숙	2	5	5	3
2	김민자	1	4	3	2
3	전선희	4	3	2	2
4					
5					
6					
7					
8					
9					
10					
	총점의 합	7	12	10	7
	모든 항목 걱정의 총합	36			

– 만나면 불편한 사람도 없고 편안한 사람도 없는 경우

: 사람들과의 감정적인 교류가 적은 부류입니다. 예민하기 때문에 대개 혼자 지내는 것을 좋아합니다. 젊을 때는 그런대로 문제가 없지만 나이가 들수록 외로움을 느낄 수 있습니다.

– 만나면 불편한 사람이 편안한 사람보다 더 많은 경우

: 인간관계 때문에 에너지를 많이 쓰게 됩니다. 편안한 사람의 수를 더 늘릴 방법이 있을지 생각해봅시다.

– 만나면 편안한 사람이 불편한 사람보다 더 많은 경우

: 다수의 사람이 여기에 해당됩니다. 불편한 사람들을 만난 후 편안한 사람들을 만나면 다시 마음이 풀어집니다. 편안한 사람 1, 2번을 자주 만날 수 있으면 좋습니다.

– 불편한 이유 중 말투나 표정의 점수가 높은 경우

: 대화할 때 그 사람이 말하는 내용보다 말투나 표정에 신경을 쓰는 사람이 있습니다. 예민한 성격의 사람들이 흔히 그렇습니다. 대화 중에 그 사람의 말투나 표정은 그날 그 사람의 상태와 가장 많은 관련이 있습니다. 자신과 관계있다고 생각하지 않는 것이 좋습니다.

– 불편한 이유 중 잘난 체의 점수가 높은 경우

: 자신의 잘난 점을 이야기해서 관심을 받고 싶어하는 사람들이 있습니다. 이런 사람들은 누구에게나 비슷한 행태를 보입니다. 너무 불편하다면 만나지 않는 것이 좋겠지만 어느 정도는 받아주는 것도 괜찮습니다.

– 불편한 이유 중 말하는 내용의 점수가 높은 경우

: 말하는 내용 자체가 불편하다면 좀더 이성적으로 접근할 필요가 있습니다. 서로 편안한 분위기에서 상의해보는 게 좋을 듯합니다. 윗사람

이거나 어른이어서 말하기 어렵다면 그 경우는 잘 바뀌지 않을 가능성이 높습니다. 자주 만나지 않는 사람이라면 말할 때 지나치게 스트레스를 받지 않도록 마음에 깊이 담아두지 마세요.

- 편안한 이유 중 말투나 표정의 점수가 높은 경우

: 다른 사람하고 대화할 때 본인이 눈치를 많이 보는 성격일 수 있습니다. 즉 상대편이 이전과 다르게 말투가 통명스럽거나 표정이 어두우면 상처를 받고 예민하게 살피게 됩니다. 대화 중에 그 사람의 말투나 표정은 그날 그 사람의 상태와 가장 많이 관련돼 있다는 것을 상기하세요. 자신과 관계있다고 생각하지 않는 것이 좋습니다.

- 편안한 이유 중 겸손의 점수가 높은 경우

: 겸손한 사람은 만나기는 편안하지만 진심으로 소통하기 어려울 수도 있습니다. 대화하면서 분위기를 편안하게 만들어보는 것이 좋습니다.

- 편안한 이유 중 말하는 내용의 점수가 높은 경우

: 가장 좋은 경우입니다. 내용을 들으면 편하고 분위기가 좋아지면 예민한 마음도 풀어집니다. 누군가를 만날 때 그 사람이 편안해하는 주제를 꺼내보면 좋습니다. 다만 정치나 자녀의 성적 등 예민한 주제에 대해서는 되도록 이야기하지 않는 것이 좋습니다.

자신이 만나면 가장 불편한 사람과 편안한 사람을 잘 살펴보면 스스로가 어떤 유형인지 아는 데 도움이 된다. 인간관계는 자신을 비추는 거울과 같다. 사람들은 대개 자신과 비슷한 성격을 가진 이들을 만나면 편안하지만 반대 성향을 가진 사람을 만나면 불편하다.

예민한 사람들이 보통 불편함을 느끼는 부류는 말이나 행동이 직설적이고 감정이 많이 실리는 이들이다. 예민한 사람들은 그 말이나 행동을 더 세밀하게 파악하고 의미를 부여하기 때문에 큰 자극으로 다가오기 쉽다. 표정이나 말투가 강하면 말의 내용이 무척 강하게 느껴진다.

만나면 불편한 사람들이 직설적이고 감정이 많이 실리는 이들인데 할 수 없이 봐야 한다면, 그 사람의 말을 마치 메신저로 대화하듯이 내용만 들어보길 권한다. 표정이나 말투에 너무 신경 쓰다보면 대화 내용을 놓치고 오해할 수 있다. 직장 상사가 이런 사람이라면 잘 듣지 못해 다시 확인해야 할 수도 있다. 내용을 수첩에 받아 적는 것도 도움이 될 것이다.

예민한 사람은 불편한 이들을 꺼리기 때문에 흔히 대인관계가 협소하다. 하지만 고립되는 것은 나이가 들수록 사람을 우울하고 불안하게 만들 수 있다. 만나서 시간 가는 줄 모르고 즐겁게 이야기할 수 있는 사람이 있다면 그런 만남을 가짐으로써 우리 몸이 너무 예민해져 이상이 생기는 것을 방지할 수 있다.

7부

나의 에너지를 잘 유지해보자

1. 예민성 에너지를 어디에 쓸 것인가?

예전에는 시험을 봐서 성적이 떨어진 만큼 맞으면서 공부하는 일이 흔했습니다. 요즘에는 그런 일이 없지만 맞는 대신 비슷한 강도로 혼나면서 공부를 하지요. 우리가 흔히 이야기하는 '스파르타식 훈련 방법'입니다. 예전에 스파르타인의 모든 교육은 국가적 통제 하에 행해졌으며, 남자아이가 일곱 살이 되면 가정을 떠나 국가가 운영하는 공공 교육장에 들어가 감독관에 의해 엄격한 훈련을 받았다고 합니다.

스파르타식 훈련으로 공부를 하면 기억은 더 잘 납니다. 기억이 고통과 관련되어 있으면 우리 뇌는 편도체를 통해서 기억을 더 강화하지요. 하지만 기억날 때마다 자신도 모르게 예민한 에너지는 증가하고 점차 쌓입니다. 예를 들어 수학 문제를 풀 때마다 점수를 매겨서 하나 틀리는 데 한 대씩 맞으면서 교육을 받는다면 쉬운 문제를 틀리지 않고 푸는 데에는 더 효과적일 것입니다. 하지만 자신이 접해보지 않은 문제가 나와서 어려움을 겪게 되면 긴장이나 불안이 더 심해져서 더 못하게 됩니다.

예민성은 자신의 에너지와 밀접하게 관련되어 있습니다. 예민한 사람들은 필요 이상으로 자신의 에너지를 소모하게 되어 있습니다. 또 일상생활의 변화나 스트레스에도 다른 사람보다 에너지 소모가 더 큽니다. 자신의 예민성을 관리하기 위해서는 생활 스트레스를 감소시키고 에너지를 적절히 잘 유지하는 것이 중요합니다. 예민성을 어떻게 관리해야 하는지 생각해봅시다.

2. 나의 예민성을 관리해보자

예민한 사람들은 자신이 가지고 있는 에너지를 다른 사람들은 신경 쓰지 않는 부분에 사용합니다. 에너지 양이 많다면 가능하겠지만 같은 에너지를 너무 여러 곳에 쓰면 빨리 떨어질 것입니다.

자기 일을 하는 것, 공부를 하는 것, 가정생활을 하는 것 모두 자신의 예민성을 잘 조절해서 도움이 되는 쪽으로 선택과 집중을 하는 것이 중요합니다. 내가 가진 생활 스트레스의 양을 측정해봅시다. 에너지는 스트레스가 있으면 그쪽으로 쓰여 줄어들고, 우울증이 생기면 전체 에너지 양이 줄어듭니다.

'홈스 라헤 스트레스 지수'는 가장 많이 사용되는 생활 스트레스 평가 척도입니다. 스트레스가 있으면 내가 가지고 있는 에너지를 빠르게 소진시키게 됩니다. 예를 들면 스마트폰에 많은 어플이 실행되어 충전된 전기를 빠르게 사용하는 상태라고 할 수 있습니다. 동시에 많은 스트레스가 진행되면 소진되는 속도가 더 빨라집니다. 아래 척도를 통해 점수를 계산해보세요.

홈스 라헤 스트레스 지수The Holmes and Rahe Stress Scale
—

스트레스 양에 기초하여 스트레스가 질병으로 발전되는 가능성을 알아보고자 개발된 테스트입니다. 이 테스트는 사람이 일생 동안 겪을 수 있는 중요한 사건에 스트레스를 얼마나 받는지에 따라 점수가 부여되어 있습니다. 지난 1년간 본인이 처한 상황에 기초하여 총점을 내 스트레스 지수를 확인해보십시오.

· 배우자의 죽음 100
· 이혼 73
· 부부간의 불화, 별거 65
· 법정 구속 63
· 가족의 죽음 63
· 신체적 상해, 질병 53
· 결혼 50
· 해고 47
· 배우자와의 재결합 45
· 은퇴 45
· 가족의 건강 문제 44
· 임신 40
· 성 문제 39
· 새 식구 증가 39
· 업무 재조정 39
· 재정 상태 변화 38
· 친한 친구의 죽음 37
· 이직 36
· 배우자와의 말다툼 증가 35
· 거액의 담보나 대출 32
· 담보 대출 압류 30

· 직장 내 직책 변화 29

· 자녀의 출가 29

· 시댁 식구들과의 갈등 29

· 개인의 특별한 성취 28

· 배우자의 맞벌이 시작, 정리 26

· 생활 환경의 변화 25

· 습관 개선 24

· 상사와의 갈등 23

· 이사 20

· 업무 시간, 환경 변화 20

· 전학 20

· 취미의 변화 19

· 종교 활동 변화 19

· 사회 활동 변화 18

· 소소한 담보나 대출 17

· 수면 습관 변화 16

· 가족 모임 횟수 변화 15

· 식습관 변화 15

· 휴가 13

· 주요 명절 12

· 가벼운 법률 위반 11

총점 _____ 점

* 점수

150 미만: 상대적으로 낮은 생활 변화를 의미하고 스트레스로 인한 건강 문제가 생길 가능
성이 낮음

150~299: 향후 2년 동안 중요한 건강 문제가 생길 가능성이 50퍼센트

300 이상: 향후 2년 동안 중요한 건강 문제가 생길 가능성이 80퍼센트

예민한 사람은 예민한 만큼 스트레스가 두 배, 세 배로 커지고 에너지 소진 속도도 더욱 빨라집니다. 예민한 사람은 생활 스트레스가 발생하면 더 긴장하고 불안해하며 다시 문제가 생기지나 않을까 하는 예기불안도 갖게 됩니다. 그런데 자세히 살펴보면 생활 스트레스 사건 가운데 가장 점수가 높은 것은 배우자의 죽음, 이혼, 부부간의 불화처럼 배우자와 관계된 것이 많습니다. 배우자가 안정적이고 편안하면 예민한 사람에게 큰 도움이 됩니다.

우울증은 전체적인 에너지의 양을 떨어뜨립니다. 예민한 사람은 우울증이 생기면 매우 불안, 초조해집니다. 매사에 걱정이 많으면 각성 수준이 높아져 잠도 잘 오지 않습니다. 또 남편에 대한 의심이 더 심해지면서 마치 자신이 우울한 이유가 남편 때문인 것으로 생각될 수 있습니다. 우울하다면 가능한 한 생활 스트레스를 줄여야 합니다. 이사를 한다든지, 직장을 옮긴다든지, 남편하고 싸우는 스트레스는 되도록 줄이는 것이 우울증을 극복하는 데 도움이 됩니다.

예민한 사람은 자신이 가진 에너지가 소진되기 전에 다시 충전을 해야 합니다. 전원이 나가버리면 충전하는 데도 시간이 더 걸립니다. 에너지를 증가시킬 수 있는 일을 더 많이 하고, 스트레스를 줄이며, 남편과의 갈등을 줄여야 합니다. 갈등을 줄이는 것의 핵심은 서로에 대한 의심을 내려놓고 신뢰를 회복하는 것입니다.

3. 에너지를 잘 유지해보자

같은 나이의 다른 이들보다 에너지가 떨어지는 사람이 있습니다. 이때 에너지를 증가시키기 위해서는 어떻게 해야 할까요? 우선 스스로가 낮은 에너지를 유지하는 편인지, 아니면 기복을 보이는 편인지, 혹은 에너지가 아주 높은 편에 속하는지 확인해봅시다.

1. 에너지가 일정하게 낮은 사람

에너지가 일정하게 낮게 유지되는 사람들을 기분부전증dysthymia이 있다고 합니다. 이런 사람은 남들에 비해 행동도 느리고 일도 천천히 합니다. 그런데 겉으로는 마치 거북이처럼 느리고 반응도 떨어지지만 사실 머릿속으로는 예민하고 걱정이 많으며 생각도 많습니다.

이런 사람은 머릿속이 복잡하게 돌아가는 데 사용하는 에너지를 줄여야 합니다. 예를 들어 오늘 점심으로 설렁탕을 먹을지 자장면을 먹을지 너무 고민하다보면 선택에 많은 에너지가 사용됩니다. 사실 어느 쪽으로 선택해도 결과엔 큰 차이가 없는데 말이지요.

더 중요한 선택이 있다면 그 필요 에너지는 어마어마할 것입니다. 예를 들어 남자친구를 소개받는다고 하면 어떤 사람인지, 옷을 어떻게 입고 나가야 하는지, 무슨 말을 해야 할지 고민하다가 결국 포기하고 말겠지요. 매사에 에너지가 과다 소모되므로 할 수 있는 일이 극히 줄어듭니다. 그리고 하던 일만 계속하게 되지요. 즉 변화가 없는 사람이 됩니다.

에너지가 일정하게 낮게 유지되는 이들에게 가장 추천하고 싶은 것은 일상생활에서 '선택'에 드는 에너지를 줄여보라는 것입니다. 하루에도 수많은 선택을 하는데 그때마다 남들보다 에너지를 20퍼센트만 더 써도 기진맥진해집니다. 이것을 보충하느라 각종 건강보조식품, 영양제 등 몸에 좋다는 온갖 식품을 먹게 됩니다. 하지만 그런 제품을 먹고 선택하는 데 쓰는 에너지만큼 그것들은 별다른 도움이 되지 않습니다. 보조제로 도움을 받는 사람들은 평소에 잘 먹지 못하거나 만성질환으로 고생하는 이들입니다.

에너지가 낮은 사람은 특히 오전 시간을 힘들어합니다. 오전에 잠이 덜 깨어 행동이 느린 것처럼 몸의 각성도 늦어집니다. 오전에 30분만 더 일찍 일어나보면 어떨까요? 오전 8시에서 9시 사이에 빛을 쬐면 몸의 에너지가 증가합니다. 마치 태양열 발전을 하는 것처럼 눈으로 들어간 빛의 에너지가 활력을 증가시킵니다. 건강보조식품보다 훨씬 더 좋은 영향을 줍니다.

직장에 다닌다면 출근 전에 30분 정도 조깅하는 것도 좋고 주말에도 일찍 일어나 산책을 하면 좋습니다. 밖에 나가기 힘들거나 직장 일이 바쁜 사람은 오전에 창가로 들어오는 햇볕을 쬐면서 앉아 있어도 됩니다. 피부에서 만들어지는 비타민 D 때문에 호전이 되는 것이 아니라 빛이 눈으로 들어가서 각성을 시키는 것입니다. 따라서 얼굴이나 피부는 가려도 됩니다.

눈을 바라보고 이야기하는 습관을 키우는 것도 도움이 됩니다. 예민한 분들이 잘 못하는 것 중 하나가 눈을 맞추는 것입니다. 눈을 맞추고 이야기하면 왠지 부끄럽고 나를 다 알아차릴 것 같은 생각이 듭니다. 처음에는 눈을 맞추다가 점차 눈을 깔거나 다른 곳을 봅니다. 어떻게 해야 좋을지 잘 모르겠다는 생각이 들면서 대화에 집중하기 어려워집니다.

눈을 맞추는 데 어려움을 겪는 행동에는 흔히 꽤 오랜 역사가 감춰져 있습니다. 어머니께 여쭤보면 아기 때도 그랬다고 하는 이들도 있습니다. 눈을 맞추는 것이 부담스럽고 힘들게 느껴지면 그때 살짝 미소를 지어보세요. 표정을 지으면 부담이 줄어듭니다. 눈을 맞추는 것이 부담스러워 치켜뜨는 행동을 하는 것은 가장 좋지 못한 경우입니다. 눈 아래로 흰자가 많이 보이면 상대방이 부담을 느낄 수 있습니다.

눈을 맞추고 웃으면서 이야기하면 입 모양을 파악할 수 있어서 대화 내용을 놓치지 않게 됩니다. 웃으면서 감정 교류를 하기 때문에 오해나 의심이 생길 가능성도 낮아집니다. 배우자와도 눈을 맞추고 웃으면서 대화하는 연습을 해보세요. 서로 예민한 감정이 줄어들 것입니다.

2. 에너지가 일정하게 높은 사람

에너지가 일정하게 높게 유지되는 사람은 감정고양성기질hyperthymic temperament을 가지고 있다고 합니다. 기분부전증이 있는 이들과는 반대로 만나보면 말도 빠르고 행동도 빠릅니다. 하지만 예민하고 걱정이 많은 것은 두 경우 다 비슷합니다.

이런 분들은 과다한 에너지로 문제를 일으키곤 합니다. 너무 심하면 '조증mania'이 되겠지만 그 정도는 아니더라도 무한 에너지를 발산합니다. 보통 조직이나 그룹의 리더, CEO가 되는 이가 많습니다.

과다한 에너지가 발산되면 흔히 강한 성격으로 나타납니다. 자신의 의사를 관철시키기 위해 남의 이야기를 듣지 않는 것입니다. 말이 빠르기 때문에 내 이야기를 다른 사람이 잘 알아듣지 못하는 것을 무척 답답해합니다. 내 생각은 다음 단계로 넘어갔는데 다른 사람들은 아직도 이해와 동의를 하지 못하는 것이 괴롭습니다.

이런 사람은 머릿속으로 빠르게 움직이는 생각 에너지에 브레이크를 걸고 다른 사람의 생각과 감정을 듣는 데 더 많은 에너지를 써야 합니다. 다른 사람의 생각이 옳다고 여겨지면 자존심이 상하는 것을 따지지 말고 내 생각도 틀릴 수 있다고 생각하고 받아들일 준비가 되어야 합니다.

의견 충돌로 부딪치면 감정이 상하고 지속적인 갈등을 일으키게 됩니다. 처음에는 사소한 일이었지만 점점 더 감정 싸움이 되고 맙니다. 심하면 소송과 법적 분쟁으로 가기도 하는데 이때 에너지를 엄청나게 소모하지요.

에너지가 일정하게 높게 유지되는 이들에게 먼저 추천하고 싶은 것은 일상생활에서 '갈등'에 드는 에너지를 줄여보라는 것입니다. 많은 사람과 감정적·금전적으로 문제가 생길수록 에너지를 쓰게 되고 '분노의 에너지'만 높아집니다.

에너지가 높은 사람은 특히 밤 시간을 힘들어합니다. 에너지가 가라앉지 않아서 잠이 잘 오지 않을 때도 많습니다. 침대에서도 쉬지 못하고 스마트폰을 하며 말이 많습니다. 스마트폰이나 대화는 거실에서 하고 침실에 들어가서는 조용히 수면을 하는 것이 좋습니다. 충분한 수면이 에너지를 안정되게 유지하고 분노를 가라앉히는 데 큰 도움이 되기 때문입니다.

운동을 하는 것도 도움이 됩니다. 높은 에너지를 운동으로 소진시키면 '위험을 감수하는 행동'이 줄어듭니다. 위험을 감수하는 행동에는 도박, 무리한 투자, 과도한 유흥, 이성 문제, 앞뒤 안 가리는 무리한 창업 등이 있습니다. 모두 경제적으로나 가정적으로 큰 타격을 줄 수 있는 문제입니다.

에너지가 높은 사람들 중에서 사회적으로 크게 성공한 사람들이 종종 있습니다. 그들은 자신의 에너지가 높다는 사실을 알고 에너지의 출구를 잘 만들어둔 사람들입니다. 골프, 테니스, 독서, 수영 등으로 에너지를 발산시키고 엉뚱한 곳으로 튀는 것을 억제합니다. 특히 성(性)적 에너지를 스스로 조절하는 데 매우 효과적입니다. 통제되지 않는 에너지의 최종 종착지는 성에너지가 되곤 합니다.

눈을 너무 부라리지 않고 이야기하는 습관을 키우는 것도 도움이 됩니다. 말할 때 눈을 부라리거나 어투를 강하게 하기 때문에 다른 사람들에게 부담을 줍니다. 술을 먹으면 더 심해져서 잘못하면 '직장 내 괴롭힘' 문제를 일으킬 여지도 있습니다. 눈을 부드럽게 맞추면서 웃으며 이야기하되 다른 사람이 이야기할 시간과 이야기를 듣는 시간을 충분히 할애해야 합니다. 생각이 너무 빨리 진행돼서 그 사람이 이야기할 때 딴생각이 들 수도 있는데 이것도 오해와 갈등의 원인이 됩니다.

배우자와도 강하게 부딪칠 수 있습니다. 다른 사람보다 높은 에너지와 말투로 부딪치면 상대방도 더 큰 에너지로 대응을 해옵니다. 심지어는 몸싸움까지 날 수도 있습니다. 배우자와도 눈을 맞추고 웃으면서 최대한 에너지를 안정시키고 대화를 하는 연습이 필요합니다.

3. 에너지가 갑자기 떨어지는 사람

에너지가 갑자기 떨어지고 아무것도 할 수 없게끔 힘들어지는 경험을 하는 사람이 있습니다. 이를 우울증depression이라고 합니다. 스트레스를 겪고 나서 에너지가 떨어지기도 하지만 아무 이유 없이 떨어지기도 합니다.

야구 선수 중에는 좋은 타율을 유지하다가 갑자기 몇 개월간 형편 없는 실력을 보이는 이들이 있습니다. '슬럼프'라고도 하는데, 슬럼프란 운동 경기에서 자기 실력을 제대로 발휘하지 못하고 저조한 상태가 길게 계속되는 것을 뜻합니다. 이 슬럼프가 우울증과 유사합니다.

에너지가 떨어지는 우울증도 초기에 관리를 잘 하는 것이 좋습니다. 기분과 에너지가 떨어지는 초기가 되면 예민한 사람은 더 예민해집니다. 그것 때문에 배우자나 친구들과 갈등을 일으키면 또다시 더 예민해지는 악순환의 고리가 생깁니다. 배우자나 친구로 인한 스트레스 때문에 우울증이 생긴 것 같지만 사실 이미 오고 있었던 경우가 더 많지요.

예민해지기 시작하면 주위의 말이 이전보다 더 거슬리고 의심이 듭니다. 주위 사람들이 아무 생각 없이 하는 말과 표정에도 의미를 두어 잠자리에 들면서까지 왜 그랬는지 곰곰이 생각합니다. 생각은 연결 고리를 이루어 증폭되면서 실제 있었던 일보다 부풀려집니다. 그 생각을 하면 잠이 오지 않고 분해 다시 침대에서 나와 TV를 보거나 물을 마십니다. 결국 새벽이 되어야 잠들고 아침에 일어나면 피곤이 가시지 않아 에너지 양이 점점 떨어집니다.

예를 들어 배우자가 '오늘 일이 많아 늦게 들어올 것 같다'고 연락해오면 평상시에는 '그래, 일 마치고 들어와'라고 편하게 답했을 것입니다. 그런데 에너지가 떨어지고 예민해지면서 '내가 이렇게 힘든데 왜 일찍 들어오지 않는 거야. 진짜 일하는 것 맞아?'라며 말이 길어집니다. 전화를 끊고 나서는 배우자가 이전보다 나를 배려하지 않는 것 같고 거부당하는 느낌을 받습니다.

몇 번 우울증을 겪어보면 자신은 우울증이 잘 오는 체질이라고 생각하게 됩니다. 하지만 처음에는 그것을 알지 못한 채 다른 사람이 원인이라고 여기게 되므로 스스로를 잘 관리하는 것이 중요합니다.

에너지가 떨어지고 우울해지기 시작하면 자신이 가지고 있는 에너지를 아껴 써서 이 시기를 잘 넘겨야 합니다. 배우자나 다른 사람과의 갈등을 줄이고 산책을 하거나 피트니스를 해서 움직이는 양을 늘리며 충분한 수면을 취해야 합니다. 어떤 사람들은 연중 특정 시기에 기분이 저하되는 패턴을 보입니다. 이것을 계절성 우울증seasonal affective disorder이라 합니다. 여성들 가운데 생리 일주일 전만 되면 예민하고 기분이 저하되는 패턴을 보이는 이들도 있습니다. 이것은 생리전증후군이라고 합니다. 이런 패턴은 꽤 흔하게 나타나며, 특히 가족 간에 비슷한 반응을 나타내곤 합니다.

에너지 변동이 있는 이들은 에너지가 떨어지거나 회복되어 올라갈 때 주의를 요합니다. 심하게 예민해지면 죽고 싶은 생각까지 들기도 합니다. 그런 생각에 계속 몰입되면 자책하거나 스스로를 비난하지 말고 자신이 이전보다 더 예민하지 않은지 점검해봐야 합니다.

잘 극복하는 사람들은 초기 에너지 저하를 관리하는 자신만의 방법을 갖고 있습니다. 정신건강의학과 진료와 상담을 통해서 도움을 받는 것도 필요한데, 자신의 문제를 잘 인지하고 도움을 받으려는 이런 자세는 긍정적으로 작용하게 됩니다.

4. 하루 중에도 에너지 변동이 심한 사람

에너지가 갑자기 떨어지다 호전되기를 하루에도 여러 번 반복하는 사람이 있습니다. 감정 기복이 심한 이들이지요. 이들은 앞서 설명한 세 가지 경우보다 더 예민한 부류에 속합니다. 기분이 롤러코스터를 타듯 출렁이면서 스스로도 종잡을 수 없어집니다. 에너지뿐만 아니라 수면, 식사, 기분이 모두 불안정해져서 큰 혼란을 겪습니다. 폭식을 하다가 식사를 거부하기도 하고, 밤을 샌 뒤 정오가 되어 일어나기도 합니다. 집 밖에도 잘 안 나가고 밤에는 혼자 술을 마시기도 합니다.

이런 사람들은 사실 꽤 오랜 역사를 가지고 있지요. 보통 중고등학교 때부터 에너지 변동이 시작됩니다. 다른 사람들과의 관계에서 무척 예민하기 때문에 친구들과 잘 어울리지 못하고 혼자 지내곤 합니다. 예민하고 섬세한 성격 때문에 문학, 음악, 미술, 디자인, 영화 등의 분야에서 재능을 발휘하는 이도 많습니다. 하지만 자기 능력을 충분히 발휘하기 위해서는 에너지를 안정시켜야 합니다. 비유하자면 고급 오디오인데 전압이 들쑥날쑥한 것과 마찬가지로, 시간이 지나면 오디오가 제 기능을 하지 못하고 망가집니다.

에너지를 안정시키기 위해서 학교 다닐 때 만든 일과표처럼 큰 원을 그리고 하루 일과를 파이그래프처럼 적어봅시다. 아침에 일어나는 시간은 오전 6시 30분이나 7시가 좋겠네요. 항상 일정하게 일어나는 것이 에너지 변동을 줄이는 데 가장 핵심적인 요소입니다. 우리 몸의 리듬을 만드는 시작이 되지요.

일어나자마자 다시 침대에 누우면 소용없습니다. 방에 쳐진 커튼을 활짝 열어젖히고 밖에서 들어오는 햇볕을 잠시 쬐어보세요. 잠이 깨면서 기분이 안정되는 느낌이 들 겁니다. 그 후 샤워를 하고 아침 식사를 해보세요.

아침 식사는 꼭 하는 것이 좋습니다. 충분한 양을 섭취하되 야채와 함께 먹어 변비도 예방하는 것이 좋습니다. 아침을 잘 먹어야 저녁 때 식욕이 급격히 증가해 폭식하는 습관을 줄일 수 있습니다. 밤에 폭식하면 늦게 자서 다시 아침에 늦게 일어나는 악순환이 생기고 오전 식사를 다시 놓치게 됩니다.

아침 식사를 다 하고 나면 잠이 옵니다. 하지만 이때 힘을 내 집 밖으로 나가서 완전히 잠을 깨고 들어오는 것이 좋습니다. 직장에 출근

해야 한다면 오전에 라디오를 들으면서 가는 것도 도움이 됩니다. 잠이 깨서 각성되고 기분이 나아집니다.

낮에는 되도록 잠을 자지 않고 커피나 카페인도 정오 이후에는 마시지 않는 것이 좋습니다. 예민한 사람은 오후에 마신 커피 한 잔 때문에 밤에 잠을 이루지 못하는 예도 흔합니다. 카페인 효과가 남들보다 오래 지속되기 때문입니다.

기분 변동이 있을 때는 내가 '예민 모드sensitive mode'에 있다고 생각해야 합니다. 생리전증후군이 있는 이들도 많습니다. 예민해지기 쉽다는 것을 인식하고 화나 짜증이 나면 내가 예민하기 때문에 그럴 수 있다고 스스로를 다독여야 합니다.

밤에는 항상 같은 시간에 잠을 청합니다. 11시 이후에는 TV, 스마트폰, 시계를 확인하지 않는 것이 좋습니다. 아침에 깨는 시간을 일정하게 잘 유지하다보면 어느새 밤에도 일정한 시간에 일찍 잠이 들기 시작합니다. 중간에 깨더라도 TV, 스마트폰, 시계를 확인하지 않아야 합니다. 화장실에 다녀온 뒤 바로 누워서 눈을 감아보세요. 눈을 감고 나서 예전에 여행 가서 본 경치를 머릿속으로 상상해봅니다. 그때 봤던 나무나 건물을 천천히 떠올려보는 것이지요.

오늘 했던 일 혹은 내일 할 일을 생각하거나 사람 얼굴을 떠올리면 각성이 되고 잠이 더 오지 않습니다. 과거의 감정이 실려 있지 않은 중립적 기억은 각성을 덜하게 만들어서 잠이 오도록 합니다. 잠이 늦게 오더라도 걱정 말고 아침에는 항상 같은 시간에 일어나도록 해보세요.

자신의 몸을 잘 다스려보길 바랍니다. 성공하면 에너지 변동이 많이 줄어들거든요. 생활계획표를 침대 옆에 붙이고 그대로 따라 생활해보세요. '예민 모드'에서 어느새 '안정 모드stable mode'로 바뀌어 있을 겁니다. 그러면 예민해서 필요 없는 곳에 소모되는 에너지를 줄여 당신의 능력을 더 많이 발휘할 수 있습니다.

글을 맺으면서

'매우 예민한 사람들'은 특이한 게 아니고 우리가 주위에서 흔히 만날 수 있는 부류로, 배우자나 가족일 수도 있고 주위 동료나 친구일 수도 있다. 잘 모르면 이해하기 어렵고 갈등이 유발된다. 하지만 예민한 사람이 스스로의 예민성을 잘 다루고 조절할 수만 있다면 오히려 그 성격을 살아가는 데 도움이 되는 방향으로 활용할 수도 있다.

예민한 사람들이 보는 세상은 덜 예민한 사람들과는 차이가 있다. 비교하자면 고성능 카메라와 마이크를 장착하고 매우 복잡한 프로그램이 많이 설치되어 있는 컴퓨터와 같다. 남이 보지 못하는 것을 보고 듣지 못하는 소리를 들으며, 생각하지 못하는 것을 생각한다. 모든 것에 이렇게 예민하면 뇌는 과부하에 걸릴 것이다.

'매우 예민한 사람'이 자기 배우자나 친구라면 화를 내거나 소리를 지르지 않는 것이 좋다. 예민성은 이렇게 해서 바뀌지도 않을뿐더러 오히려 더 예민해질 뿐이다. 인내심을 요하지만 따뜻한 마음으로 돕는 것이 오히려 예민한 마음을 줄여줄 것이다.

　무엇보다 중요한 것은 예민한 사람 스스로의 노력이다. 자신이 예민하다는 사실을 인정하고 예민성을 줄이려는 노력을 해야 한다. 예민한 눈과 귀와 두뇌 때문에 세상에서 일어나는 일이나 가족들의 일이 더 민감하게 느껴질 수 있다고 생각해보자. 이제는 자신의 예민성의 에너지를 잘 조절하고 다른 사람들에게 도움을 줄 수 있도록 조금씩 바꿔나가는 것부터 시작해보자.

부록

1. 우울증 테스트

예민한 사람들은 우울증이 잘 생깁니다. 우울증이 생기면 평소에 쉽게 하던 일에도 어려움을 느끼곤 합니다. 가장 널리 사용되는 '한글판 우울증 선별도구'를 활용해 스스로를 평가해보세요.

한글판 우울증 선별도구(PHQ-9)

본 검사는 우울한 정도를 스스로 알아보기 위한 것입니다. 지난 2주간, 얼마나 자주 다음과 같은 문제들로 곤란을 겪으셨습니까? 지난 2주 동안 아래와 같은 생각을 한 날을 헤아려서 해당되는 숫자에 표시하세요.

지난 2주 동안에	0~1일	2~6일	7일 이상	거의 매일
1. 기분이 가라앉았거나, 우울하거나, 희망이 없다고 느꼈다	0	1	2	3
2. 평소 하던 일에 대한 흥미가 없어지거나 즐거움을 느끼지 못했다	0	1	2	3
3. 잠들기가 어렵거나 자주 깼다 / 혹은 너무 많이 잤다	0	1	2	3
4. 평소보다 식욕이 줄었다 / 혹은 평소보다 많이 먹었다	0	1	2	3
5. 다른 사람들이 눈치챌 정도로 평소보다 말과 행동이 느려졌다 / 혹은 안절부절못해서 가만히 앉아 있을 수 없었다	0	1	2	3
6. 피곤하고 기운이 없었다	0	1	2	3
7. 내가 잘못했거나 실패했다는 생각이 들었다 / 혹은 자신과 가족을 실망시켰다고 생각했다	0	1	2	3
8. 신문을 읽거나 TV를 보는 것과 같은 일상적인 일에도 집중할 수가 없었다	0	1	2	3
9. 차라리 죽는 것이 더 낫겠다고 생각했다 / 혹은 자해할 생각을 했다	0	1	2	3
총점				

10. 문제가 있었다고 말씀하신 경우에, 이러한 문제 때문에 직장일이나 집안일, 혹은 다른 사람과 잘 지내는 데 지장을 받았습니까?

전혀 지장이 없음   약간 지장이 있음   매우 지장을 받음   극심한 지장을 받음

PHQ-9는 우울증이 있는지 선별하는 데 가장 널리 사용되는 도구 중 하나입니다. 1999년에 스피처 등이 개발했습니다.[1] 한국에서는 홍진표 등에 의해서 한국어로 표준화되었습니다.[2]

10번은 점수를 매기고 나서 얼마나 지장을 받는지 확인하는 데 사용합니다. 1~9번까지의 문항의 총점을 구하면 됩니다.

채점 기준[3]

점수	분류	설명 예시
0~4	정상	유의한 수준의 우울감이 시사되지 않습니다
5~9	가벼운 우울	다소 경미한 수준의 우울감이 있으나 일상생활에 지장을 줄 정도는 아닙니다. 다만, 이러한 기분 상태가 지속되면 개인의 신체적, 심리적 대처 자원을 저하시킬 수 있습니다. 그런 경우 가까운 지역센터나 전문 기관을 방문하시기 바랍니다.
10~19	중간 정도의 우울	중간 정도 수준의 우울감이 시사됩니다. 이러한 수준의 우울감은 흔히 신체적, 심리적 대처 자원을 저하시키며 개인의 일상생활을 어렵게 만들기도 합니다. 가까운 지역센터나 전문 기관을 방문하여 좀더 상세한 평가와 도움을 받아보시기 바랍니다.
20~27	심한 우울	심한 수준의 우울감이 시사됩니다. 전문 기관의 치료적 개입과 평가가 요구됩니다.

2. 걱정 리스트

단계 1. 걱정 리스트 만들기

현재 내가 가지고 있는 걱정들을 심한 정도에 따라서 적어보세요. 그 후 네 가지 항목 중 하나를 선택해 점수를 심한 정도에 따라서 1~5점으로 매겨봅시다.
(1점: 경미한 걱정, 2점: 조금 걱정이 됨, 3점: 보통, 4점: 걱정이 많이 됨, 5점: 매우 심하게 걱정됨)

걱정 정도	내가 가진 걱정들	지금 당장 해결이 필요한 일	피할 수 없는 일	닥쳐서 걱정해도 될 일	일어날 가능성이 낮은 일
		1~5점	1~5점	1~5점	1~5점
1					
2					
3					
4					
5					
6					
7					
8					
9					
10					
11					
12					
13					
14					
15					
	총점의 합				
	모든 항목 걱정의 총합				

해석

- 지금 당장 해결이 필요한 일의 점수가 높은 경우

: 지금 너무 많은 일을 동시에 하고 있습니다. 일을 줄여 선택과 집중을 할 필요가 있어 보입니다. 모두 다 해야 한다면 가족이나 다른 사람과 일을 나누어 분산시키도록 해야 합니다.

- 피할 수 없는 일의 점수가 높은 경우

: 현재 하는 일이 힘들고 괴로운 경우입니다. 피할 수 없는 일 가운데서 점수가 가장 높은 일이 자신을 가장 힘들게 만들고 있습니다. 이것부터 해결해봅시다.

- 닥쳐서 걱정해도 될 일의 점수가 높은 경우

: 미리 걱정하는 일이 많은 분입니다. 그때가 되면 상황이 변할뿐더러 아직 변수도 많이 남아 있습니다. 지금 걱정해봐야 그때 가면 또 변할 것입니다. 그 일은 그때 가서 신경 쓰도록 합니다.

- 일어날 가능성이 낮은 일의 점수가 높은 경우

: 이 점수가 높은 사람이야말로 진짜 예민한 성격입니다. 필요 없는 걱정으로 에너지를 낭비하고 있습니다. 정기적으로 1년에 하루 이 걱정을 하고 대책을 세우는 날을 정해봅시다. 여유 있는 날이 좋습니다.

- 총점이 20점 이상으로 높다면

: 걱정 리스트에서 향후 가장 쉽게 없앨 수 있는 게 무엇인지 보고 하나씩 없애봅시다. 예) 집에 도둑이 들까 걱정된다→문의 보안장치를 교체한 뒤 삭제

- 지금 당장 해결이 필요하다면 해결 방법을 만들어보자.

단계 2. 내가 가진 걱정 가운데 지금 당장 해결이 필요한 일

지금 당장 해결이 필요한 일을 단계 1에서 가져와 적어보세요. 그 후 두 가지 항목 중 하나를 택해 심한 정도에 따라 점수를 1~5점으로 매겨봅시다.

걱정 정도	내가 가진 걱정 가운데 지금 당장 해결이 필요한 일	내가 혼자 할 수 있는 일 1~5점	의논이 필요한 일 1~5점
1			
2			
3			
4			
5			
6			
7			
8			
9			
10			
	총점의 합		
	모든 항목 걱정의 총합		

- 의논이 필요한 일의 점수가 높은 경우

: 혼자 하는 걱정이 많은 사람으로 자신의 걱정을 남과 나누면 줄어들 수 있습니다. 가족이나 친구들에게 자신이 가진 걱정을 이야기해보세요.

- 내가 혼자 할 수 있는 일의 점수가 높은 경우

: 일을 시작하지 못한 채 걱정만 하고 있습니다. 행동으로 옮길 용기가 필요합니다.

단계 3. 내가 가진 걱정 가운데 지금 당장 해결해야 하는데 의논이 필요한 일

지금 당장 해결해야 하는데 의논이 필요한 일을 단계 2에서 가져와 적어보세요. 그 후에 상의해야 할 사람의 이름을 적고 필요성에 따라서 1~5점으로 매겨봅시다. 상의한 후에 결정된 최선의 해결 방법을 적어봅시다.

걱정 정도	내가 가진 걱정 가운데 지금 당장 해결해야 하는데 의논이 필요한 일	상의해야 할 사람			해결 방법
1					
2					
3					
4					
5					

- 상의해야 할 사람과 만나서 해결 방법을 만들어 적어보자. 그러고 나서 그대로 시행해보자.

단계 4. 내가 가진 걱정 가운데 지금 당장 해결해야 하는데 나 혼자 할 수 있는 일

지금 당장 해결해야 하는데 나 혼자 할 수 있는 일을 단계 2에서 가져와 적어보세요. 시급성(시급하지 않으면 1점, 매우 시급하면 5점), 비용(비용이 거의 들지 않으면 1점, 비용이 매우 많이 들면 5점), 시간(시간이 거의 들지 않으면 1점, 시간이 매우 많이 들면 5점)을 각각 1~5점으로 매겨봅시다. 그리고 최선의 해결 방법을 적어봅시다.

걱정 정도	내가 가진 걱정 가운데 지금 당장 해결해야 하는데 나 혼자 할 수 있는 일	시급성	비용	시간	해결 방법
		1~5점	1~5점	1~5점	
1					
2					
3					
4					
5					

- 시급성이 높은 일부터 바로 시작하고, 그 후 비용과 시간을 고려해서 가능한 해결 방법을 찾아보자.

3. 만나면 불편한 사람과 편안한 사람

단계 1. 내가 만나면 불편한 사람과 그 이유

내가 만나면 불편한 사람을 불편한 순서대로 적어보세요. 각각의 사람을 생각하면서 불편한 이유를 떠올려봅시다. 불편한 정도를 말하는 내용, 말투, 표정, 잘난 체로 나눠서 각각 1~5점으로 점수를 매겨봅시다.

불편한 정도	만나면 불편한 사람	불편한 이유			
		말하는 내용	말투	표정	잘난 체
		1~5점	1~5점	1~5점	1~5점
1					
2					
3					
4					
5					
6					
7					
8					
9					
10					
	총점의 합				
	모든 항목 걱정의 총합				

단계 2. 내가 만나면 편안한 사람과 그 이유

내가 만나면 편안한 사람을 편안한 순서대로 적어보세요. 각각의 사람을 생각하면서 편안한 이유를 떠올려봅시다. 편안한 정도를 말하는 내용, 말투, 표정, 겸손으로 나눠서 각각 1~5점으로 점수를 매겨봅시다.

편안한 정도	만나면 편안한 사람	편안한 이유			
		말하는 내용	말투	표정	겸손
		1~5점	1~5점	1~5점	1~5점
1					
2					
3					
4					
5					
6					
7					
8					
9					
10					
	총점의 합				
	모든 항목 걱정의 총합				

해석

– 만나면 불편한 사람도 없고 편안한 사람도 없는 경우

: 사람들과의 감정적인 교류가 적은 부류입니다. 예민하기 때문에 대개 혼자 지내는 것을 좋아합니다. 젊을 때는 그런대로 문제가 없지만 나이가 들수록 외로움을 느낄 수 있습니다.

- 만나면 불편한 사람이 편안한 사람보다 더 많은 경우

: 인간관계 때문에 에너지를 많이 쓰게 됩니다. 편안한 사람의 수를 더 늘릴 방법이 있을지 생각해봅시다.

- 만나면 편안한 사람이 불편한 사람보다 더 많은 경우

: 다수의 사람이 여기에 해당됩니다. 불편한 사람들을 만난 후 편안한 사람들을 만나면 다시 마음이 풀어집니다. 편안한 사람 1, 2번을 자주 만날 수 있으면 좋습니다.

- 불편한 이유 중 말투나 표정의 점수가 높은 경우

: 대화할 때 그 사람이 말하는 내용보다 말투나 표정에 신경을 쓰는 사람이 있습니다. 예민한 성격의 사람들이 흔히 그렇습니다. 대화 중에 그 사람의 말투나 표정은 그날 그 사람의 상태와 가장 많은 관련이 있습니다. 자신과 관계 있다고 생각하지 않는 것이 좋습니다.

- 불편한 이유 중 잘난 체의 점수가 높은 경우

: 자신의 잘난 점을 이야기해서 관심을 받고 싶어하는 사람들이 있습니다. 이런 사람들은 누구에게나 비슷한 행태를 보입니다. 너무 불편하다면 만나지 않는 것이 좋겠지만 어느 정도는 받아주는 것도 괜찮습니다.

- 불편한 이유 중 말하는 내용의 점수가 높은 경우

: 말하는 내용 자체가 불편하다면 좀더 이성적으로 접근할 필요가 있습니다. 서로 편안한 분위기에서 상의해보는 게 좋을 듯합니다. 윗사람이거나 어른이어서 말하기 어렵다면 그 경우는 잘 바뀌지 않을 가능성이 높습니다. 자주 만

나지 않는 사람이라면 말할 때 지나치게 스트레스를 받지 않도록 마음에 깊이 담아두지 마세요.

- 편안한 이유 중 말투나 표정의 점수가 높은 경우

: 다른 사람하고 대화할 때 본인이 눈치를 많이 보는 성격일 수 있습니다. 즉 상대편이 이전과 다르게 말투가 퉁명스럽거나 표정이 어두우면 상처를 받고 예민하게 살피게 됩니다. 대화 중에 그 사람의 말투나 표정은 그날 그 사람의 상태와 가장 많이 관련돼 있다는 것을 상기하세요. 자신과 관계있다고 생각하지 않는 것이 좋습니다.

- 편안한 이유 중 겸손의 점수가 높은 경우

: 겸손한 사람은 만나기는 편안하지만 진심으로 소통하기 어려울 수도 있습니다. 대화하면서 분위기를 편안하게 만들어보는 것이 좋습니다.

- 편안한 이유 중 말하는 내용의 점수가 높은 경우

: 가장 좋은 경우입니다. 내용을 들으면 편하고 분위기가 좋아지면 예민한 마음도 풀어집니다. 누군가를 만날 때 그 사람이 편안해하는 주제를 꺼내보면 좋습니다. 다만 정치나 자녀의 성적 등 예민한 주제에 대해서는 되도록 이야기하지 않는 것이 좋습니다.

주

1부

1   Elaine N. Aron, (1997) *The Highly Sensitive Person: How to Thrive When the World Overwhelms You*, Broadway Books, New York.

2   Jeon HJ (2014) *Int Clin Psychopharmacol* May;29(3):150-156.

3   Jack et al., *Proc Natl Acad Sci USA*. 2012 May 8;109(19):7241-7244.

4   Jeon HJ (2014) *Int Clin Psychopharmacol* May;29(3):150-156; Comparisons of mean HDRS item scores between Koreans and Americans. Adjusted for total HDRS scores. Significant difference between Koreans and Americans; Bonferroni corrections (P/17); *P⟨0.003. HDRS, Hamilton Depression Rating Scale.

5   Jeon et al., (2013) *Affect Disord*. 2013 Jun;148(2-3):368-374.

6   Jeon et al., *Suicide Life Threat Behav*. 2013 Dec;43(6):598-610.

7   Souchet J and Aubret F, *Sci Rep*. 2016; 6: 37619.

8   Jeon et al., *Psychiatry Res*. 2018 Dec;270:257-263.

9   Mandelli L et al., *Eur Psychiatry*. 2015 Sep;30(6):665-680.

10 Lim SY and Jeon HJ et al., *J Plast Reconstr Aesthet Surg*. 2010 Dec;63(12):1982-1989.

11 Joseph R., *Limbic System: Amygdala, Hippocampus, Hypothalamus, Septal Nuclei, Cingulate, Emotion, Memory, Sexuality, Language, Dreams, Hallucinations, Unconscious Mind*, University Press, Cambridge, 2011.

12 Andersen SL et al., *J Neuropsychiatry Clin Neurosci*. 2008 Summer;20(3):292-301.

13 Acevedo BP et al., *Brain Behav*. 2014 Jul; 4(4): 580-594.

14 Alberini CM, *J Neurosci*. 2017 Jun 14;37(24):5783-5795.

15 Burke SN., *Nat Rev Neurosci.* 2006 Jan;7(1):30-40.

16 Charles A. Nelson, University of Minnesota, 2000. 하버드대학교 의과대학 보스턴 소아병원 소아신경과 찰스 A. 넬슨 교수의 허가를 받음. InBrief: The Science of Early Childhood Development, The Center on the Developing Child, 2007.

17 Boldrini M, *Cell Stem Cell.* 2018 Apr 5;22(4):589-599.

18 한국연구재단, 「주요우울장애 환자에서 자살생각의 유무에 따른 확산텐서영상을 이용한 뇌 미세 구조 이상과 혈소판 Brain-derived neurotrophic factor(BDNF) 변화: 3개월 전향적 추적관찰 연구 및 6개월 뒤 전화 추적 시 변화 연구」(연구책임자 전홍진).

19 Alexander AL, *Neurotherapeutics.* 2007 Jul;4(3):316-329.

20 Myung W and Jeon HJ et al., *Transl Psychiatry.* 2016 Jun 7;6(6):e835.

21 Teicher MH et al., *Nat Rev Neurosci.* 2016 Sep 19;17(10):652-666.

22 Onat S and Büchel C, *Nat Neurosci.* 2015 Dec;18(12):1811-1818.

2부

1 *The Wall Street Journal.* Hide the Button: Steve Jobs Has His Finger on It: Apple CEO Never Liked The Physical Doodads, Not Even on His Shirts, 2020.2.29. https://www.wsj.com/articles/SB118532502435077009

2 The Spectator, Steve Jobs's button phobia has shaped the modern world. 2014.11.22. https://www.spectator.co.uk/2014/11/steve-jobss-button-phobia-has-shaped-the-modern-world/

3 Steve Jobs' 2005 Stanford Commencement Address. https://www.youtube.com/watch?v=UF8uR6Z6KLc

4 De Venter M., *Acta Psychiatr Scand.* 2017 Jun;135(6):554-563.

5 알베르 카뮈, 『페스트』, 유호식 옮김, 문학동네, 2015.

6 Anthony Storr, *Churchill's Black Dog, Kafka's Mice, and Other Phenomena of the Human Mind*, Harper Collins Publishers, 1989.

7 앤서니 스토, 『처칠의 검은 개, 카프카의 쥐: 우울증은 어떻게 빛나는 성취가 되었나』, 김영선 옮김, 글항아리, 2018.

8 슈만-어린이의 정경 작품번호 15-7번. 꿈(드라마 '겨울연가' OST). https://www.youtube.com/watch?v=Fvw6JWEDN7I

9 Robert Schumann - Piano Quintet in E flat major, Op. 44. https://www.youtube.com/watch?v=UQQxpJ7Pn1g

10 Larry Dorman, Cause of the Yips Is Debated, but the Effect Isn't, *The New York Times*, 2011.

3부

1 Zhou M et al., *Nat Neurosci.* 2018 Nov;21(11):1515-1519.

2 D J de Quervain et al. *Nature.* 1998. 20;394(6695):787-790.

3 Ikki Yoo and Jeon HJ et al., *J Affect Disord.* 2015 1;185:24-30.

4 Jennifer L Gordon et al., *Am J Psychiatry.* 2015 1;172(3):227-236.

5 Kyung-Ah Judy Chang, Hong Jin Jeon et al., *Psychiatry Res.* 2016 Nov 30;245:127-132.

6 Kwan Woo Choi and Hong Jin Jeon et al., *J Affect Disord.* 2018 227:323-329.

7 '술 한잔'에 딴사람으로 돌변?, 매일경제, 2018.1.1.

8 Naomi Breslau et al., *Psychol Med.* 2014 Jul; 44(9): 1937-1945.

9 Herbert P. Ginsburg 외, 『피아제의 인지발달이론』, 김정민 옮김, 학지사, 2006.

10 Breier A, *Arch Gen Psychiatry.* 1986 Nov; 43(11):1029-1036.

11 https://www.independent.co.uk/travel/news-and-advice/turbulence-dangers-facts-plane-crash-flight-aircraft-delta-nosedive-video-a8779201.html

12 Myung W, *Psychiatry Investig.* 2015 12(2):204-211.

13 "국내 자살 18퍼센트는 유명인 자살 1개월 이내에 집중", SBS 뉴스, 2015.4.22.

14 2018년 사망원인통계, 통계청, 2019년 9월 23일.

15 2018년 심리부검 면담 결과 보고서, 중앙심리부검센터, 2018년 5월.

16 2017년 심리부검 면담 결과 보고서, 중앙심리부검센터, 2017년 5월.

17 Diniz BS et al., *Br J Psychiatry.* 2013 May;202(5):329-335.

18 Gorwood et al., *Am J Psychiatry* 2008; 165:731-739.

19 Katon et al, *JAMA Psychiatry.* 2015; Jun;72(6):612-619.

20 Allan et al., *Br J Psychiatry.* 2015; 206(4):308-315.

21 Gray et al., *BMJ.* 2016 Feb 2;352:i90.

22 Farooqi et al., *Nature.* 2001 1;414(6859):34-35.

23 렙틴 호르몬이란, '지방 연소 돕는 호르몬'… 분비 늘리려면?, 헬스조선, 2015.5.15.

24 알베르 카뮈, 『페스트』, 유호식 옮김, 문학동네, 2015.

4부

1 Smith BN et al., *J Affect Disord.* 2016 197:66-73.

2 Bowlby, *A Secure Base: Parent-Child Attachment and Healthy Human Development*, Basic Books, USA, 1988.

3 Choi KW and Jeon HJ et al., *J Affect Disord.* 2018 Feb;227:323-329.

5부

1 독일 제멜바이스 의과대학 정신건강의학과 악셀 볼러Axel Woller 교수의 허가를 받음. Handbook of Experimental Pharmacology, Springer, 2019.

2 연세대학교 세브란스병원 성형외과 유대현 교수의 허가를 받음. Correction of Eyes and Lip Canting after Bimaxillary Orthognathic Surgery, Yonsei Med J. 2018 Aug;59(6):793-797.

3 Dinan TG and Cryan JF, *Nat Rev Gastroenterol Hepatol.* 2017 Feb;14(2):69-70.

4   Cryan JF and Dinan TG, *Nat Rev Neurosci*, 2012 Oct;13(10):701-712.

5   Siegel M, *Heinz Kohut and the Psychology of the Self*, Taylor & Francis group, New York, 1996.

6   Jeon HJ and Hahm BJ et al., *J Affect Disord*, 2009 Dec;119(1-3):210-214.

7   국가건강정보포털 건강칼럼, 「잠을 잘 자게 하는 데 도움이 되는 수면위생이란 어떤 것인 가요?」, 질병관리본부.

8   Shapiro F. and Maxfield L., *J Clin Psychol*, 2002 Aug; 58(8):933-946.

9   조지 베일런트, 『행복의 조건: 하버드대학교·인간성장보고서』, 이덕남 옮김, 프런티어, 2010.

10   Bowins B, *Am J Psychother*, 2010;64(2):153-169.

11   Anna Freud, *The Ego and the Mechanisms of Defence*, Taylor & Francis, London and New York, 1936.

12   Vaillant, GE., *Dialogues Clin Neurosci*, 2011 Sep; 13(3): 366–370.

13   *Diagnostic and Statistical Manual of Mental Disorders*, Fourth Edition (DSM-IV), 1994.

6부

1   Vaillant, G., Mukamal K. Successful Aging. *American Journal of Psychiatry*, 2001: 158:839–847.

2   https://www.youtube.com/watch?v=qEZNNhFurMo

부록

1   Spitzer RL et a., *JAMA*, 1999 Nov 10;282(18):1737-1744.

2   박승진, 홍진표 등 대한불안의학회지 2010; 6(2)11:119-124.

3   국립정신건강센터, 2019 정신 건강 검진도구 및 사용에 대한 표준지침

매우 예민한 사람들을 위한 책

뇌과학과 정신의학이 들려주는 당신 마음에 대한 이야기

ⓒ 전홍진

1판 1쇄 2020년 7월 23일
1판 26쇄 2024년 10월 28일

지은이 전홍진
펴낸이 강성민
편집장 이은혜
마케팅 정민호 박치우 한민아 이민경 박진희 정유선 황승현
브랜딩 함유지 함근아 박민재 김희숙 이송이 박다솔 조다현 배진성
제작 강신은 김동욱 이순호

펴낸곳 (주)글항아리 | 출판등록 2009년 1월 19일 제406-2009-000002호
주소 10881 경기도 파주시 심학산로 10 3층
전자우편 bookpot@hanmail.net
전화번호 031-941-5159(편집부) 031-955-2689(마케팅)
팩스 031-941-5163

ISBN 978-89-6735-802-0 03180

www.geulhangari.com